C++. Das Übungsbuch

Peter Prinz
Ulla Kirch-Prinz

C++. Das Übungsbuch
Testfragen und Aufgaben mit Lösungen

Bibliografische Information Der Deutschen Bibliothek –
Die Deutsche Bibliothek verzeichnet diese Publikation in der
Deutschen Nationalbibliografie; detaillierte bibliografische
Daten sind im Internet über <http://dnb.ddb.de> abrufbar.

ISBN 3-8266-0998-0
1. Auflage 2003

Printed in Germany
© Copyright 2003 by mitp-Verlag/Bonn,
ein Geschäftsbereich der verlag moderne industrie Buch AG & Co. KG/Landsberg

Lektorat: Volker Bombien
Korrektorat: Tanja Feder
Satz und Layout: G&U e.Publishing Services GmbH, Flensburg
Druck: Media-Print, Paderborn

Inhaltsverzeichnis

Einleitung

Dieses Buch wendet sich an Leser, die ihre C++-Kenntnisse durch »Learning by Doing« vertiefen möchten. Es ist ideal, um sich im Stil eines Workshops auf Prüfungen oder auf die Mitarbeit in einem C++-Projekt vorzubereiten.

Die Gliederung des Stoffs entspricht dem des Buches »C++ Lernen und professionell anwenden«. Aber es ist nicht wesentlich, wie Sie C++ gelernt haben. Jedes Kapitel beginnt mit einer Zusammenfassung des Stoffs, zu dem anschließend Fragen und Aufgaben gestellt werden. Beispielsweise ist das Thema des 9. Kapitels »Die Standardklasse `string`«. Wenn Ihnen dann der Inhalt der Zusammenfassung zur `string`-Klasse vertraut ist, sollten Sie auch ohne größere Probleme die anschließenden Fragen und Aufgaben lösen können.

Jedes Kapitel besteht neben der einführenden Beschreibung des Themas aus drei weiteren Teilen: Verständnisfragen, Programmieraufgaben und den Musterlösungen zu allen Fragen und Aufgaben. Mit jeweils 20 Verständnisfragen können Sie testen, wie gut Sie sich in dem jeweiligen Themenbereich auskennen. Die Art der Fragen sind entweder Ja-Nein-Fragen, Multiple-Choice-Fragen oder es muss eine Aussage vervollständigt werden.

Im Aufgabenteil können Sie dann Ihr Wissen praktisch umsetzen. In jedem Kapitel gibt es mindestens zehn Aufgaben mit steigendem Schwierigkeitsgrad. Die Bearbeitung einfacher Aufgaben ist oft in wenigen Minuten erledigt. Dagegen kann die Lösung umfänglicherer Aufgaben auch Tage in Anspruch nehmen. Dies gilt insbesondere bei Aufgaben zu den Themen »Dynamische Elemente«, »Vererbung« und »Polymorphie«. Umfangreichere Problemstellungen sind dabei oft auf mehrere Aufgaben verteilt.

Bei der Auswahl der Problemstellungen für Aufgaben wurde stets darauf geachtet, dass sie typisch und praxisnah sind. Auf diese Weise lernen Sie viele interessante Algorithmen und Datenstrukturen kennen. Auch durch die eigenständige Implementierung von »Iteratoren« und »Intelligenten Zeigern« vertiefen Sie Ihr Verständnis für die Konzepte der Standardbibliothek. In jedem Fall verfügen Sie nach der Durcharbeitung des Buches über fundierte Programmiererfahrungen und einen umfangreichen Fundus von Beispiel-Code.

Trotz ausführlicher Aufgabenstellungen und vieler Hinweise kann es immer mal vorkommen, dass man nicht zum Ziel kommt. Dann hilft ein Blick in die kommentierten Musterlösungen. Außerdem ist es sicher immer interessant, die eigene

Lösung mit der im Buch zu vergleichen. Die Musterlösungen finden Sie auch im Internet unter `http://www.mitp.de/?b=0998`.

Dem Leser wünschen wir viele Erfolgserlebnisse beim Lösen der Übungen.

Ulla Kirch-Prinz   *Peter Prinz*

Kapitel 1

Grundlagen

Dieses Kapitel umfasst grundlegende Fragen und Aufgaben zur Erstellung von C++-Programmen. Hierzu zählen auch das

- Inkludieren von Header-Dateien

  Eine Header-Datei beinhaltet Informationen, die von einem C++-Programm verwendet werden. In der Header-Datei iostream beispielsweise sind Informationen enthalten, die zur Ein-/Ausgabe von Daten erforderlich sind. Eine Header-Datei wird mit der #include-Direktive in ein Programm kopiert.

- Verwenden der using-Direktive

  Vordefinierte Namen, wie z.b. cout, gehören zum Namensbereich std. Die Direktive using namespace std; ermöglicht es, diese Namen ohne den Vorsatz std:: direkt zu verwenden.

- Formulieren von Anweisungen

  Eine Anweisung legt fest, was das Programm tun soll, und wird stets mit einem Semikolon abgeschlossen. Zur Ausgabe von Daten auf den Bildschirm wird in C++ der Stream cout verwendet, z.b. cout << "Hallo";

- Definieren einer main-Funktion

  Die erste Funktion, die in einem C++-Programm ausgeführt wird, ist stets die main-Funktion. Die auszuführenden Anweisungen stehen im Funktionsblock, d.h. innerhalb der Klammern { }. Bei Erreichen der return-Anweisung wird die Funktion verlassen.

- Kommentieren von Quelldateien

  Kommentare dienen zur Dokumentation in einem Programm. Sie verbessern die Lesbarkeit und können bei der Fehlersuche nützlich sein. Jede Zeichenfolge, die in /* ... */ eingeschlossen ist oder mit // beginnt ist ein Kommentar. Der Kompiler ignoriert Kommentare.

Verständnisfragen

1.1 C++ ist eine rein objekt-orientierte Sprache.

☐ Richtig   ☐ Falsch

1.2 Die umfangreiche in C entwickelte Software kann auch in C++-Programmen verwendet werden.

☐ Richtig   ☐ Falsch

1.3 Eine Quelldatei wird zur Übersetzung an den _____ übergegeben.

1.4 Der _____ bindet eine Objektdatei mit anderen Modulen zu einer ausführbaren Datei.

1.5 Die gebräuchlichsten Endungen im Namen von Quelldateien sind

a) .c   b) .cpp   c) .cc

1.6 Standardisierte Funktionen und Klassen sind in der _____ enthalten.

1.7 Bei der Suche nach Fehlern in einem C++-Programm beginnen Sie immer mit

a) dem letzten vom Kompiler angezeigten Fehler.

b) irgendeinem angezeigten Fehler.

c) dem ersten angezeigten Fehler.

1.8 Eine Warnung kann einen

a) Syntaxfehler anzeigen.

b) logischen Fehler anzeigen.

c) Laufzeitfehler anzeigen.

1.9 Jedes C++-Programm enthält die Funktion _____.

1.10 In einem C++ Programm bedeutet das Doppelkreuz # am Anfang einer Zeile, dass diese Zeile für

a) den Kompiler bestimmt ist.

b) den Präprozessor bestimmt ist.

c) die Header-Datei bestimmt ist.

1.11 Vordefinierte Namen der C++-Standardbibliothek befinden sich im Namensbereich _____.

1.12 Die Programmausführung beginnt (abgesehen von der Initialisierung globaler Objekte) mit

a) der ersten #include-Direktive.

b) der ersten Anweisung in der Funktion main().

c) der zuerst definierten Funktion.

1.13 Der Name cout bezeichnet ein Objekt, das zuständig ist für

a) Eingaben.

b) den Programmstart.

c) Ausgaben.

1.14 In der Funktion main() bewirkt die Anweisung

```
return 0;
```

a) das Verlassen von main().

b) die Beendigung des Programms.

c) die Rückgabe des Exitcode 0 an das aufrufende Programm.

1.15 Die kürzeste Anweisung besteht aus _____.

1.16 C++-Funktionen müssen in einer bestimmten Reihenfolge definiert werden.

☐ Richtig   ☐ Falsch

1.17 Die erste Funktion, die in einer Quelldatei definiert wird, ist stets die Funktion main().

☐ Richtig   ☐ Falsch

1.18 Der Prototyp einer Funktion muss bekannt sein, wenn die Funktion vor ihrer Definition aufgerufen wird.

☐ Richtig   ☐ Falsch

1.19 Zeichenfolgen werden als Kommentare interpretiert, wenn sie

a) mit /* beginnen.

b) in /*   */ eingeschlossen sind.

c) mit // beginnen.

1.20 In einer Zeile können mehrere Präprozessor-Direktiven angeführt werden.

☐ Richtig   ☐ Falsch

Aufgaben

1.1   Was gibt das folgende Programm auf dem Bildschirm aus?

```cpp
#include <iostream>
using namespace std;

int main()
{
    cout << "Hi Leute, ";
    cout << endl;
    cout << "was habt Ihr heute noch vor";
    cout << "?" << endl;
    return 0;
}
```

1.2   Formulieren Sie die entsprechenden Anweisungen, um

```
Mir geht's gut!
```

a) beginnend bei der aktuellen Cursorposition auszugeben.

b) am Anfang der nächsten Zeile auszugeben.

1.3   Jedes der folgenden Programme enthält einen Fehler. Bestimmen und korrigieren Sie jeden Fehler.

a.

```cpp
#include <iostream>
int main()
{   // Und jetzt kommt der berühmteste Spruch
    // aus der Welt der Programmiersprachen:
    cout << "Hello, World!" << endl;
    return 0;
}
```

b.

```cpp
#include <iostream>
using namespace std;
int main()
{
    cout << "Hello, World!" << endl;
}
```

c.

```
#include <iostream>
using namespace std;
int main()
{
    / Wer zum Teufel hat das gesagt? /
    cout << "Hello, World!" << endl;
    return 0;
}
```

d.

```
#include <iostream>
using namespace std;
int main()
{
    cout << "Hallo, Universum! ";
         << endl;
    return 0;
}
```

1.4 Schreiben Sie ein C++-Programm, das Ihren Namen, Ihre Adresse, Telefonnummer und email-Adresse in je einer Zeile auf dem Bildschirm ausgibt.

1.5 Fügen Sie Kommentare in die Lösung zur Aufgabe 1.4 ein, und zwar einen Programmnamen, den Namen des Programmierers sowie eine Beschreibung, was das Programm macht.

1.6 Schreiben Sie ein C++-Programm, das folgendes Menü ausgibt:

```
********  Telefonverzeichnis  ********

    E  =  Neuen Eintrag einfügen
    L  =  Eintrag löschen
    S  =  Telephonnummer suchen
    A  =  Alle Einträge anzeigen
    B  =  Programm beenden

Ihre Wahl:
```

1.7 Sind die folgenden C++-Programme vollständig und fehlerfrei?

a.

```
int main()
{
    return 0;
}
```

b.

```
include <iostream>
using namespace std;
int main()
{
    cout << "Hey, los!" << return 0;
}
```

c.

```
#include <iostream>
using namespace std;
int main(
){
cout <<
"Das wär's für heute!" << endl; return 0
;}
```

1.8 Angenommen, die folgenden Anweisungen befinden sich in einer main-Funktion. Was ist falsch?

a) `cout >> "Weiter mit <return>" >> endl;`

b) `return "Alles klar!";`

c) `cout "<< Geben Sie eine Zahl ein: <<" endl;`

1.9 Verfolgen Sie den Ablauf des folgenden C++-Programms und beschreiben Sie, was auf dem Bildschirm ausgegeben wird.

```
#include <iostream>
using namespace std;

void star1(), star2(), star3();

int main()
{
```

```
    star1();
    star2();
    star3();
    star2();
    star1();
    return 0;
}

void star1() {  cout << "****" << endl; }

void star2() {  cout << "********" << endl; }

void star3() {  cout << "************" << endl; }
```

1.10 Ändern Sie die main-Funktion aus der letzten Aufgabe so, dass folgende Grafik ausgegeben wird:

```
************
********
****
********
************
```

Fügen Sie außerdem Kommentare in den Quellcode ein und erklären Sie, was das Programm macht.

Lösungen zu den Verständnisfragen

1.1 Falsch (C++ ist eine Erweiterung der prozeduralen Programmiersprache C.)

1.2 Richtig

1.3 Kompiler

1.4 Linker

1.5 b) und c)

1.6 C++-Standardbibliothek

1.7 c)

1.8 b)

1.9 main()

1.10 b)

1.11 `std`

1.12 b)

1.13 c)

1.14 a), b) und c)

1.15 Einem Semikolon

1.16 Falsch

1.17 Falsch

1.18 Richtig

1.19 b) und c)

1.20 Falsch

Lösungen zu den Aufgaben

1.1
```
Hi Leute,
was habt Ihr heute noch vor?
```

1.2
```
cout << "Mir geht's gut!";
cout << endl << "Mir geht's gut!";
(oder: cout << "\nMir geht's gut!"; )
```

1.3 **a)** Hinter der Direktive `#include <iostream>` fehlt in einer neuen Zeile:

```
using namespace std;
```

Alternativ kann auch `std::cout` und `std::endl` verwendet werden.

b) Vor der schließenden Klammer `}` fehlt die Anweisung

```
return 0;
```

Innerhalb der `main()`-Funktion ist der Kommentar syntaktisch nicht korrekt. Richtig wäre beispielsweise:

```
// Wer zum Teufel hat das gesagt?
/* Wer zum Teufel hat das gesagt? */
```

c) In der ersten Zeile im Rumpf der `main()`-Funktion muss das Semikolon entfernt werden.

1.4
```
#include <iostream>
```

```
using namespace std;
int main()
{
    cout << "Sarah Miller"        << endl
         << "Karenstr. 123    "   << endl
         << "80123 München"       << endl
         << "Tel. (089) 6543210"  << endl
         << "sarah.m@yahoo.com"    << endl;
    return 0;
}
```

1.5

```
// -----------------------------------------------------
// Programmname: ex01_05.cpp
// Autor: Sarah Miller
// Das Programm gibt einen Namen, eine Adresse, eine
// Tel.-Nr. und eine email-Adresse auf dem Bildschirm aus.
// -----------------------------------------------------
#include <iostream>
using namespace std;
int main()
{
    // Wie in der Lösung zur Aufgabe 1.4.
}
```

1.6

```
// -----------------------------------------------------
// ex01_06.cpp
// Gibt ein Menü für ein Telefonverzeichnis aus.
// -----------------------------------------------------
#include <iostream>
using namespace std;

int main()
{
    cout << "******** Telefonverzeichnis ********"
         << endl << endl;
    cout << "   E  =  Neuen Eintrag einfuegen" << endl;
    cout << "   L  =  Eintrag loeschen"        << endl;
    cout << "   S  =  Telefonnummer suchen"    << endl;
    cout << "   A  =  Alle Eintraege anzeigen" << endl;
    cout << "   B  =  Programm verlassen"      << endl
         << endl;
    cout << "Ihre Wahl: ";
```

```
    cout << endl;
    return 0;
}
```

1.7 **a)** Das Programm tut zwar nichts, der Quellcode ist aber fehlerfrei und vollständig.

b) Im Quellcode liegen zwei Fehler vor:

1. Das Zeichen # fehlt vor `include`.

2. `return 0`; muss als separate Anweisung angeführt werden, d.h. nicht als Teil der Anweisung `cout << ....;`.

c) Der Quellcode ist fehlerfrei und vollständig, aber schlecht lesbar.

1.8 **a)** Anstelle von `>>` ist das Symbol `<<` zu verwenden, um den Text in den Ausgabestrom einzufügen.

b) Bei dem Return-Wert der `main`-Funktion muss es sich um eine Ganzzahl handeln.

c) Die Symbole `<<` müssen sich außerhalb des Strings `"Geben Sie eine Zahl ein: "` befinden.

1.9
```
****
********
************
********
****
```

1.10
```
// ------------------------------------------------------------
// ex01_10.cpp
// Modifizierung des Programms aus Aufgabe 1.9.
// ------------------------------------------------------------
int main()
{
    star3();    // Gibt 3*4 = 12 Sterne aus.
    star2();    // Gibt 2*4 =  8 Sterne aus.
    star1();    // Gibt 4    Sterne aus.
    star2();    // Gibt 8    Sterne aus.
    star3();    // Gibt 12   Sterne aus.
    return 0;
}
```

Kapitel 2

Elementare Datentypen, Konstanten und Variablen

In diesem Kapitel arbeiten Sie mit

- ganzzahligen Typen

  Für Zeichen und Ganzzahlen stehen in C++ die Typen `char`, `wchar_t`, `short`, `int` und `long` zur Verfügung. Sie unterscheiden sich durch ihre Wertebereiche. Die Typen `short`, `int` und `long` werden standardmäßig mit Vorzeichen interpretiert. Durch Voranstellen des Schlüsselworts `signed` oder `unsigned` kann explizit festgelegt werden, ob ein ganzzahliger Typ mit oder ohne Vorzeichen interpretiert wird.

- Gleitpunkttypen

  Zur Darstellung von Gleitpunktzahlen stehen die Typen `float`, `double` sowie `long double` zur Verfügung. Sie unterscheiden sich durch ihren Wertebereich und die Genauigkeit. Die Genauigkeit n bedeutet, dass zwei Gleitpunktzahlen, die sich innerhalb der ersten n Dezimalziffern unterscheiden, auch intern verschieden gespeichert werden.

- Literale

  Bei einem Literal handelt es sich um eines der Schlüsselwörter `true` oder `false` oder um eine Zeichenfolge, die eine numerische Konstante, eine Zeichenkonstante oder eine String-Konstante darstellt. Ganzzahlige Konstanten können dezimal, oktal (mit führender o) oder hexadezimal (mit führendem ox oder oX) dargestellt werden. Gleitpunktkonstanten werden auch in exponentieller Schreibweise (z.B. `1.8E-2`) verwendet. Zeichenkonstanten bestehen aus einem Zeichen eingeschlossen in einfachen Hochkommas (z.B. `'A'`). String-Konstanten enthalten mehrere Zeichen und werden in doppelte Hochkommas eingeschlossen (z.B. `"ok?"`). Grafisch nicht darstellbare Zeichen können als Escape-Sequenzen angegeben werden (z.B. \n).

- Variablen

  Daten können in Variablen gespeichert werden. Bevor eine Variable im Programm verwendet wird, muss sie definiert werden. Dabei werden Typ und Name der Variablen festgelegt und die Variable ggfs. initialisiert.

  Namen bestehen aus einer Folge von Buchstaben (ohne Umlaute und ß), Ziffern oder Unterstrichen. Das erste Zeichen darf keine Ziffer sein. Groß- und Kleinschreibung wird unterschieden. Schlüsselwörter (wie z.B. `namespace`) dürfen nicht als Name verwendet werden.

Verständnisfragen

2.1 Ein Datentyp bestimmt

a) die Art der Darstellung der Daten auf dem Bildschirm.

b) die Art der internen Darstellung der Daten.

c) die Größe des benötigten Speicherplatzes.

2.2 Der Wert `false` wird intern dargestellt durch _____.

2.3 Datentypen zur Darstellung von Gleitpunktzahlen in C++ sind folgende:

a) `float`

b) `long`

c) `long double`

2.4 Die ganzzahligen Typen `short`, `int` und `long` werden

a) ohne Vorzeichen interpretiert.

b) mit Vorzeichen interpretiert.

2.5 Konstanten zur Darstellung des kleinsten und größten Wertes eines ganzzahligen Typs sind definiert in folgender Header-Datei:

a) `iostream`

b) `limits`

c) `climits`

2.6 Der Ausdruck

```
sizeof(double)
```

liefert die Größe eines Objekts vom Typ `double` in Anzahl

a) Bits.

b) Bytes.

c) Millimeter.

2.7 Bei einer Genauigkeit von 6 Dezimalziffern ist garantiert, dass die Zahlen 5.12345 und 5.123456 unterschieden werden.

☐ Richtig   ☐ Falsch

2.8 Eine oktale Konstante beginnt mit einer führenden 0 und eine hexadezimale Konstante beginnt mit den beiden Zeichen 0x oder 0X.

☐ Richtig   ☐ Falsch

2.9 Welche der folgenden Konstanten hat einen Gleitpunkttyp?

a) 12

b) 12.

c) 1f2

2.10 Welche der folgenden Konstanten hat den Typ char?

a) 0

b) '0'

c) "0"

2.11 Das Stringendzeichen '\0' entspricht dem Zeichen '0'.

☐ Richtig   ☐ Falsch

2.12 Der String "Oh!" belegt ＿＿＿ Bytes.

2.13 Escape-Sequenzen werden zur Darstellung nicht druckbarer Zeichen eingesetzt.

☐ Richtig   ☐ Falsch

2.14 Stringkonstanten, die nur durch Zwischenraumzeichen (Blanks, Tabs und Newline-Zeichen) getrennt sind, werden zu einem String zusammengezogen.

☐ Richtig   ☐ Falsch

2.15 Bei welcher der Zeichenfolgen handelt es sich um einen zulässigen Namen?

a) f_x

b) C++

c) 5_f

2.16 Wird eine Variable ohne Initialisierung definiert, so wird

a) der Typ und Name der Variablen festgelegt.

b) der Variablen automatisch ein Anfangswert zugewiesen.

c) der entsprechende Speicherplatz für die Variable reserviert.

2.17 Eine außerhalb jeder Funktion definierte Variable heißt auch ＿＿＿＿＿＿.

2.18 Jede globale Variable, die nicht explizit initialisiert wird, wird mit ＿＿＿ vorbelegt.

2.19 Bei der Ausgabe mit cout werden Ganzzahlen standardmäßig

a) oktal dargestellt.

b) hexadezimal dargestellt.

c) dezimal dargestellt.

2.20 Zur Definition einer Variablen, die einmal initialisiert wird und später nicht mehr verändert werden kann, wird das Schlüsselwort _____ verwendet.

Aufgaben

2.1 Bestimmen Sie den Typ der folgenden Konstanten:

a) 2L   b) 1.23456f   c) 0302

d) '\0101'   e) 100UL   f) .1e-5

g) 0x10   h) 1.2345678   i) 0xFL

2.2 Schreiben Sie ein C++-Programm, das den Wertebereich der Datentypen char und wchar_t ausgibt. Verwenden Sie die Konstanten CHAR_MIN, CHAR_MAX, WCHAR_MIN und WCHAR_MAX, die den kleinsten und größten möglichen Wert des jeweiligen Typs darstellen. Diese Konstanten sind in der Header-Datei climits definiert.

2.3 Schreiben Sie ein C++-Programm, das die Größe des Speicherplatzes, den größten Wert, den kleinsten positiven Wert und die Genauigkeit des Datentyps double ausgibt. Verwenden Sie die Konstanten DBL_MAX, DBL_MIN und DBL_DIG, die den größten Wert, den kleinsten positiven Wert und die Genauigkeit darstellen. Die Konstanten sind in der Header-Datei cfloat definiert.

2.4 Bestimmen Sie, welche der folgenden Variablennamen in C++ gültig sind:

a) const   b) CHAR   c) size1

d) 2_length   e) myFile   f) my@address

g) go-on   h) slow_down   i) okay!

2.5 Formulieren Sie die entsprechenden Anweisungen zur Ausgabe von:

a)

```
Ungueltiger Dateiname:
C:\temp\Grocer's.cpp
```

b)

```
Ihre Eingabe:
```

und einen Ton, der die Aufmerksamkeit des Benutzers weckt

c) "

```
Left to themselves,"
        "things tend to go"
            "from bad to worse (Murphy)."
```

Verwenden Sie Escape-Sequenzen, um doppelte Anführungsstriche, horizontale Tabs und Zeilenvorschübe auszugeben.

2.6   In C++-Programmen sind die Variablen side, circumference und area erforderlich, um den Umfang und den Flächeninhalt eines Quadrats zu berechnen. Definieren Sie die Variablen und initialisieren Sie die Variable side mit dem Wert 1.0.

2.7   Welche Fehler liegen in den folgenden Variablendefinitionen vor?

    a) int n, int i;   b) double side length;
    c) Short min(0);   d) int n; double result(.5)
    e) char c['a'];   f) double slow_down = ".1E-4";

2.8   Schreiben Sie ein C++-Programm, das die Zeichen mit den ASCII-Codes 66 und 98 ausgibt.

2.9   Welche Fehler liegen in den folgenden main-Funktionen vor?

a)

```
#include <iostream>
using namespace std;
int main()
{
    cout << x << endl;
    return 0;
}
```

b)

```
#include <iostream>
using namespace std;
int main()
```

```
{
    int count;
    cout << count << endl;
    return 0;
}
```

c)

```
#include <iostream>
using namespace std;
int main()
{
    char c = 'A!';
    cout << c << endl;
    return 0;
}
```

2.10 Was gibt das folgende C++-Programm aus?

```
#include <iostream>
using namespace std;

void test(void);
int x = 10;

int main()
{
    test();
    cout << "Der Wert von x in main() ist "
        << x << endl;
    return 0;
]
void test()
{
    cout << "Der Wert von x in test() ist "
        << x << endl;
    x = x + 10;
}
```

Lösungen zu den Verständnisfragen

2.1   b) und c)

2.2   0

2.3 a) und c)

2.4 b)

2.5 c)

2.6 b)

2.7 Falsch

2.8 Richtig

2.9 b)

2.10 b)

2.11 Falsch

2.12 4

2.13 Richtig

2.14 Richtig

2.15 a)

2.16 a) und c)

2.17 global

2.18 0

2.19 c)

2.20 const

Lösungen zu den Aufgaben

2.1 a) `long`

b) `float`

c) `int` (oktale Konstante)

d) `char`

e) `unsigned long`

f) `double`

g) `int` (hexadezimale Konstante)

h) `double`

i) `long` (hexadezimale Konstante)

2.2
```cpp
// ------------------------------------------------------------
// ex02_02.cpp
// Gibt die kleinsten und größten Werte
// für die Datentypen char and wchar_t aus.
// ------------------------------------------------------------
#include <iostream>
#include <climits>
using namespace std;

int main()
{
    cout << "Wertebereich der Typen char und wchar_t "
         << endl << endl;
    cout << "Typ          Minimum      Maximum" << endl;
    cout << "-------------------------------" << endl;
    cout << "char         " << CHAR_MIN << "           "
         << CHAR_MAX << endl;
    cout << "wchar_t      " << WCHAR_MIN << "               "
         << WCHAR_MAX << endl;
    return 0;
}
```

2.3
```cpp
// ------------------------------------------------------------
// ex02_03.cpp
// Speicherbedarf, kleinster positiver und größter
// Wert sowie die Genauigkeit des Datentyps double.
// ------------------------------------------------------------
#include <iostream>
#include <cfloat>
using namespace std;

int main()
{
  cout << "Speicherbedarf, Wertebereich und "
       << "Genauigkeit des Datentyps double\n " << endl;
  cout << "Speicherbedarf:          " << sizeof(double)
       << endl;
  cout << "Groesster Wert:          " << DBL_MAX << endl;
  cout << "Kleinster positiver Wert: " << DBL_MIN << endl;
  cout << "Genauigkeit:             " << DBL_DIG << endl;
  return 0;
}
```

2.4 **a)** Ungültig, da in C++ `const` ein Schlüsselwort ist.

b) Gültig, da C++ Klein- und Großbuchstaben unterscheidet. CHAR istdeshalb kein Schlüsselwort.

c) Gültig

d) Ungültig, da der Name mit einer Zahl beginnt.

e) Gültig

f) Ungültig, da das Zeichen @ in Variablennamen nicht enthalten sein darf.

g) Ungültig, da ein Bindestrich in Variablennamen nicht enthalten sein darf.

h) Gültig

i) Ungültig, da das Zeichen ! in Variablennamen nicht enthalten sein darf.

2.5 **a)**

```
cout << " Ungueltiger Dateiname: " << endl
     << "C:\\temp\\Grocer\'s.cpp"  << endl;
```

b)

```
cout << "Ihre Eingabe: \a" << endl;
```

c)

```
cout << "\"Left to themselves,\"\n"
     << "\t\"things tend to go\n"
     << "\t\t\"from bad to worse (Murphy)\""
     << endl;
```

2.6
```
double side(1.0), circumference, area;
(oder: double side = 1.0, circumference, area; )
```

2.7 **a)** Die Typangabe vor dem `i` ist falsch. Korrekt wäre: `int n, i;`

b) Zwei Variablen desselben Typs werden durch ein Komma getrennt (oder: Ein Variablenname darf kein Blank enthalten).

c) `Short` ist kein Typname.

d) In der Definition der Variablen `result` fehlt ein abschließendes Semikolon.

e) Die Verwendung von eckigen Klammern [ ] bei der Initialisierung einer char-Variablen ist falsch. Korrekt wäre: `char c('a');`

f) Eine Variable vom Typ double kann nicht mit einer String-Konstanten initialisiert werden.

2.8
```cpp
// --------------------------------------------------------------
// ex02_08.cpp
// Gibt die Zeichen mit den ASCII-Codes 66 und 98 aus.
// --------------------------------------------------------------
#include <iostream>
using namespace std;

int main()
{
    char c1 = 66, c2 = 98;
    cout << "Das Zeichen mit dem ASCII-Code 66 ist: "
         << c1 << endl;
    cout << "Das Zeichen mit dem ASCII-Code 98 ist: "
         << c2 << endl;
    return 0;
}
```

2.9 **a)** Die Variable x wurde nicht definiert.

b) Die Variable count wurde vor ihrer Verwendung nicht initialisiert.

c) Eine Variable vom Typ char kann nicht zwei Zeichen speichern.

2.10
```
Der Wert von x in test() ist 10
Der Wert von x in main() ist 20
```

Kapitel 3

Verwenden von Funktionen und Klassen

In diesem Kapitel werden vordefinierte Funktionen und Klassen der C++- Standardbibliothek eingesetzt. Dazu werden Sie

- Funktionen deklarieren

  Vor ihrer Verwendung muss jede Funktion deklariert werden. Dabei wird dem Kompiler die Schnittstelle der Funktion bekannt gegeben, d.h. der Typ jedes Parameters und der Typ des Return-Wertes (also des Wertes, den die Funktion zurückgibt). Man nennt dies auch den Prototyp der Funktion. Eine Funktion, die keinen Wert zurückgibt, ist vom Typ `void`. Die Prototypen von Standardfunktionen sind bereits in Standard-Header-Dateien enthalten.

- Funktionen aufrufen

  Beim Aufruf einer Funktion wird für jeden Parameter ein entsprechendes Argument übergeben. Wenn im Prototyp der Funktion kein Parameter deklariert ist, erhält die Funktion auch kein Argument. Beim Funktionsaufruf selbst handelt es sich um einen Ausdruck, der den Typ und den Wert des Return-Wertes der Funktion aufweist. Der Kompiler überprüft den Funktionsaufruf anhand des Prototyps und gibt bei einem falschen Aufruf eine Fehlermeldung aus.

- Header-Dateien verwenden

  Header-Dateien sind Textdateien, die typischerweise Prototypen von Funktionen und Definitionen von Klassen enthalten. Die Header-Dateien, die mit der Programmiersprache C standardisiert wurden, gehören auch zum C++- Standard. Ihre Namen beginnen mit c (z.B. `cmath` statt `math.h`). Wenn in der `#include`-Direktive der Name der Header-Datei in spitzen Klammern <...> angegeben ist, wird die Datei nur in den Verzeichnissen mit den Standard-Header-Dateien gesucht. Ist der Name in Hochkommas »...« angegeben, wird zusätzlich zuerst im aktuellen Verzeichnis gesucht.

- Standardklassen einsetzen

  Die C++-Standardbibliothek definiert zahlreiche Klassen, wie z.B. die Streamklassen zur Ein/Ausgabe und die Klasse `string` zur Darstellung von Zeichenketten. Bei einer Klasse handelt es sich um einen Datentyp mit Datenelementen und Methoden (Funktionen, die zur Klasse gehören). Ein Objekt ist eine Variable vom Typ einer Klasse. Für ein Objekt können die Methoden der Klasse aufgerufen werden. Dabei wird der Name des Objekts vom Namen der Methode durch einen Punkt getrennt.

Verständnisfragen

3.1 In einem C++-Programm muss jeder Name, bei dem es sich nicht um ein Schlüsselwort handelt, vor seiner Verwendung _____ werden.

3.2 Ein Funktionsaufruf ist ein Ausdruck, dessen Typ bestimmt ist durch

a) die an die Funktion übergebenen Argumente.

b) die im Funktionskopf deklarierten Parameter.

c) den Return-Wert der Funktion.

3.3 Der Prototyp einer Funktion stellt dem Kompiler Informationen über

a) den Return-Typ der Funktion bereit.

b) die Namen der Parameter bereit.

c) den Typ jedes Parameters bereit.

3.4 Bei dem Argument, das einer Funktion übergeben wird, darf es sich nur um

a) eine Konstante

b) eine Variable

c) einen beliebiger Ausdruck

vom Typ des entsprechenden Parameters handeln.

3.5 Gemäß dem Prototyp

```
double calc(int n, float x);
```

hat der Ausdruck

```
calc(7, 12.9)
```

den Typ _____.

3.6 Beim Aufruf einer Standardfunktion benötigt der Kompiler

a) keine weiteren Informationen.

b) den Prototyp der Funktion.

c) die Definition der Funktion.

3.7 Ein Kompiler erkennt eine falsche Anzahl von Argumenten nicht.

☐ Richtig   ☐ Falsch

3.8 Sie können eine Funktion schreiben, die Anweisungen enthält, aber keinen Return-Wert liefert.

☐ Richtig ☐ Falsch

3.9 Eine Folge von Zufallszahlen kann durch wiederholte Aufrufe der Standardfunktion _____ generiert werden.

3.10 In C++ ist eine Standard-Header-Datei

a) eine Objektdatei.

b) eine ausführbare Datei.

c) eine Textdatei.

3.11 Wenn der Name einer Header-Datei in doppelten Hochkommas angegeben ist, sucht der Kompiler die Datei

a) nur im Verzeichnis include.

b) nur im aktuellen Verzeichnis.

c) zuerst im aktuellen Verzeichnis.

3.12 Zur Ausführung der Anweisung

```
cout << "Hi, friends!";
```

genügt es, die Header-Datei iostream in Ihrem Programm zu inkludieren.

☐ Richtig ☐ Falsch

3.13 Die in den C-Header-Dateien (Kennung .h) enthaltenen Bezeichner sind

a) lokal deklariert.

b) global deklariert.

c) im Namensbereich std deklariert.

3.14 In C++ liegt für jede C-Header-Datei eine entsprechende C++-Header-Datei vor, die die gleichen Bezeichner im Namensbereich std deklariert. Beispielsweise entspricht der C-Header-Datei math.h in C++ die Header-Datei _____.

3.15 Ein Objekt vom Typ einer Klasse wird auch als Instanz der Klasse bezeichnet.

☐ Richtig ☐ Falsch

3.16 Beim Erzeugen eines Objekts wird

a) Speicher für die Datenelemente reserviert.

b) jedes Datenelement mit einem passenden Wert initialisiert.

c) jede Methode der Klasse aufgerufen.

3.17 Um für ein Objekt eine Methode aufzurufen, wird der Name des Objekts durch einen _____ vom Namen der Methode getrennt angegeben.

3.18 Mit welcher globalen Funktion kann eine ganze Textzeile in ein Objekt vom Typ string eingelesen werden?

3.19 Die Länge eines Strings entspricht

a) der Anzahl Bytes, die das Objekt im Speicher belegt.

b) der Anzahl Zeichen im String ohne nachfolgende Blanks.

c) der Anzahl Zeichen im String.

3.20 Um zwei Strings (also zwei Objekte vom Typ string) aneinander zu reihen, kann folgender Operator verwendet werden:

a) –

b) +

c) *

Aufgaben

3.1 Geben Sie die Prototypen folgender Funktionen an:

a) Die Funktion sum() liefert die Summe von drei double-Werten, die als Argumente übergeben werden.

b) Die Funktion cubes() besitzt einen Parameter n vom Typ int. Sie summiert die ersten n positiven Zahlen »hoch drei« auf, berechnet also den Wert $1^3 + 2^3 + ... + n^3$, und liefert das Ergebnis als Return-Wert zurück.

c) Die Funktion ggt() bestimmt den größten gemeinsamen Teiler von zwei als Argument übergebenen ganzen Zahlen

d) Die Funktion wordCount() erhält einen String als Argument und liefert die Anzahl der im String enthaltenen Worte zurück.

e) Die Funktion isLeapYear() erhält eine Jahreszahl als Argument und gibt true zurück, falls das Jahr ein Schaltjahr ist, andernfalls false

f) Die Funktion displayStatus() gibt den Status des Programms auf dem Bildschirm aus. Die Funktion hat keinen Parameter und keinen Return-Wert.

3.2 Bestimmen Sie die Fehler in folgenden Prototypen:

a)

```
double calculate double x, double y;
```

b)

```
void myFunc(int n, m);
```

c)

```
int your-Func();
```

d)

```
Bool test(void);
```

3.3 Was gibt das folgende Programm auf dem Bildschirm aus?

```
// -----------------------------------------------
// ex03_03.cpp
// -----------------------------------------------
#include <iostream>
#include <cmath>
using namespace std;

int main()
{
    double x = 9.0;
    cout << x << "   "
         << sqrt(x) << "   "
         << pow(x,2.0) << endl;
    return 0;
}
```

3.4 Schreiben Sie ein C++-Programm, das eine Gleitpunktzahl im Dialog ein-liest. Anschließend wird der Sinus und der Cosinus dieser Zahl ausgegeben. Verwenden Sie die in der Header-Datei cmath deklarierten Funktionen sin() und cos().

Bemerkung: Für eine Variable x vom Typ double können Sie mit der Anweisung

```
cin >> x;
```

eine Gleitpunktzahl im Dialog einlesen.

Beispielausgabe:

```
Geben Sie eine Gleitpunktzahl ein: 2.5
Der Sinus von   2.5 ist: 0.598472
Der Cosinus von 2.5 ist: -0.801144
```

3.5   Welche der folgenden Funktionsaufrufe sind korrekt?

a)

```
int max( int, int, int);
int result = max( 7, 12);
```

b)

```
long pow10(int), result = pow10(2);
```

c)

```
void put( char c);
char c = put('A');
```

d)

```
double square( double), x = 2.1;
cout << square(x);
```

e)

```
int random(void);
random(1);
```

3.6   Schreiben Sie ein C++-Programm, das eine Ganzzahl im Dialog einliest, um den Zufallszahlengenerator zu initialisieren. Anschließend werden zwei Zufallszahlen erzeugt und zusammen mit ihrer Differenz ausgegeben.

3.7   Die Standardfunktion

```
double ceil(double x);
```

liefert die kleinste Ganzzahl, die größer oder gleich x ist. Die Funktion ist in der Header-Datei cmath deklariert.

Schreiben Sie ein C++-Programm, das die Funktion ceil() einmal mit einer positiven und dann mit einer negativen Gleitpunktzahl aufruft. Das Argument und der Return-Wert werden jedes Mal ausgegeben.

Beispielausgabe:

```
ceil(1.42) = 2
ceil(-1.65) = -1
```

3.8   Welche der nachfolgenden Definitionen sind zulässig, welche nicht?

a)

```
string s('Da bin ich!');
```

b)

```
string stars_and_stripes("*** ---");
```

c)

```
string shorts = "0";
```

d)

```
string stars(80, *);
```

3.9   Ist in folgenden Quellcodes etwas falsch?

a)

```
#include <string.h>
using namespace std;
string s("Test");
```

b)

```
string s;
cout << "Geben Sie Ihren Vornamen ein: ";
getline(s, cin);
```

c)

```
string s("wunderbarer ");
cout << "Was fuer ein " << s + "Morgen!";
```

3.10   Was gibt folgendes Programm auf dem Bildschirm aus?

```
#include <iostream>
#include <string>
using namespace std;

int main()
{
    string s1 = "Nichts ist ", s2 = "so ";

    cout << s1 + s2 + "einfach ";
    s2 = "wie es aussieht.";
    cout << s2 + " (Murphy's Gesetz)" << endl;
    return 0;
}
```

Lösungen zu den Verständnisfragen

3.1   deklariert

3.2   c)

3.3   a) und c)

3.4   c)

3.5   `double`

3.6   b)

3.7   Falsch

3.8   Richtig

3.9   `rand()`

3.10   c)

3.11   c)

3.12   Falsch

3.13   b)

3.14   `cmath`

3.15   Richtig

3.16   a) und b)

3.17   Punkt

3.18   `getline()`

3.19   c)

3.20   b)

Lösungen zu den Aufgaben

3.1   a)

```
double sum( double, double, double);
```

b)

```
int cubes( int n);        // oder: long cubes( int n);
```

c)

```
int ggt( int n, int m);
```

d)

```
int wordCount(string s);
```

e)

```
bool isLeapYear( int n);
```

f)

```
void displayStatus();    // oder: void displayStatus(void);
```

3.2 **a)** Die Parameter sind in runden Klammern einzuschließen.

b) Jeder Parameter und sein Typ muss separat deklariert werden.

c) Ein Funktionsname darf keinen Bindestrich enthalten.

d) C++ unterscheidet Groß- und Kleinbuchstaben. Bool ist deshalb kein Typ-name.

3.3 9   3   81

3.4
```
// --------------------------------------------------
// ex03_04.cpp
// Liest eine Gleitpunktzahl im Dialog ein und
// gibt den Sinus und Cosinus dieser Zahl aus.
// --------------------------------------------------
#include <iostream>
#include <cmath>
using namespace std;

int main()
{
   double x;

   cout << "Geben Sie eine Gleitpunktzahl ein: ";
   cin >> x;

   cout << "Der Sinus von   " << x << " ist: "
        << sin(x) << endl;
   cout << "Der Cosinus von " << x << " ist: "
        << cos(x) << endl;

   return 0;
}
```

3.5   a) Die Anzahl Parameter im Prototyp der Funktion stimmt nicht mit der Anzahl Argumente beim Aufruf der Funktion überein.

b) Richtig

c) Die Funktion put() hat keinen Return-Wert. Deshalb ist die Zuweisung unzulässig.

d) Korrekt

e) Unzulässig. Die Funktion random() erhält kein Argument.

3.6
```cpp
// -----------------------------------------------------------
// ex03_06.cpp
// Liest eine Ganzzahl im Dialog ein, um den Zufalls-
// zahlengenerator zu initialisieren. Zwei Zufallszahlen
// und ihre Differenz werden ausgegeben.
// -----------------------------------------------------------
#include <iostream>
#include <cstdlib>      // Prototypen von srand() und rand()
using namespace std;

int main()
{
    unsigned int seed;

    cout << "Geben Sie eine ganze Zahl ein: ";
    cin >> seed;
    srand(seed);     // Zufallszahlengenerator initialisieren

    int rn1 = rand(),
        rn2 = rand();
    cout << "\nZwei Zufallszahlen: " << rn1 << "    " << rn2
         << "\nund ihre Differenz: " << rn1 - rn2
         << endl;
    return 0;
}
```

3.7
```cpp
// -----------------------------------------------------
// ex03_07.cpp
// Ruft die Funktion ceil() mit einer positiven und
// einer negativen Gleitpunktzahl auf.
// -----------------------------------------------------
#include <iostream>
```

```
#include <cmath>
using namespace std;

int main()
{
    double x = 1.42;
    cout << "ceil(" << x << ") = " << ceil(x) << endl;

    x = -1.65;
    cout << "ceil(" << x << ") = " << ceil(x) << endl;

    return 0;
}
```

3.8 **a)** Unzulässig. Eine Stringkonstante ist in doppelten Hochkommas anzugeben.

    b) Korrekt

    c) Korrekt

    d) Unzulässig. Das Zeichen * muss in einfachen Hochkommas angegeben werden.

3.9 **a)** Der Name der zu inkludierenden Header-Datei ist `string` und nicht `string.h`.

    b) Die Reihenfolge, in der die Argumente an `getline()` übergeben werden, ist falsch. Ein zulässiger Aufruf ist: `getline(cin, s);`.

    c) Korrekt (vorausgesetzt, die Header-Datei `string` wurde inkludiert).

3.10

```
Nichts ist so einfach wie es aussieht. (Murphy's Gesetz)
```

Kapitel 4

Ein- und Ausgaben mit Streams

Bei den Streams `cin` und `cout` handelt es sich um Objekte der Klassen `istream` und `ostream`. Sie werden zum Lesen von der Standardeingabe bzw. Schreiben auf die Standardausgabe verwendet und beim Programmstart automatisch angelegt.

In den Übungen dieses Kapitels werden Sie

■ Zahlen formatiert ausgeben

Bei der Ausgabe mit dem Operator << wird die Formatierung durch Flags der Basisklasse `ios` gesteuert. Diese können auf einfache Weise mithilfe von Manipulatoren verändert werden. Bei Ganzzahlen kann das Zahlensystem festgelegt (`dec`, `oct` und `hex`) werden. Positive Dezimalzahlen lassen sich mit oder ohne Vorzeichen anzeigen (`showpos`, `noshowpos`) und Hexadezimalzahlen können mit Klein- oder Großbuchstaben (`uppercase`, `nouppercase`) dargestellt werden. Gleitpunktzahlen werden standardmäßig mit einer Genauigkeit von sechs Ziffern und ohne abschließende Nullen nach dem Dezimalpunkt angezeigt. Eine Gleitpunktzahl ist auch als Festpunktzahl (`fixed`) oder in exponentieller Notation (`scientific`) mit einer anderen Genauigkeit (`setprecision()`) darstellbar.

■ Zahlen formatiert einlesen

Beim Einlesen mit dem Operator >> kann bei Ganzzahlen ebenfalls die Basis des Zahlensystems festgelegt werden (`dec`, `oct`, `hex`). Gleitpunktzahlen werden stets dezimal als Festpunktzahl oder in exponentieller Form eingelesen.

■ Feldbreiten verwenden

Mit dem Operator << werden mindestens so viele Zeichen ausgegeben, wie durch die aktuelle Feldbreite festlegt ist (`setw()`). Statt des Blanks kann ein anderes Füllzeichen ausgewählt (`setfill()`) und die Ausgabe im Feld rechts- oder linksbündig ausgerichtet (`left`, `right`) werden. Beim Lesen mit dem Operator >> werden höchsten so viele Zeichen gelesen, wie durch eine aktuell gesetzte Feldbreite > 0 vorgegeben wird. Dabei werden führende Zwischenraumzeichen nicht eingerechnet.

■ Zeichen und Textzeilen unformatiert einlesen und ausgeben

Die unformatierte Ein-/Ausgabe verwendet keine Formatierungsflags und keine Felder. Einzelne Zeichen, auch Zwischenraumzeichen, werden mit den Methoden `get()` und `put()` gelesen bzw. geschrieben. Die globale Funktion `getline(cin, s)` liest eine ganze Textzeile in den String `s`. Dabei wird das abschließende Newline-Zeichen gelesen, aber nicht im String gespeichert.

Verständnisfragen

4.1 Der Operator << ist definiert für die folgende Klasse:

a) ios

b) istream

c) ostream

4.2 Ein Objekt der Klasse ostream für die ungepufferte Fehlerausgabe ist der Standardstream _____.

4.3 Manipulatoren können verwendet werden, um

a) Streams zu erzeugen.

b) Fehlermeldungen auszugeben.

c) Formatierungen für nachfolgende Ein- und Ausgaben festzulegen.

4.4 Die in der Klasse ios definierten Formatierungsflags bestimmen, wie Zeichen mit den Operatoren >> und << eingelesen oder ausgegeben werden.

☐ Richtig   ☐ Falsch

4.5 Ganze Zahlen werden standardmäßig ausgegeben als

a) Dezimalzahlen.

b) Oktalzahlen.

c) Hexadezimalzahlen.

4.6 Um positive Zahlen mit dem Vorzeichen + auszugeben, kann der Manipulator _____ verwendet werden.

4.7 Bei der Ausgabe von Ganzzahlen im oktalen oder hexadezimalen Format werden diese stets ohne Vorzeichen interpretiert.

☐ Richtig   ☐ Falsch

4.8 Zum Aufruf eines Standardmanipulators mit einem oder mehreren Argumenten muss die Header-Datei _____ inkludiert sein.

4.9 Die Anweisung

```
cout << 70.0;
```

gibt standardmäßig _____ auf dem Bildschirm aus.

4.10 Zur Ausgabe einer Gleitpunktzahl in Festpunktdarstellung können Sie den Manipulator _____ verwenden.

4.11 Bei der Ausgabe in Felder berücksichtigt der Operator <<

a) eine vorgegebene Feldbreite.

b) die Ausrichtung im Feld.

c) ein vorgegebenes Füllzeichen.

4.12. Wenn die auszugebende Zeichenfolge länger als die vorgegebene Feldbreite ist, wird die Ausgabe abgeschnitten.

☐ Richtig   ☐ Falsch

4.13 Ist die Feldbreite größer als die auszugebende Zeichenfolge, werden restliche Stellen im Feld standardmäßig mit folgendem Zeichen aufgefüllt:

a) Blank.

b) Stern.

c) Punkt.

4.14 Beim Einlesen mit dem Operator >> werden führende Zwischenraumzeichen ignoriert.

☐ Richtig   ☐ Falsch

4.15 Um die Fehlerflags eines Streams zu löschen, kann die Methode _____ aufgerufen werden.

4.16 Damit der Operator >> eine eingegebene Zeichenfolge als Hexadezimalzahl interpretiert, kann der Manipulator _____ verwendet werden.

4.17 Gegeben seien folgende Anweisungen:

```
float x;   cin >> x;
```

Angenommen, das erste eingelesene Zeichen ist der Buchstabe A. In diesem Fall

a) wird ein Pseudo-Wert in die Variable x geschrieben.

b) kein Wert in die Variable x geschrieben.

c) ein internes Fehlerflag gesetzt.

4.18 Bei der unformatierten Ein- und Ausgabe werden

a) keine Felder verwendet.

b) intern gesetzte Formatierungsflags ignoriert.

c) Zwischenraumzeichen nicht überlesen.

4.19 Wird die Methode get() ohne Argument aufgerufen, liefert sie den Code des eingelesenen Zeichens vom Typ

a) char.

b) int.

c) unsigned int.

4.20 Wie lautet die Anweisung, um mit der globalen Funktion getline() von der Standardeingabe einen Text in ein Objekt str vom Typ string einzulesen, bis das Begrenzungszeichen ! auftritt?

Aufgaben

4.1 Schreiben Sie ein C++-Programm, das die Zahl 255 ausgibt, und zwar

- mit positivem Vorzeichen,
- als Hexadezimalzahl mit Großbuchstaben,
- als Hexadezimalzahl mit Kleinbuchstaben,
- als Dezimalzahl ohne Vorzeichen.

Ausgabe: +255   FF   ff   255

4.2 Was gibt das folgende C++-Programm aus?

```
// ---------------------------------------------
// ex04_02.cpp
// Was gibt das folgende C++ Programm aus?
// ---------------------------------------------
#include <iostream>
using namespace std;
int main()
{
    float x = 1.23f;
    cout << showpoint   << x << endl;
    cout << noshowpoint << x << endl;
    cout << fixed       << x << endl;
    return 0;
}
```

4.3 Schreiben Sie ein C++-Programm, das die Zahl 9.876 wie folgt anzeigt:

```
9.88
9.87600
10
```

Verwenden Sie die Methode `precision()` oder den Manipulator `setpre-cision()`.

4.4 Schreiben Sie ein C++-Programm, das eine Gleitpunktzahl im Dialog einliest und die Zahl in Gleitpunktdarstellung und exponentieller Darstellung mit zwei Ziffern hinter dem Dezimalpunkt ausgibt.

Beispielausgabe:

```
Geben Sie eine Gleitpunktzahl ein: 1234.5678
1234.57
1.23e+003
```

4.5 Schreiben Sie ein C++-Programm, das

- die größte darstellbare Zahl vom Typ `unsigned int` und
- die Zahl `-1` in dezimaler, oktaler und hexadezimaler Darstellung ausgibt.

Platzieren Sie jede Ausgabe linksbündig in ein Feld der Breite 15. Verwenden Sie die in der Header-Datei `climits` definierte Konstante `UINT_MAX`, die die größte darstellbare Zahl vom Typ `unsigned int` darstellt.

Beispielausgabe:

Dezimal	Oktal	Hexadezimal
4294967295	37777777777	FFFFFFFF
-1	37777777777	FFFFFFFF

4.6 Was gibt das folgende C++-Programm auf dem Bildschirm aus?

```cpp
#include <iostream>
using namespace std;
int main()
{
    cout.fill('*');

    cout.width(4);  cout << 9    << endl;
    cout.width(4);  cout << 99   << endl;
    cout.width(4);  cout << "+++++" << endl
                         << 108  << endl;
    return 0;
}
```

4.7 Schreiben Sie ein C++-Programm, das im Dialog

- ein Zeichen
- ein einzelnes Wort

- eine Oktalzahl
- eine Hexadezimalzahl

einliest und auf dem Bildschirm anzeigt.

Beispielausgabe:

```
Geben Sie ein Zeichen ein:          $
Geben Sie ein Wort ein:             Hi!
Geben Sie eine Oktalzahl ein:       4567
Geben Sie eine Hexadezimalzahl ein: 9Ab


Ihre Eingabe:
Das Zeichen:        $
Das Wort:           Hi!
Die Oktalzahl:      4567
Die Hexadezimalzahl: 9ab
```

4.8   Was gibt das Programm aus der Aufgabe 4.7 aus, falls Sie versuchen Folgendes einzugeben?

+   (als Zeichen),

Warum?   (als Wort),

787   (als Oktalzahl)

EF   (als Hexadezimalzahl)

4.9   Lokalisieren und korrigieren Sie die Fehler in den folgenden Anweisungen:

a)

```
char c;
get( cin, c);
```

b)

```
string s;
cin.getline(s);
```

c)

```
cout << put('A');
```

d)

```
string question;
getline( question, '?', cin);
```

4.10 Schreiben Sie die erforderlichen Anweisungen, um Folgendes einzulesen:

a) das nächste Zeichen (inklusive Zwischenraumzeichen) in eine Variable vom Typ char

b) eine Textzeile in ein Objekt vom Typ string

c) eine Zeichenfolge bis zum ersten Zeichen '!' in ein Objekt vom Typ string

Lösungen zu den Verständnisfragen

4.1 c)

4.2 cerr

4.3 c)

4.4 Richtig

4.5 a)

4.6 showpos

4.7 Richtig

4.8 iomanip

4.9 70

4.10 fixed

4.11 a), b) und c)

4.12 Falsch

4.13 a)

4.14 Richtig

4.15 clear()

4.16 hex

4.17 b) und c)

4.18 a), b) und c)

4.19 b)

4.20 getline(cin, str, '!');

Lösungen zu den Aufgaben

4.1
```
// -----------------------------------------------------------
// ex04_01.cpp
// Das Programm gibt die Zahl 255 aus, und zwar
//      mit positivem Vorzeichen,
//      als Hexadezimalzahl mit Großbuchstaben,
//      als Hexadezimalzahl mit Kleinbuchstaben,
//      als Dezimalzahl ohne Vorzeichen.
// -----------------------------------------------------------
#include <iostream>
using namespace std;
int main()
{
    cout << showpos               << 255 << "    "
         << uppercase  << hex << 255 << "    "
         << nouppercase          << 255 << "    "
         << noshowpos  << dec << 255 << endl;
    return 0;
}
```

4.2
```
1.23000
1.23
1.230000
```

4.3
```
// -----------------------------------------------------------
// ex04_03.cpp
// Das Programm zeigt die Zahl 9.876 wie folgt an:
// 9.88
// 9.87600
// 10
// -----------------------------------------------------------
#include <iostream>
#include <iomanip>   // Falls setprecision() verwendet wird.
using namespace std;
int main()
{
    double x = 9.876;

    cout.precision(3);
    cout << x << endl;
    // oder: cout << setprecision(3) << x << endl;
```

```
    cout.precision(5);
    cout << showpoint << x << endl;
    // oder:  cout << setprecision(5) << showpoint << x << endl;

    cout.precision(0);
    cout << fixed << noshowpoint << x << endl;
    // oder:  cout << setprecision(0) << fixed << noshowpoint
    //                << x << endl;
    return 0;
}
```

4·4
```
// -----------------------------------------------------------
// ex04_04.cpp
// Das Programm liest eine Gleitpunktzahl im Dialog ein
// und gibt die Zahl in Gleitpunktdarstellung und in
// exponentieller Notation mit zwei Ziffern hinter dem
// Dezimalpunkt aus.
// -----------------------------------------------------------
#include <iostream>
using namespace std;
int main()
{
    double x;
    cout << " Geben Sie eine Gleitpunktzahl ein: ";
    cin >> x;
    cout.precision(2);
    cout << fixed << x << endl;
    cout << scientific << x << endl;
    return 0;
}
```

4·5
```
// -----------------------------------------------------------
// ex04_05.cpp
// Das Programm gibt
//    die größte darstellbare Zahl vom Typ unsigned int und
//    die Zahl -1 in dezimaler, oktaler und hexadezimaler
//    Darstellung linksbündig in ein Feld der Breite 15 aus.
// -----------------------------------------------------------
#include <iostream>
#include <climits>
#include <iomanip>          // Falls setw() verwendet wird.
using namespace std;
```

```cpp
int main()
{
    cout << left;                          // Ausgabe linksbündig

    // Mit dem Manipulator setw():
    cout << setw(15) << "Dezimal"
         << setw(15) << "Oktal   "
         << setw(15) << "Hexadezimal" << endl;

    cout << uppercase                      // Für Hex-Ziffern
         << setw(15) << UINT_MAX
         << setw(15) << oct   << UINT_MAX
         << setw(15) << hex   << UINT_MAX << endl;

    cout << setw(15) << dec   << -1
         << setw(15) << oct   << -1
         << setw(15) << hex   << -1 << endl;
/*
    // Oder mit der Methode width():
    cout.width(15);   cout << "Dezimal";
    cout.width(15);   cout << "Oktal   ";
    cout.width(15);   cout << "Hexadezimal" << endl;
    // etc.
*/
    return 0;
}
```

4.6
```
***9
**99
+++++
108
```

4.7
```cpp
// -----------------------------------------------------------
// ex04_07.cpp
// Das Programm liest im Dialog
//    ein Zeichen
//    ein Wort
//    eine Oktalzahl
//    eine Hexadezimalzahl
// ein und gibt sie auf dem Bildschirm aus.
// -----------------------------------------------------------
#include <iostream>
#include <string>
```

```
using namespace std;

int main()
{
    char c;
    int n1, n2;
    string s;

    cout << "Geben Sie ein Zeichen ein:          ";
    cin >> c;
    cout << "Geben Sie ein Wort ein:             ";
    cin >> s;
    cout << "Geben Sie eine Oktalzahl ein:       ";
    cin >> oct >> n1;
    cout << "Geben Sie eine Hexadezimalzahl ein: ";
    cin >> hex >> n2;

    cout << endl << "Ihre Eingabe: " << endl;
    cout << "Das Zeichen:           " << c   << endl;
    cout << "Das Wort:              " << s   << endl;
    cout << "Die Oktalzahl:         " << oct << n1 << endl;
    cout << "Die Hexadezimalzahl:   " << hex << n2 << endl;
    return 0;
}
```

4.8   Ausgabe:

```
Geben Sie ein Zeichen ein:          +
Geben Sie ein Wort ein:             Warum?
Geben Sie eine Oktalzahl ein:       787
Geben Sie eine Hexadezimalzahl ein:
Ihre Eingabe:
Das Zeichen:           +
Das Wort:              Warum?
Die Oktalzahl:         7
Die Hexadezimalzahl: 87
```

4.9   **a)** Bei get() handelt es sich nicht um eine globale Funktion, sondern eine
Methode der Klasse istream. Ein korrekter Aufruf lautet wie folgt:

```
cin.get(c);
```

b) Die globale Funktion `getline()` liest eine Textzeile in ein Objekt vom Typ `string`. Ein korrekter Aufruf lautet wie folgt:

```
getline( cin, s);
```

c) Bei `put()` handelt es sich um eine Methode der Klasse `ostream`. Ein gültiger Aufruf lautet wie folgt:

```
cout.put('A');
```

d) Die Reihenfolge der Argumente ist nicht korrekt. Ein gültiger Aufruf lautet wie folgt:

```
getline( cin, question, '?');
```

4.10 **a)**

```
char c;
cin.get(c);
```

b)

```
string s;
getline(cin, s);
```

c)

```
string s;
getline(cin, s, '!');
```

Kapitel 5

Operatoren für elementare Datentypen

Ein Operator verknüpft Operanden (z.B. Konstanten und Variablen) zu einem Ausdruck. Dieser weist einen Typ und einen Wert, nämlich das Ergebnis der Operation, auf und kann daher wieder als Operand eines Operators eingesetzt werden.

Wenn in einem Ausdruck mehrere Operatoren vorliegen, bestimmt der Vorrang (die Priorität) die Zuordnung der Operanden zu den Operatoren. Haben Operatoren den gleichen Vorrang, so wird gewöhnlich »von links« zusammengefasst, bei einigen Operatoren, z.B. der Zuweisung, erfolgt die Zusammenfassung »von rechts« (vgl. Vorrangtabelle). Unäre Operatoren, also Operatoren mit einem Operanden, haben generell einen höheren Vorrang als binäre Operatoren. Die Zuordnung von Operanden zu Operatoren kann durch das Setzen von Klammern selbst festgelegt werden.

In den angeführten Übungen sind die folgenden vier Gruppen von Operatoren relevant. Sie sind gemäß ihrem Vorrang in absteigender Reihenfolge aufgelistet:

- Arithmetische Operatoren

  Für arithmetische Berechnungen stehen die unären Operatoren +, − (positives, negatives Vorzeichen), ++, −− (um 1 inkrementieren, dekrementieren) und die binären Operatoren + (Summe), - (Differenz), * (Multiplikation), / (Division), % (Modulodivision) zur Verfügung. Es gelten die »üblichen Rechenregeln«, d.h. die Operatoren *, / und % haben einen höheren Vorrang als die binären Operatoren + und −.

- Vergleichsoperatoren

  Jeder Vergleich ist ein Ausdruck vom Typ `bool`, weist also den Wert `true` oder `false` auf. Die Vergleichsoperatoren sind < (kleiner), > (größer), <= (kleiner oder gleich), >= (größer oder gleich) == (gleich) und != (ungleich).

- Logische Operatoren

  Die logischen Operatoren sind `&&` (und), `||` (oder) und `!` (nicht). Ein logischer Ausdruck, z.B `(i>0 && i<10)`, liefert `true` oder `false`.

- Zuweisungsoperatoren

  Die *einfache Zuweisung* ordnet einer Variablen mit dem Operator = einen Wert zu (z.B. `y = 2*x`). Der Wert des Ausdrucks ist der zugewiesene Wert. Deshalb sind auch *Mehrfachzuweisungen* möglich (z.B. `z = y = 3.4`). Mit jedem binären arithmetischen Operator kann ein *zusammengesetzter Zuweisungsoperator* gebildet werden (z.B. ist `i*=3` äquivalent zu `i = i*3`).

Verständnisfragen

5.1 Der Wert des Ausdrucks 9/4 lautet ___ .

5.2 Die Modulodivision kann nur für ganzzahlige Operanden ausgeführt werden.

☐ Richtig ☐ Falsch

5.3 Welcher der folgenden Ausdrücke hat den Wert 1 ?

a) -3 + 4 * 5 - 6

b) -1 + 4 % 5 - 2

c) -2 + 4 % 5 + 2

5.4 In Ausdrücken kann die Reihenfolge, in der Operanden und Operatoren zusammengefasst werden, durch _____ geändert werden.

5.5 Der Dekrementoperator -- kann auch auf Konstanten angewendet werden.

☐ Richtig ☐ Falsch

5.6 Die Inkrement- und Dekrementoperatoren können nur für ganzzahlige Operanden eingesetzt werden.

☐ Richtig ☐ Falsch

5.7 Angenommen, die Variablen x und y haben einen arithmetischen Typ, dann werden die Operanden im Ausdruck

```
++x + 2 * y--
```

bei der Auswertung wie folgt zusammengefasst:

a) (++x) + ((2*y)--)

b) ((++x) + 2) * (y--)

c) (++x) + (2 * (y--))

5.8 Der Ausdruck

```
4 % 3 * 2
```

hat den Wert _____.

5.9 Eine Zuweisung hat einen Wert und einen Typ.

☐ Richtig ☐ Falsch

5.10 Mit der Definition

```
int x = 2;
```

weist die Variable x nach der zusammengesetzten Zuweisung

```
x *= 3 + 4;
```

den Wert _____ auf.

5.11 Im Anschluss an die Definition

```
int i = 2, j;
```

bewirkt die Anweisung

```
i *= j = 4;
```

a) eine Fehlermeldung des Kompilers.

b) die Zuweisung von 4 für die Variablen i und j.

c) die Zuweisung von 8 für i und 4 für j.

5.12 In C++ ist jeder Vergleich ein Ausdruck vom Typ int mit dem Wert 0 ("false") oder 1 ("true").

☐ Richtig   ☐ Falsch

5.13 Der Vorrang von Vergleichsoperatoren ist _____ als der Vorrang von Zuweisungsoperatoren.

5.14 Vergleichsoperatoren haben einen _____ Vorrang als arithmetische Operatoren.

5.15 Nach den Definitionen

```
bool flag;   int x = 3, y = 2;
```

gibt die Anweisung

```
cout << (flag = x == y);
```

Folgendes auf dem Bildschirm aus:

a) 0 (oder false)

b) 1 (oder true)

c) 2

5.16 Die Booleschen Operatoren in C++ sind folgende:

a) AND, OR und NOT

b) &, | und !=

c) &&, || and !

5.17 Angenommen, die int-Variable x speichert die Zahl 9. Dann hat der logische Ausdruck

```
x-- == 9 && x == 8
```

den Wert

a) true.

b) false.

5.18 Ist der Operand eines logischen Operators eine Zahl, so wird diese als true interpretiert, wenn ihr Wert _____ ist.

5.19 Der Operator && hat eine höhere Priorität als der Operator ||.

☐ Richtig   ☐ Falsch

5.20 Angenommen, die int-Variable count speichert die Zahl 10. Dann hat der logische Ausdruck

```
!(count == 0 || count >= 10)
```

den Wert _____ .

Aufgaben

5.1 Schreiben Sie ein C++-Programm, das zwei ganze Zahlen im Dialog einliest und ihr Produkt, den Quotienten und den Divisionsrest ausgibt.

5.2 Erstellen Sie ein C++-Programm, das drei Gleitpunktzahlen im Dialog einliest und deren Summe und Durchschnitt ausgibt.

Beispielausgabe:

```
Geben Sie drei Gleitpunktzahlen ein: 2.7 8.9 5.3
Die Summe:          16.9
Der Durchschnitt: 5.63333
```

5.3 Schreiben Sie ein C++-Programm, das

a) eine Fahrenheit-Temperatur im Dialog einliest und in Celsius umrechnet,

b) eine Celsius-Temperatur einliest und in Fahrenheit umrechnet

und die Ergebnisse mit zwei Stellen hinter dem Dezimalpunkt ausgibt.

Hinweis: Verwenden Sie die Formel: $5*$(Fahrenheit - 32) = 9 * Celsius

Beispielausgabe:

```
Geben Sie eine Temperatur in Fahrenheit ein: 100
100.00 Fahrenheit entsprechen 37.78 Grad Celsius.

Geben Sie eine Temperatur in Celsius ein: 28
28.00 Celsius entsprechen 82.40 Grad Fahrenheit.
```

5.4   Was gibt folgendes C++-Programm auf dem Bildschirm aus?

```cpp
#include <iostream>
using namespace std;
int main()
{
    int n(15);

    n += 25;    cout << n << endl;
    n %= 9;     cout << n << endl;
    n = 5;      cout << n++ << endl;
    n *= n;     cout << n << endl;
    return 0;
}
```

5.5   Erstellen Sie ein C++-Programm, das eine Anzahl von Sekunden im Dialog einliest und die entsprechende Anzahl Stunden, Minuten und Sekunden ausgibt.

Beispielausgabe:

```
Geben Sie eine Anzahl Sekunden ein: 7885
Stunden:  2
Minuten:  11
Sekunden: 25
```

5.6   Schreiben Sie ein C++-Programm zur Berechnung eines Kredits, den Ihnen eine Bank gewährt. Die monatliche Ratenzahlung, die Anzahl von Monaten, in denen die Rate gezahlt wird, und der monatliche Zinssatz werden dabei vorgegeben.

Hinweis: Verwenden Sie die folgende Formel:

```
Kredit = Rate * (1 - q ⁿ)/ (qⁿ - qⁿ⁺¹)
```

Dabei ist n die Anzahl der Monate und q = 1 + Zinssatz /(12*100).

Beispielausgabe:

```
Geben Sie die Monatsrate an:     250
Geben Sie den Zinssatz an:       9
Geben Sie die Anzahl Monate ein: 36
Und hier ist Ihr Kredit:         7861.70
```

5.7 Schreiben Sie ein C++-Programm, das für eine positive und eine negative Ganzzahl einen Überlauf produziert. Initialisieren Sie zu diesem Zweck zwei Variablen vom Typ `long` mit dem größten und dem kleinsten darstellbaren Wert vom Typ `long`. Geben Sie sowohl diese Werte als auch das Ergebnis aus, nachdem Sie 1 vom kleinsten Wert abgezogen und 1 zum größten Wert hinzuaddiert haben.

Hinweis: Verwenden Sie die Konstanten `LONG_MAX` und `LONG_MIN`, die den größten und kleinsten Wert vom Typ `long` darstellen. Die Konstanten sind in der Header-Datei `climits` definiert.

Beispielausgabe:

```
LONG_MAX: +2147483647   LONG_MAX + 1: -2147483648
LONG_MIN: -2147483648   LONG_MIN - 1: +2147483647
```

5.8 Angenommen, `i` und `j` sind Variablen vom Typ `int`. Formulieren Sie Vergleichsausdrücke, die folgende Bedingungen darstellen:

a) Die Differenz i - 4 ist größer als das Quadrat von j.

b) Der Wert von i ist größer als 0 oder gleich j.

c) Der Wert von i liegt zwischen –j und +j, ist aber von beiden verschieden.

d) Der Wert von i ist nicht kleiner als j und verschieden von 0.

5.9 Was gibt folgendes C++-Programm auf dem Bildschirm aus?

```cpp
#include <iostream>
using namespace std;
int main()
{
    int i(-5), j(2);
    bool flag(false);


    cout << boolalpha;
    cout << (i > j && !flag) << endl;
    cout << (j < -i && j > i || flag) << endl;
    cout << (!flag && i + j > 0) << endl;
```

```
cout << (i + j <= j - i) << endl;
return 0;
}
```

5.10 Ein Jahr ist ein Schaltjahr, wenn es durch 4 aber nicht durch 100 teilbar ist. Außerdem sind alle Vielfachen von 400 Schaltjahre. Welcher der folgenden Ausdrücke beschreibt diese Bedingung, d.h. ist genau dann wahr, wenn die Variable year ein Schaltjahr speichert?

a)

```
(year%4 && !year%100) || year%400
```

b)

```
(year%4 == 0 && year%100 != 0) || year%400 == 0
```

c)

```
year%4 == 0 && (year%100 != 0 || year%400 == 0)
```

Lösungen zu den Verständnisfragen

5.1   2

5.2   Richtig

5.3   b)

5.4   Klammern

5.5   Falsch

5.6   Falsch

5.7   c)

5.8   2

5.9   Richtig

5.10 14

5.11 c)

5.12 Falsch

5.13 höher

5.14 niedrigeren

5.15 a)

5.16   c)

5.17   a)

5.18   ungleich o

5.19   Richtig

5.20   false

Lösungen zu den Aufgaben

5.1
```cpp
// ------------------------------------------------------------
// ex05_01.cpp
// Das Programm liest zwei Ganzzahlen im Dialog ein und
// gibt ihr Produkt, den Quotienten und den Divisionsrest
// aus.
// ------------------------------------------------------------
#include <iostream>
using namespace std;

int main()
{
    int n1=0, n2=0;

    cout << "\nGeben Sie zwei Ganzzahlen ein: ";
    cin >> n1 >> n2;

    cout << "Das Produkt von   " << n1 << " und " << n2
         << " ist: "   << n1 * n2 << endl;
    cout << "Der Quotient von  " << n1 << " und " << n2
         << " ist: "   << n1 / n2 << endl;
    cout << "Der Divisionsrest von " << n1 << " und " << n2
         << " ist: "   << n1 % n2 << endl;
    return 0;
}
```

5.2
```cpp
// ------------------------------------------------------------
// ex05_02.cpp
// Das Pogramm liest drei Gleitpunktzahlen im Dialog ein
// und gibt ihre Summe und den Durchschnitt aus.
// ------------------------------------------------------------
#include <iostream>
```

```
using namespace std;
int main()
{
    double x=0.0, y=0.0, z=0.0, result;

    cout<< endl;
    cout << "Geben Sie drei Gleitpunktzahlen ein: ";
    cin >> x >> y >> z;

    result = x + y + z;
    cout << "Die Summe:        " << result << endl;

    result /= 3;
    cout << "Der Durchschnitt: " << result << endl;
    return 0;
}
```

5.3

```
// -----------------------------------------------------------
// ex05_03.cpp
// Das Programm konvertiert eine Temperatur von
// Fahrenheit in Celsius und umgekehrt.
// -----------------------------------------------------------
#include <iostream>
using namespace std;
int main()
{
    double cels = 0.0, fahr = 0.0;

    cout << "\nGeben Sie eine Temperatur in Fahrenheit ein: ";
    cin >> fahr;
    cels = 5.0*(fahr-32.0)/9.0;
    cout << fixed;  cout.precision(2);
    cout << fahr << " Fahrenheit entsprechen "
         << cels << " Grad Celsius." << endl;

    cout << "\nGeben Sie eine Temperatur in Celsius ein: ";
    cin >> cels;
    fahr = 9.0/5.0 * cels + 32.0;
    cout << cels << " Celsius entsprechen    "
         << fahr << " Grad Fahrenheit." << endl;
    return 0;
}
```

5.4
```
40
4
5
36
```

5.5
```cpp
// -----------------------------------------------------------
// ex05_05.cpp
// Das Programm liest eine Anzahl von Sekunden ein und
// gibt die entsprechende Anzahl Stunden, Minuten und
// Sekunden aus.
// -----------------------------------------------------------
#include <iostream>
using namespace std;
int main()
{
    unsigned long n = 0;
    int hours, minutes, seconds;

    cout << "Geben Sie die Anzahl Sekunden ein: ";
    cin >> n;

    seconds = n % 60;
    n       = n / 60;      // Gesamtzahl Minuten
    minutes = n % 60;
    hours   = n / 60;

    cout << "Stunden:  " << hours   << endl;
    cout << "Minuten:  " << minutes << endl;
    cout << "Sekunden: " << seconds << endl;
    return 0;
}
```

5.6
```cpp
// -----------------------------------------------------------
// ex05_06.cpp
// Das Programm berechnet den Kredit, den eine Bank
// für eine monatlich zu zahlende Rate gewährt.
// -----------------------------------------------------------
#include <iostream>
#include <cmath>
using namespace std;
int main()
```

```
{
    double installment = 0.0, interest = 1.0, credit;
    int months = 0;

    cout << "Geben Sie die monatliche Rate ein: ";
    cin  >> installment;
    cout << "Geben Sie den Zinssatz ein:        ";
    cin  >> interest;
    cout << "Geben Sie die Anzahl Monate ein:   ";
    cin  >> months;

    double q  = 1 + interest/(12*100),
           qn = pow(q, months);
    credit = installment * (1 - qn) / (qn - q*qn);

    cout.precision(2);
    cout << "Und hier ist Ihr Kredit:     "
         << fixed << credit << endl;
    return 0;
}
```

5.7
```
// ----------------------------------------------------------
// ex05_07.cpp
// Erzeugt für eine positive und eine negative Ganzzahl
// einen Überlauf.
// ----------------------------------------------------------
#include <iostream>
#include <climits>
using namespace std;
int main()
{
    long lmax = LONG_MAX, lmin = LONG_MIN;

    cout << showpos;
    cout << "LONG_MAX:  " << lmax
         << "   LONG_MAX + 1: " << lmax+1 << endl;

    cout << "LONG_MIN:  " << lmin
         << "   LONG_MIN - 1: " << lmin-1 << endl;
    return 0;
}
```

5.8　a)

```
i - 4 > j*j
```

b)

```
i > 0 || i == j
```

c)

```
i > -j && i < j
```

d)

```
!(i < j) && i != 0    // oder: !(i < j || i == 0)
                      // oder:  i >= j && i != 0
```

5.9
```
false
true
false
true
```

5.10　Der Ausdruck **b)**

Kapitel 6

Kontrollstrukturen

Der Programmfluss wird durch folgende Anweisungen kontrolliert:

- Verzweigungen mit `if else` und `switch`

  Bei der `if-else`-Anweisung wird abhängig von einer Bedingung die Anweisung im `if`- oder im `else`-Zweig ausgeführt. Beispielsweise wird mit

  ```
  if( x < y) min = x;
  else       min = y;
  ```

  das Minimum von x und y der Variablen `min` zugewiesen. Der `else`-Zweig ist optional, d.h. er kann auch weggelassen werden. Mehrere Anweisungen im `if`- oder im `else`-Zweig werden zu einem Block zusammengefasst. Statt einer `if-else`-Anweisungen ist oft auch der Auswahloperator `?:` einsetzbar. So liefert `min = (x < y) ? x : y;` ebenfalls das Minimum von x und y.

  Die Auswahl einer aus mehreren Alternativen wird entweder durch eine `else-if`-Kette oder durch eine `switch`-Anweisung programmiert. `else-if`-Ketten werden durch das Schachteln von `if-else`-Anweisungen gebildet. Übersichtlicher ist jedoch die `switch`-Anweisung. Sie kann immer dann eingesetzt werden, wenn ein ganzzahliger Ausdruck mit Konstanten verglichen werden soll.

- Schleifen mit `while`, `do while` und `for`

  Schleifen führen eine Gruppe von Anweisungen mehrfach aus. Die Anzahl der Schleifendurchläufe wird stets durch eine *Laufbedingung* bestimmt. Beispielsweise gibt

  ```
  int i = 0;  while( i < 10) cout << i++ << " ";
  ```

  die Zahlen 0 bis 9 auf dem Bildschirm aus. Die `for`-Schleife fasst die Ausdrücke, die die Schleifendurchläufe steuern, im Schleifenkopf zusammen. Die `do-while`-Schleife ist im Gegensatz zur `while`- oder `for`-Schleife »fußgesteuert«, d.h. sie wird mindestens einmal durchlaufen. Mehrere Anweisungen in einer Schleife werden zu einem Block zusammengefasst.

- Bedingungsfreie Sprünge mit `goto`, `break` und `continue`

Mit `goto` wird direkt zu einer Marke innerhalb derselben Funktion gesprungen. Die Anweisung `break` bewirkt, dass ein `switch` oder eine Schleife sofort verlassen wird. Die `continue`-Anweisung kann sich in einer Schleife befinden und veranlasst unmittelbar den nächsten Schleifendurchlauf.

Verständnisfragen

6.1 C++ bietet die folgenden drei Sprachelemente zur Bildung von Schleifen:

a) repeat, while, for

b) while, loop, do

c) while, do-while, for

6.2 Wie oft die Anweisungen in einer Schleife ausgeführt werden, wird stets durch einen Schleifenzähler festgelegt.

☐ Richtig   ☐ Falsch

6.3 In der Schleife

```
int x = 0, y = 0;
while( ++y < 10)
    x += y;
```

wird der Schleifenrumpf ____ mal wiederholt.

6.4 Nach Ausführung der Schleife

```
int x = 0, y = 0;
while( ++y < 3)
    x += y;
```

speichert die Variable x den folgenden Wert:

a) 1   b) 3   c) 6

6.5 Angenommen, die int-Variable i speichert eine positive Zahl. Dann ist der Schleifenkopf

```
while( i > 0)
```

äquivalent zu

a) for(i > 0; ;).

b) for(; i > 0;).

c) for(; ; i > 0).

6.6 Um mehrere Ausdrücke anzugeben, wenn syntaktisch nur ein Ausdruck zulässig ist, kann der _____-Operator verwendet werden.

6.7 Die for-Schleife

```
int i, j;
for( i = 0, j = 10; i < j; ++i, --j)
    cout << j-i << endl;
```

ist äquivalent zu

a)

```
int i = 0, j = 10;
while( i++ < j--)  cout << j-i << endl;.
```

b)

```
int i = 0, j = 10;
do { cout << j-i << endl; i++,j--;} while(i < j);.
```

c)

```
int i = -1, j = 11;
while( ++i < --j)  cout << j-i << endl;.
```

6.8 Welche Werte haben die Variablen x und y, wenn folgende Schleife verlassen wird?

```
int x = 0, y = 1000;
do
    y/=10, ++x;
while(y > 10);
```

a) x == 0, y == 1000

b) x == 1, y == 100

c) x == 2, y == 10

d) x == 3, y == 1

6.9 Die Anweisungen einer Schleife werden mindestens einmal ausgeführt.

☐ Richtig   ☐ Falsch

6.10 Nach Ausführung der Anweisungen

```
int y = 0,  x = 1;
if( y != 0) x = 5;
else        x = 10;
```

speichert die Variable x den Wert _____ .

6.11 Nach Ausführung der Anweisungen

```
int x = 1, y = 0;
if(y < 0)
   if(y < 5) x = 5;
else x = 10;
```

speichert die Variable x den folgenden Wert:

a) 1   b) 5   c) 10

6.12 Nach Ausführung der Anweisungen

```
int x = 1, y = 10;
if(y > 0)
   if(y < 5) x = 5;
else x = 10;
```

speichert die Variable x den Wert _____.

6.13 Nach Ausführung der if-Anweisungen

```
int x = 1, y = 10;
if(y > 0){ if(y < 5) x = 5;} else x = 10;
```

speichert die Variable x den Wert _____ .

6.14 Nach Ausführung der else-if-Kette

```
int x, y = 5;
if( y < 0)       x = -1;
else if(y == 0) x = 0;
else            x = 1;
```

speichert die Variable x den Wert _____ .

6.15 Angenommen, die int-Variable x speichert den Wert -1, dann liefert der Ausdruck

```
(x >= 0) ? ++x : --x
```

den folgenden Wert:

a) -2   b) -1   c) 0

6.16 In einer switch-Anweisung

```
switch( expression) {   . . .    }
```

muss der Ausdruck expression

a) den Typ bool

b) den Typ int

c) einen ganzzahligen Typ

aufweisen.

6.17 Nach Ausführung der switch-Anweisung

```cpp
int c = 'o';
switch( c )
{
    case 'q': c = 'Q'
              break;
    default : c = 'X';
              break;
    case 'o': c = 'O'
              break;
}
```

enthält die Variable c das folgende Zeichen:

a) 'Q'

b) 'X'

c) 'O'

6.18 Die Schleife

```cpp
for(int i=1; i < 10; i++)
    if( i%2 ) continue;
    else      cout << i << endl;
```

gibt nur gerade Zahlen zwischen 1 und 9 aus.

☐ Richtig   ☐ Falsch

6.19 Zum Verlassen einer switch-Anweisung steht die Anweisung _____ zur Verfügung.

6.20 Die Anweisung goto ermöglicht es, zu einem beliebigen durch eine Marke gekennzeichneten Punkt zu springen, und zwar innerhalb

a) desselben Programms.

b) derselben Funktion.

c) desselben Blocks.

Aufgaben

6.1 Schreiben Sie ein C++-Programm, das die Summe der ersten 100 positiven ganzen Zahlen ausgibt. Verwenden Sie eine Schleife, um die Summe zu berechnen.

Beispielausgabe:

```
1 + 2 + .... + 99 + 100 = 5050
```

6.2 Ersetzen Sie die folgende while-Schleife mit einer for-Schleife:

```cpp
int log10;   double num = 12345;
log10 = 0;
while( num >= 10)
{
    num /= 10;
    ++log10;
}
```

6.3 Welche Fehler liegen in den folgenden Anweisungen vor?

a)

```cpp
for(int j = 0, j < 10, ++j)
    cout << j;
```

b)

```cpp
int n, sum = 0;
do
{ cin >> n;   sum += n; }
while(n > 0)
```

c)

```cpp
int n = 2, m;
while( n < 10)
    m *= n, ++n;
```

d)

```cpp
unsigned long n = 0;
int cnt = 1;
do
    n += cnt;
```

```
    cnt ++;
while(n < 100);
```

6.4 Schreiben Sie ein C++-Programm, das die Summe der Quadrate der ersten n positiven Ganzzahlen

$$1^2 + 2^2 + 3^2 + \ldots + n^2$$

solange berechnet und ausgibt, wie eine positive Ganzzahl n von der Tastatur eingelesen wird.

6.5 Schreiben Sie ein C++-Programm, das eine positive Ganzzahl als binäre Ziffernfolge darstellt. Die Ganzzahl wird dezimal von der Tastatur eingelesen. Die entsprechende binäre Ziffernfolge ist in einem String zu speichern, der auf dem Bildschirm angezeigt wird.

Hinweis: Zur Konvertierung verwenden Sie Ganzzahldivisionen und den Divisionsrest durch 2, wie das folgende Beispiel zeigt:

```
unsigned int n = 5;  string s = "";
```

1. Schritt:

```
n%2 == 1  =>  s = "1" + s;  // Liefert: s=="1"
n/=2;                        // Liefert: n==2
```

2. Schritt:

```
n%2 == 0  =>  s = "0" + s;  // Liefert: s=="01"
n/=2;                        // Liefert: n==1
```

3. Schritt:

```
n%2 == 1  =>  s = "1" + s;  // Liefert: s=="101"
n/=2;                        // Liefert: n==0
                            // => fertig.
```

6.6 Schreiben Sie ein C++-Programm, das eine binäre Zahl einliest, z.B. 1101, und den entsprechenden dezimalen Wert ausgibt. Die binäre Ziffernfolge wird zeichenweise von der Tastatur eingelesen. Jedes Zeichen wird unmittelbar verwendet, um das Ergebnis zu aktualisieren.

Hinweis: Bei der Berechnung des dezimalen Wertes einer binären Zahl, etwa 1101, gehen Sie von der Potenzreihendarstellung zur Basis 2 aus:

$$1*2^3 + 1*2^2 + 0*2^1 + 1*2^0$$

Anstatt zu potenzieren, verwenden Sie Multiplikationen wie folgt:

```
((1*2 + 1) * 2 + 0) * 2 + 1
```

6.7 Was wird im Folgenden auf dem Bildschirm ausgegeben?

a)

```
for( int n = 2; n <= 12; n+=2)
    if(n%4 != 0)
        cout << n << "   ";
```

b)

```
for(int n = 15;  n > 0;  --n)
    if(n%5) continue;
    else    cout << n << "   ";
```

c)

```
for(int n = 20;  n > 0;  n /= 2)
    if(n%2 == 0)
        cout << n << "   ";
```

6.8 Angenommen, a ist eine Variable vom Typ int. Bestimmen und korrigieren Sie die Fehler in den folgenden Anweisungen:

a)

```
if( a = 0)
    cout << "a ist gleich 0";
```

b)

```
if( a < 10)
    cout << "a ist kleiner als 10";
else (a > 10)
    cout << "a ist groesser als 10";
else cout << "a ist gleich 10";
```

c)

```
(a >= 0 || < 10) ? ++a : --a;
```

d)

```
switch(a)
```

```
{
  case 0,1,2: cout << " 0 oder 1 oder 2" << endl;
              break;
  case a > 2: cout << " groesser als 2" << endl;
              break;
  default:    cout << " kleiner als 0" << endl;
}
```

6.9 Schreiben Sie die erforderlichen Anweisungen, um

a) ein Zeichen im Dialog so lange einzulesen und auszugeben, bis ein Newline-Zeichen eingegeben wird.

b) Ganzzahlen im Dialog einzulesen und aufzusummieren, bis der Anwender ein Zeichen eingibt, das keine Ziffer ist.

c) Gleitpunktzahlen einzulesen und aufzusummieren, bis ihre Summe 100 überschreitet.

d) positive Ganzzahlen solange einzulesen, bis eine negative Zahl eingegeben wird.

e) den Anwender aufzufordern, drei verschiedene Ganzzahlen einzugeben. Die Aufforderung wird wiederholt, solange zwei von drei Zahlen übereinstimmen.

6.10 Schreiben Sie ein C++-Programm, das drei Ganzzahlen im Dialog einliest, ihren Median berechnet und ausgibt. Der Median von drei Ganzzahlen ist der mittlere Wert dieser Zahlen. Der Median von 7, 3 und 9 z.B. ist 7.

Hinweis: Wenn die erste Zahl kleiner ist als die beiden anderen Zahlen, ist der Median das Minimum der beiden anderen Zahlen.

Lösungen zu den Verständnisfragen

6.1 c)

6.2 Falsch

6.3 9

6.4 b)

6.5 b)

6.6 Komma

6.7 b) und c)

6.8 c)

6.9 Falsch

6.10 10

6.11 a)

6.12 10

6.13 1

6.14 1

6.15 a)

6.16 c)

6.17 c)

6.18 Richtig

6.19 break

6.20 b)

Lösungen zu den Aufgaben

6.1
```cpp
// -----------------------------------------------------------
// ex06_01.cpp
// Berechnet die Summe der ersten 100 positiven
// Ganzzahlen und gibt sie aus.
// -----------------------------------------------
#include <iostream>
using namespace std;

int main()
{
    unsigned long sum = 0;
    for (int i = 1; i <= 100; ++i)
        sum += i;

    cout << "1 + 2 + ... + 99 + 100 = " << sum << endl;
    return 0;
}
```

6.2
```cpp
int log10;   double num = 12345;

for( log10 = 0; num >= 10; ++log10)
    num/=10;
```

6.3 **a)** Im Schleifenkopf muss jedes Komma durch ein Semikolon ersetzt werden.

b) Hinter `while(n > 0)` fehlt ein Semikolon.

c) Die Variable `m` wurde vor ihrer Verwendung nicht initialisiert.

d) Zwei oder mehr Anweisungen im Schleifenrumpf müssen zu einem Block zusammengefasst werden.

6.4
```cpp
// ----------------------------------------------------------
// ex06_04.cpp
// Gibt die Summe der Quadrate der ersten n
// positiven ganzen Zahlen aus.
// ----------------------------------------------------------
#include <iostream>
using namespace std;
int main()
{
    int n;
    unsigned long sum;

    cout << "Geben Sie eine positive Ganzzahl ein: ";
    cin >> n;
    while(n > 0)
    {
        sum = 0;
        for (int i = 1; i <= n; i++)
            sum += i*i;

        cout << "\nDie Summe der Quadrate der ersten " << n
             << " positiven Zahlen ist: " << sum << endl;

        cout << "\nGeben Sie eine positive Ganzzahl ein"
             << "\n(Abbruch mit 0): " ;
        cin >> n;
    }
    return 0;
}
```

6.5
```cpp
// ----------------------------------------------------------
// ex06_05.cpp
// Liest eine Dezimalzahl (z.B. 19) von der Tastatur und
// gibt die entsprechende binäre Zahl (also 10011) aus.
```

```
// ------------------------------------------------------------
#include <iostream>
#include <string>
using namespace std;
int main()
{
    unsigned int n = 0;
    string bits;                    // Ein leerer String

    cout << "Geben Sie eine Dezimalzahl ein: ";
    cin >> n;
    do
    { if( n%2 == 0)                 // Nächste Binärziffer
        bits = "0" + bits;          // am Anfang einfügen.
      else
        bits = "1" + bits;
      n /= 2;
    } while( n != 0);

    cout << "\nDie entsprechende binaere Zahl: "
         << bits << endl;
    return 0;
}
```

6.6
```
// ------------------------------------------------------------
// ex06_06.cpp
// Liest eine binäre Zahl (z.B. 1101) im Dialog ein
// und gibt den entsprechenden dezimalen Wert aus.
// ------------------------------------------------------------
#include <iostream>
using namespace std;
int main()
{
    char c = 0;
    int result = 0;

    cout << "Geben Sie eine binaere Zahl ein(z.B. 1101): ";
    while( cin.get(c) && (c == '0' || c == '1'))
    {
        result *= 2;
        if( c == '1')
            ++result;
```

```
    }
    cout << "\nDer dezimale Wert: " << result << endl;
    return 0;
}
```

6.7 **a)** 2   6   10

b) 15   10   5

c) 20   10   2

6.8 **a)** Die in runden Klammern stehende Zuweisung ist falsch. Richtig wäre:

```
if( a == 0)
```

b) Im ersten else-Zweig fehlt ein if. Richtig wäre: else if(a > 10)

c) Der logische Ausdruck ist syntaktisch falsch. Richtig wäre:

```
(a >= 0 || a <= 10)
```

d) Die Ausdrücke in den case-Marken sind keine Konstanten. Richtig wäre:

```
switch(a)
{
  case 0:
  case 1:
  case 2: cout << " 0 oder 1 oder 2" << endl;
          break;
  default: if(a > 2)
              cout << " groesser als 2" << endl;
           else
              cout << " kleiner als 0" << endl;
}
```

6.9 **a)**

```
char c;
while( cin.get(c) && c != '\n')
    cout.put(c);
```

b)

```
long n=0, sum = 0;
while( cin >> n)
    sum += n;
```

c)

```
double x = 0.0, sum = 0.0;
while( cin >> x && (sum += x) < 100.0)
   ;
```

d)

```
int n = 0;
while( cin >> n && n >= 0)
   ;
```

e)

```
int n1 = 1, n2 = 2, n3 = 3;
cout << "Geben Sie drei verschiedene Ganzzahlen ein.\n ";
cout << "Die erste Zahl:    ";
cin >> n1;
do
{   cout << "\nDie zweite Zahl: ";
    cin >> n2;
} while( n1 == n2);
do
{   cout << "\nDie dritte Zahl:   ";
    cin >> n3;
} while( n1 == n3 || n2 == n3);
```

6.10
```
// --------------------------------------------------------
// ex06_10.cpp
// Liest drei Ganzzahlen ein und gibt den Median aus.
// --------------------------------------------------------
#include <iostream>
using namespace std;
int main()
{
    int n1, n2, n3, median;

    cout << "Geben Sie drei Ganzzahlen ein: " << endl;
    if( !(cin >> n1 && cin >> n2 && cin >> n3) )
    {
        cout << "Unzulaessige Eingabe!" << endl;
        return 1;
    }
```

```
if( n1 < n2 && n1 < n3)
    median = n2 < n3 ? n2 : n3;        // Min(n2, n3)
else if( n1 > n2 && n1 > n3)
    median = n2 > n3 ? n2 : n3;        // Max(n2, n3)
else
    median = n1;

cout << "Median: " << median << endl;
return 0;
}
```

Kapitel 7

Symbolische Konstanten und Makros

In den Übungen dieses Kapitels werden Sie

- Symbolische Konstanten und Makros definieren

  Mit der #define-Direktive wird ein Makro definiert, d.h. einer Zeichenfolge (z.b. einem C++-Ausdruck) wird ein Name zugewiesen. Der Präprozessor ersetzt dann überall im nachfolgenden Quelltext den Namen durch die Zeichenfolge. Makros, die Konstanten einen Namen geben, werden auch als symbolische Konstanten bezeichnet. Makros können mit Parametern definiert werden. Beim Aufruf werden die aktuellen Argumente anstelle der Parameter eingesetzt. Im Gegensatz zu einer Funktion wird dabei kein Unterprogrammsprung ausgeführt. Die Definition eines Makros kann mit der #undef-Direktive wieder entfernt werden.

- die Technik der bedingten Kompilierung einsetzen

  Mit den Direktiven #ifdef und #ifndef kann der Kompiler überprüfen, ob ein Makro bereits definiert ist oder nicht. Dies kann z.B dazu genutzt werden, um bereits inkludierte Header-Dateien zu erkennen und ihre Mehrfach-Inkludierung zu vermeiden: In der Header-Datei wird eine symbolische Konstante definiert, deren Existenz abgefragt werden kann.

- Standardmakros zur Behandlung von Zeichen verwenden

  Die Header-Datei cctype enthält Definitionen von Standardmakros, die Zeichen klassifizieren und umwandeln. Bei der Klassifizierung wird z.B. überprüft, ob es sich bei einem Zeichen um einen Buchstaben (isalpha()), einen Klein- oder Großbuchstaben (islower(), isupper()) oder eine Ziffer (isdigit()) handelt. Außerdem können Groß- in Kleinbuchstaben (tolower()) oder Klein- in Großbuchstaben (toupper()) umgewandelt werden.

- Filterprogramme schreiben

  Ein Filterprogramm liest Zeichen von der Standardeingabe, verarbeitet diese und schickt sie zur Standardausgabe. Da unter den gängigen Betriebssystemen die Standardein-/ausgabe umgelenkt werden kann, bieten Filterprogramme eine einfache Möglichkeit, Textdateien zu modifizieren. Es können z.B. Sonderzeichen ausgefiltert oder Zeilennummern eingefügt werden.

Verständnisfragen

7.1 Ein Makro, das einer Konstanten einen Namen zuweist, heißt auch

a) Makro mit konstantem Parameter.

b) konstantes Makro.

c) symbolische Konstante.

7.2 Auch Makros, die sich innerhalb einer Zeichenkette befinden, werden erweitert.

☐ Richtig ☐ Falsch

7.3 Bereits definierte Makros können in nachfolgenden Makro-Definitionen verwendet werden.

☐ Richtig ☐ Falsch

7.4 Welche der folgenden Direktiven ist eine zulässige Makrodefinition?

a)

```
#define 0.95    EXRATE
```

b)

```
#define EXRATE    0.95
```

c)

```
#define X_RATE   EXRATE
```

7.5 Wenn bei der Definition eines Makros der Ersatztext länger als eine Zeile ist, können Sie die Zeile mit dem _____-Zeichen abschließen und den Ersatztext in der folgenden Zeile fortsetzen

7.6 Das Makro

```
#define  RECT_AREA(a,b)  (a * b)
```

wird in der Anweisung

```
area = RECT_AREA(x-1,x+1);
```

wie folgt erweitert:

a) (x-1) * (x+1)

b) (x-1 * x+1)

c) x-1 * x+1

7.7 In welcher der folgenden Direktiven wird ein Makro mit einem Parameter definiert?

a) `#define PRINT (z)  (cout << (z) << endl)`

b) `#define PRINT(z)  (cout << (z) << endl)`

c) `#define PRINT z   cout << z << endl`

7.8 Die Makro-Definition

```
#define LIMIT 1000;
```

kann wie folgt verwendet werden:

```
int max = LIMIT, min = -LIMIT;
```

☐ Richtig   ☐ Falsch

7.9 Wenn Sie Makros in verschiedenen Quelldateien verwenden, ist es sinnvoll,

a) die Makrodefinitionen in jede Quelldatei zu kopieren.

b) die Quelldatei mit den Makrodefinitionen in den anderen Quelldateien zu inkludieren.

c) eine Header-Datei mit den Makrodefinitionen anzulegen und diese in den Quelldateien zu inkludieren.

7.10 Gegeben seien das Makro

```
#define SQUARE(z) ((z)*(z))
```

und die folgende Definition:

```
int a = 2;
```

Dann hat der Ausdruck

```
SQUARE(++a)
```

den Wert 9.

☐ Richtig   ☐ Falsch

7.11 Eine ausführbare Datei enthält den Maschinencode eines Makros

a) nicht.

b) genau einmal.

c) so oft, wie das Makro aufgerufen wird.

7.12 Die Verwendung von Funktionen bietet gegenüber Makros folgende Vorteile:

a) Der Kompiler überprüft den korrekten Aufruf der Funktion.

b) Funktionen können in eine Bibliothek gestellt werden.

c) Seiteneffekte können nicht auftreten.

7.13 Ein gültiges Makro kann mit der `#define` Direktive redefiniert werden.

☐ Richtig ☐ Falsch

7.14 Eine Makrodefinition kann mit der Direktive _____ entfernt werden.

7.15 Um zu überprüfen, ob ein Makro bereits definiert ist, kann folgende Direktive eingesetzt werden:

a) `#ifdef`

b) `#ifnotdef`

c) `#ifndef`

7.16 Wenn zur bedingten Kompilierung die Direktiven

```
#ifndef AMACRO
. . . // Quellcode
#endif
```

angegeben sind, wird der entsprechende Quellcode nur dann kompiliert, wenn das Makro AMACRO nicht definiert ist.

☐ Richtig ☐ Falsch

7.17 Angenommen, in einer Quelldatei befindet sich folgende Direktive:

```
#include "statist.h"
```

Die Header-Datei `statist.h` enthält dabei diesen Text:

```
#ifndef _STATIST_        // Beginn der Header-Datei statist.h
#define _STATIST_
#define MAX 1000         // Definitionen von Makros usw.
. . .
#endif                   // Ende der Header-Datei statist.h
```

Falls nun der Makro _STATIST_ bereits definiert ist, wird die Header-Datei `statist.h`

a) nicht inkludiert.

b) inkludiert und das Makro MAX neu definiert.

c) inkludiert und der Quellcode im Block `#ifndef _STATIST ... #endif` ignoriert.

7.18 Ein Programm, das die Standardeingabe liest, die Eingabe verarbeitet und anschließend an die Standardausgabe schickt, heißt _____ .

7.19 Mit Filterprogrammen können Dateien auf einfache Weise manipuliert werden, wenn das Betriebssystem die _____ der Ein- und Ausgabe erlaubt.

7.20 Angenommen, Ihr Betriebssystem ermöglicht das Umlenken von Ein- und Ausgaben. Was bewirkt dann die folgende Kommandozeile?

```
myProg < text.dat | more
```

a) Das Programm `myProg` verarbeitet zuerst den Inhalt der Datei `text.dat`, dann den Inhalt der Datei `more`.

b) Das Programm `myProg` verarbeitet den Inhalt der Datei `text.dat` und schickt die Ausgabe zum Standardfilter `more`.

c) Das Programm `myProg` schreibt die Ausgabe in die Datei `text.dat`, die mit dem Standardfilter `more` seitenweise angezeigt wird.

Aufgaben

7.1 Definieren Sie folgende symbolische Konstanten:

Name	Ersatztext
EOL	'\n'
TITLE	"Artikel \tPreis\n"
EPSILON	0.0001
SOUND	'\007'

7.2 Bestimmen und korrigieren Sie die Fehler in folgenden `#define`- Direktiven:

a) `define  BEGIN {`

b) `#define LIMIT 1000;`

c) `#define START = 1`

d) `#define CUBE(n)  ( n * n * n)`

e) `#define MIN  (a, b)  ((a) < (b) ? (a) : (b))`

7.3 Schreiben Sie ein C++-Programm, das den Radius einer Kugel im Dialog einliest und die Oberfläche sowie das Volumen der Kugel ausgibt. Zur Darstellung der Zahl $\pi = 3.1415927$ und zur Berechnung der zweiten und dritten Potenz einer Zahl definieren Sie entsprechende Makros.

Hinweis: Die Oberfläche und das Volumen einer Kugel mit Radius r wird wie folgt berechnet:

Oberfläche $= 4 * \pi * r^2$

Volumen $= 4/3 * \pi * r^3$

Beispielausgabe:

```
Geben Sie den Radius der Kugel ein: 2.5
Oberflaeche: 78.5398
Volumen:     65.4498
```

7.4 Definieren Sie folgende Makros mit einem Parameter:

a) `isBlank()` prüft, ob das übergebene Zeichen ein Blank ist

b) `isPunct()` prüft, ob das übergebene Zeichen ein Interpunktionszeichen ist, also . , ; : ? oder !

c) `isXDigit()` prüft, ob das übergebene Zeichen eine hexadezimale Ziffer ist

Stellen Sie die `#define`-Direktiven in eine Header-Datei. Inkludieren Sie die Header-Datei in Ihr Programm zum Testen der Makros.

7.5 Das Standardmakro `assert()` prüft, ob ein logischer Ausdruck den Wert `true` oder `false` besitzt. Das Makro ist in der Header-Datei `cassert` (oder: `assert.h`) definiert.

Beispiel:

```
assert( x > 0);
```

Falls der übergebene Ausdruck nicht zutrifft, also `false` liefert, wird der Name der Quelldatei und die Zeilennummer zur Standard-Fehlerausgabe geschickt und das Programm beendet. Falls der übergebene Ausdruck `true` liefert, wird das Programm mit der nächsten Anweisung fortgesetzt.

Schreiben Sie ein C++-Programm, das eine Ganzzahl zwischen 0 und 10 im Dialog einliest. Verwenden Sie das Standardmakro `assert()`, um zu überprüfen, ob die eingelesene Zahl im zulässigen Bereich liegt.

7.6 Angenommen, die Header-Datei `myHeader.h` enthält Makros und Prototypen wie beispielsweise

```
#define EPSILON 0.001
double myFunc1(double x, double y);
// etc.
```

Fügen Sie die erforderlichen Direktiven ein, um eine mehrfache Inkludierung der Header-Datei zu vermeiden.

7.7 Erstellen Sie ein C++-Programm, in dem das Makro MIN2() definiert und getestet wird. Das Makro berechnet das Minimum von zwei als Argumente übergebenen Zahlen.

Verwenden Sie anschließend das Makro Min2(), um ein neues Makro MIN3() zu definieren, das das Minimum von drei übergebenen Zahlen berechnet. Testen Sie auch das Makro MIN3().

7.8 Schreiben Sie ein Filterprogramm, das Steuerzeichen (ASCII codes 0 – 31) in einer Textdatei sichtbar macht. Jedes Zeichen, das kein Steuerzeichen ist, wird unverändert ausgegeben. Ein Steuerzeichen wird durch seinen dezimalen Code ersetzt, der in runden Klammer angezeigt wird, z.b. (9) für den horizontalen Tabulator. Das Steuerzeichen selbst wird nicht ausgegeben, es sei denn, es handelt sich um einen Zeilenvorschub.

Hinweis: 1. Das Standardmakro iscntrl(c) prüft, ob es sich bei dem übergebenen Zeichen um ein Steuerzeichen handelt, und liefert einen booleschen Wert. Das Makro ist in der Header-Datei cctype definiert.

2. Zur Ausgabe des Codes eines Zeichens verwenden Sie eine Variable vom Typ int, der Sie das Zeichen zuweisen und die Sie dann ausgeben.

7.9 Schreiben Sie ein C++-Programm, das zur Darstellung eines Monats eine Zahl zwischen 1 und 12 im Dialog einliest und die Anzahl Tage in diesem Monat ausgibt. Falls der Benutzer die Zahl 2 (Februar) eingibt, wird zusätzlich das Jahr im Dialog eingelesen. Definieren und verwenden Sie ein Makro, das überprüft, ob es sich bei einem Jahr um ein Schaltjahr handelt.

Hinweis: Ein Jahr ist ein Schaltjahr, falls es durch 4 aber nicht durch 100 teilbar ist. Außerdem sind alle Vielfachen von 400 Schaltjahre.

Die Anzahl Tage pro Monat zeigt die folgende Tabelle:

Monat	Anzahl Tage
Januar, März, Mai, Juli, August, Oktober, Dezember	31
April, Juni, September, November	30
Februar	29 (Schaltjahr) 28 (kein Schaltjahr)

7.10 Schreiben Sie ein Filterprogramm, das jede einzelne Ziffer, der ein Zwischenraumzeichen voransteht und nachfolgt, durch ihren Namen ersetzt, z.B. wird 1 durch eins ersetzt, aber 1st and 0x1 bleiben unverändert.

> *Hinweis*: Verwenden Sie ein Flag, um anzuzeigen, wenn es sich bei dem zuletzt eingelesenen Zeichen um eine Ziffer handelt, der ein Zwischenraumzeichen vorangeht.

Lösungen zu den Verständnisfragen

7.1   c)

7.2   Falsch

7.3   Richtig

7.4   b) und c)

7.5   \ (backslash)

7.6   b)

7.7   b)

7.8   Falsch

7.9   c)

7.10   Falsch

7.11   c)

7.12   a), b) und c)

7.13   Falsch

7.14   #undef

7.15   a) und c)

7.16   Richtig

7.17   c)

7.18   Filter

7.19   Umlenkung

7.20   b)

Lösungen zu den Aufgaben

7.1
```
#define EOL       '\n'
#define TITLE     "Artikel \tPreis\n"
#define EPSILON 0.0001
#define SOUND     '\007'
```

7.2   **a)** Das führende Zeichen # fehlt in der #define-Direktive.

b) Eine #define-Direktive wird nicht mit einem Semikolon abgeschlossen.

c) Das Gleichheitszeichen muss entfernt werden.

d) Im Ersatztext muss jeder Parameter n in runde Klammern eingeschlossen werden.

e) Dem Namen des Makros MIN muss die sich öffnende runde Klammer unmittelbar folgen.

7.3
```
// -------------------------------------------------------
// ex07_03.cpp
// Berechnet die Oberfläche und das Volumen einer Kugel.
// -------------------------------------------------------
#include <iostream>
using namespace std;

#define PI   3.1415927
#define SQUARE(n) ((n)*(n))
#define CUBE(n)   ((n)*(n)*(n))

int main()
{
    double radius = 0.0;
    cout << "Geben Sie den Radius der Kugel ein: ";
    cin >> radius;

    cout << "\nOberflaeche: " << 4.0 * PI * SQUARE(radius)
         << "\nVolumen:     " << 4.0/3.0 * PI * CUBE(radius)
         << endl;
    return 0;
}
```

7.4   **a)**
```
#define isBlank(c)   ((c) == ' ')
```

b)
```
#define isPunct(c)   ( (c)=='.' || (c)==',' || (c)==';' \
                      || (c)==':' || (c)=='?' || (c)=='!' )
```

c)

```
#define isXDigit(c) ( ((c) >= '0' && (c) <= '9') \
                   || ((c) >= 'A' && (c) <= 'F') \
                   || ((c) >= 'a' && (c) <= 'f') )
```

7.5
```
// ----------------------------------------------------------
// ex07_05.cpp
// Testet den Standard-Makro assert().
// ----------------------------------------------------------
#include <iostream>
#include <cassert>
using namespace std;
int main()
{
    int n = 0;
    cout << "Geben Sie eine Ganzzahl ein: ";
    cin >> n;
    assert(n > 0 && n < 10);
    cout << "Alles okay!" << endl;
    return 0;
}
```

7.6
```
// ----------------------------------------------------------
// Header-Datei: myHeader.h
// ----------------------------------------------------------
#ifndef _MYHEADER_
#define _MYHEADER_

#define EPSILON 0.001
double myFunc1(double x, double y);
// etc.

#endif
```

7.7
```
// ----------------------------------------------------------
// ex07_07.cpp
// Definiert und testet die Makros MIN2() und MIN3().
// ----------------------------------------------------------
#include <iostream>
using namespace std;
```

```
#define MIN2(a,b)    ((a) < (b) ? (a) : (b))
#define MIN3(a,b,c) ((a) < (b) ? MIN2(a,c) : MIN2(b,c))


int main()
{
   int n1 = 0, n2 = 0, n3 = 0;


   cout << "Geben Sie zwei Ganzzahlen ein: ";
   cin >> n1 >> n2;
   cout << "Das Minimum von " << n1 << " und " << n2
       << " ist: " << MIN2( n1, n2) << endl;


   cout << "Geben Sie eine dritte Ganzzahl ein: ";
   cin >> n3;
   cout << "Das Minimum von " << n1 << ", " << n2
       << " und " << n3 << " ist: " << MIN3( n1, n2, n3)
       << endl;
   return 0;
}
```

7.8
```
// ----------------------------------------------------------
// ex07_08.cpp
// Ein Filterprogramm, das Steuerzeichen in einer Textdatei
// sichtbar macht. Beispielsweise wird (9) für den
// horizontalen Tabulator ausgegeben.
// ----------------------------------------------------------
#include <iostream>
#include <cctype>
using namespace std;


int main()
{
   char c;
   int c_code;
   while( cin.get(c))
   {
      if( iscntrl(c))
      {
         c_code = c;
         cout << '(' << c_code << ')';
         if( c == '\n')
            cout << c;
```

```
        }
        else
            cout << c;
    }
    return 0;
}
```

7.9
```
// --------------------------------------------------------------
// ex07_09.cpp
// Bestimmt die Anzahl der Tage in einem Monat und gibt sie // aus.
// --------------------------------------------------------------
#include <iostream>
using namespace std;

#define isLeapYear(year) \
            ((year%4 == 0 && year%100 != 0) || year%400 == 0)

int main()
{
    int month = 0, year = 0;

    cout << "\nGeben Sie die Monatszahl ein: ";
    cin >> month;
    switch( month)
    {
      case 1:
      case 3:
      case 5:
      case 7:
      case 8:
      case 10:
      case 12: cout << " Anzahl Tage: 31" << endl;
               break;
      case 4:
      case 6:
      case 9:
      case 11: cout << " Anzahl Tage: 30" << endl;
               break;
      case 2:  cout << "Geben Sie das Jahr ein: ";
               if( !(cin >> year))
                   cout << "Unzulaessige Eingabe!" << endl;
               else
```

```
                {
                    cout << " Anzahl Tage: ";
                    if( isLeapYear(year))
                        cout << 29 << endl;
                    else
                        cout << 28 << endl;
                }
                break;
        default: cout << "Unzulaessige Monatszahl." << endl;
    }
    return 0;
}
```

7.10
```
// ----------------------------------------------------------
// ex07_10.cpp
// Ein Filterprogram, das einzelne Ziffern durch
// ihren Namen ersetzt.
// ----------------------------------------------------------
#include <iostream>
#include <cctype>
using namespace std;

int main()
{
    char previous='\n', current;
    bool fDigit = false;    // true, falls das letzte Zeichen
                            // eine Ziffer ist, dem ein
                            // Zwischenraumzeichen vorangeht.
    while( cin.get(current))
    {
        if( fDigit)
            if( isspace(current))
            {
                switch(previous)
                { case '0': cout << "null";
                            break;
                  case '1': cout << "eins";
                            break;
                  case '2': cout << "zwei";
                            break;
                  case '3': cout << "drei";
                            break;
```

```
                case '4': cout << "vier";
                         break;
                case '5': cout << "fuenf";
                         break;
                case '6': cout << "sechs";
                         break;
                case '7': cout << "sieben";
                         break;
                case '8': cout << "acht";
                         break;
                case '9': cout << "neun";
                         break;
            }
        }
        else
            cout << previous;

        fDigit = false;
        if( isdigit(current) && isspace(previous))
            fDigit = true;
        else
            cout << current;

        previous = current;
    }
    return 0;
}
```

Kapitel 8

Umwandlung arithmetischer Datentypen

Bei vielen binären Operatoren können die Operanden einen unterschiedlichen arithmetischen Typ aufweisen. Der Kompiler nimmt dann automatisch eine implizite Typumwandlung vor, d.h. die Werte der Operanden erhalten einen gemeinsamen Typ, mit dem die Operation ausgeführt werden kann.

In den Übungen dieses Kapitels lernen Sie mit Umwandlungen arithmetischer Datentypen umzugehen. Zu unterscheiden sind

■ übliche arithmetische Typumwandlungen

  Diese Umwandlungen werden auf die Operanden der binären arithmetischen Operatoren und der Vergleichsoperatoren angewendet, sowie auf den 2. und 3. Operanden des Auswahloperators `?:`. Maßgeblich ist dabei die "Hierarchie der Datentypen", denn ein "kleinerer" Datentyp wird stets in den "größeren" Datentyp umgewandelt, z.B. `int` in `double`. Sind beide Operanden ganzzahlig, wird zunächst die Ganzzahl-Erweiterung durchgeführt, d.h. Operanden mit einem Typ kleiner als `int`, z.B. `bool`, `char` oder `short`, werden zu `int` erweitert.

  Der Wert des umzuwandelnden Operanden bleibt normalerweise erhalten. Wenn aber ein Operand einen `unsigned`-Typ und der andere einen `signed`-Typ besitzt, wird in den `unsigned`-Typ konvertiert, so dass ein negativer Wert nicht mehr darstellbar ist.

■ implizite Typumwandlungen bei Zuweisungen und Funktionsaufrufen

  Bei Zuweisungen passt der Kompiler den Wert rechts vom Zuweisungsoperator dem Typ der Variablen auf der linken Seite an. Ist der Typ der Variablen "kleiner", kann es zum Datenverlust kommen. Dabei wird z.B. ein ganzzahliger Wert durch Abschneiden höherwertiger Bytes konvertiert und eine Gleitpunktzahl durch Abschneiden der Nachkommastellen in eine Ganzzahl umgewandelt. Bei Funktionsaufrufen werden Argumente mit einem arithmetischen Typ wie bei der Zuweisung in den Typ des entsprechenden Parameters konvertiert.

■ explizite Typumwandlungen

  Der Wert eines Ausdrucks kann mit dem Cast-Operator `(typ)` explizit in den angegebenen Zieltyp umgewandelt werden. Ist etwa `x` eine `int`-Variable, so liefert der Ausdruck `(double)x` den Wert von `x` als `double`. Als unärer Operator besitzt der Cast-Operator eine hohe Priorität.

Verständnisfragen

8.1 Wenn die Operanden eines Operators unterschiedliche arithmetische Typen aufweisen, führt der Kompiler automatisch eine implizite _____ durch.

8.2 Wenn in einem arithmetischen Ausdruck eine implizite Typumwandlung durchgeführt wird, gilt generell folgende Aussage:

a) Der »größere« Typ wird in den »kleineren« Typ umgewandelt.

b) Der »keinere« Typ wird in den »größeren« Typ umgewandelt.

c) Nur »gleich große« Typen werden umgewandelt.

8.3 Weisen die Operanden eines arithmetischen Operators unterschiedliche arithmetische Typen auf, dann

a) werden die üblichen arithmetischen Typumwandlungen durchgeführt.

b) werden Gleitpunkt-Erweiterungen durchgeführt.

c) gibt der Kompiler eine Fehlermeldung aus.

8.4 Bei der Ganzzahl-Erweiterung werden die Typen `bool`, `char` und `short` in den Typ _____ umgewandelt.

8.5 Angenommen, eine Variable vom Typ `long` speichert einen negativen Wert. Bei der Umwandlung dieses Wertes in den Typ `unsigned long`

a) wird das Bitmuster verändert, indem das Zweier-Komplement gebildet wird.

b) bleibt das Bitmuster erhalten, es wird jedoch ohne Vorzeichen interpretiert.

c) wird durch Berechnen des Absolutwertes der Zahl ein neues Bitmuster erzeugt.

8.6 Wenn eine Zahl vom Typ `int` in den Typ `double` konvertiert wird, bleibt das Bitmuster der Zahl erhalten.

☐ Richtig   ☐ Falsch

8.7 Wenn eine Zahl vom Typ `long` in den Typ `float` umgewandelt wird, können Rundungsfehler auftreten.

☐ Richtig   ☐ Falsch

8.8 Bei der Ganzzahl-Erweiterung eines Booleschen Wertes wird der Wert `true` in den Wert _____ umgewandelt.

8.9 In Zuweisungen wird

a) keine implizite Typumwandlung durchgeführt.

b) der zuzuweisende Wert in den Typ der Variablen auf der linken Seite umgewandelt.

c) der Typ der Variablen auf der linken Seite in den Typ des zuzuweisenden Wertes umgewandelt.

8.10 Nach Ausführung der Anweisungen

```
double x = 1.0; int a = 2, b = 4;
x *= a / b;
```

hat die Variable x den Wert _____.

8.11 Gegeben seien die Definitionen

```
short var1; long var2 = 1234500;
```

und die folgende Zuweisung:

```
var1 = var2;
```

Der Typ des Wertes auf der rechten Seite des Zuweisungsoperators wird in den Typ short umgewandelt durch

a) Abschneiden der Dezimalziffern mit niedrigerem Wert.

b) Abschneiden der Bytes mit niedrigerem Wert.

c) Abschneiden der höherwertigen Bytes.

8.12 Nach Ausführung der Anweisungen

```
long x = -1L;
unsigned long y;
y = (unsigned long)x;
```

enthalten die Variablen x und y dasselbe Bitmuster.

☐ Richtig   ☐ Falsch

8.13 Die Anweisung im folgenden Schleifenrumpf

```
int i = -2
unsigned int limit = 2;
while( i <= limit )
    cout << i++ << endl;
```

wird ___-mal ausgeführt.

8.14 Nach Ausführung der Anweisungen

```
int n;  double x = 7.8;
n = (int)x;
```

speichert die Variable n den Wert _____.

8.15 Angenommen, die Funktion calc() weist den Prototyp

```
double calc( double x);
```

auf und wird wie folgt aufgerufen:

```
double z = calc( 1/2);
```

In diesem Fall hat das an die Funktion übergebene Argument den Wert

a) 0.0

b) 0.5

c) 1.0

8.16 Gegeben seien die folgenden Deklarationen:

```
double myFunc(int, double);
short a = 2;
```

Beim Aufruf der Funktion

```
myFunc( a*1.5, a/4)
```

a) wird vom Kompiler eine Fehlermeldung ausgegeben.

b) werden die Werte der Argumente berechnet und dann in den entsprechenden Parametertyp konvertiert; es wird also 3 und 0.0 übergeben.

c) wird die Berechnung der Argumente mit dem Typ des entsprechenden Parameters durchgeführt, und daher der Funktion 2 und 0.5 übergeben.

8.17 Um Warnungen des Kompilers bei impliziten Typumwandlungen zu vermeiden, können Sie _____ Typumwandlungen durchführen.

8.18 Um den Wert einer double-Variablen x explizit in den Typ int zu konvertieren, verwenden Sie den Ausdruck _____.

8.19 Gegeben seien die folgenden Definitionen:

```
int a = 5, b = 7;
```

up ...

... up ... update

Beim Auswerten des Ausdrucks

```
(double)a/b;
```

a) wird das Ergebnis der Ganzzahl-Division explizit in den Typ double konvertiert.

b) wird zunächst der Wert von a explizit in den Typ double konvertiert.
Dann wird der Wert von b implizit in double konvertiert und die Division
für Gleitpunktzahlen durchgeführt#Satz ist unvollständig..

c) wird keine Typumwandlung durchgeführt, da das Ergebnis o ist.

8.20 Angenommen, die Variable x hat den Typ double. Mit der Anweisung

```
int n = (int)(x + 0.5);
```

wird der Variablen n folgender Wert zugewiesen:

a) 2 falls x den Wert 2.6 enthält.

b) 3 falls x den Wert 2.5 enthält.

c) 3 falls x den Wert 2.4 enthält.

Aufgaben

8.1 Gegeben seien folgende Definitionen:

```
char c = 'q';
int i = -1;
unsigned long ul = 2;
```

Bestimmen Sie den Typ, in den die Operanden bei Auswertung der folgenden
Ausdrücke umgewandelt werden:

a) c == 'Q'

b) i + ul

c) ul > -12

8.2 Gegeben sei die folgende Definition:

```
float x = 2.1f;
```

Bestimmen Sie den Typ folgender Ausdrücke:

a) x + 2

b) x * 2.0

c) x / 2.0 > 2

8.3   Was gibt das folgende Programm auf dem Bildschirm aus?

```cpp
#include <iostream>
using namespace std;
#define square(x) ((x)*(x))

int main()
{
    float x = (float)square(0.1);
    cout << x << endl;

    int n = (int)square( 0.9);
    cout << n <<  endl;

    char m = (char)square(16);
    cout << m + 1 << endl;

    return 0;
}
```

8.4   Welcher Wert wird in den folgenden Anweisungen der Variablen z zugewiesen? Geben Sie den Wert als Hexadezimalzahl an.

a)

```cpp
long  n = 0x54321;
short z = (short)n;
```

b)

```cpp
long  n = -1;
unsigned short z = (unsigned short)n;
```

c)

```cpp
double x = 1.6
int z = (int)x;
```

8.5   Bestimmen Sie die Typumwandlungen, die in folgenden Anweisungen durchgeführt werden:

a)

```cpp
unsigned char c = 255;
cout << c + 1 << endl;
```

b)

```
int n = INT_MIN;
cout << n - 1.0 << endl;
```

Hinweis: Die symbolische Konstante `INT_MIN` ist in der Header-Datei `climits` definiert und stellt den kleinsten Wert vom Typ `int` dar.

8.6 Gegeben sei folgender Prototyp:

```
int func( unsigned int n);
```

Zu welchen Überraschungen kann die Ausführung folgender Anweisungen führen?

a) `unsigned int res = func(0);`

b) `int res = func(-1);`

c) `short res = func(1);`

8.7 Angenommen, die Variable `z` hat den Typ `int`. Formulieren Sie die erforderlichen Anweisungen, um den Wert des Ausdrucks

a) `z+1` in den Typ `char` umzuwandeln.

b) `z/2` in den Typ `double` umzuwandeln.

8.8 Bestimmen und korrigieren Sie mögliche Fehler in den folgenden Anweisungen:

a)

```
int n = 1;  double x = 0.5
x = n(double);
```

b)

```
int c;
(char)c = 'A';
```

c)

```
float x = (float)1.2;
```

8.9 Was gibt das folgende Programm auf dem Bildschirm aus?

```
#include <iostream>
using namespace std;
int main()
```

```
{
    int n = 1, m = 2;
    cout << n/m << endl;
    cout << (double)n/m   << endl;
    cout << (double)(n/m) << endl;
    cout << n / (double)m << endl;
    return 0;
}
```

8.10 Erstellen Sie ein C++-Programm, das eine Gleitpunktzahl im Dialog einliest, die Zahl auf zwei Stellen hinter dem Dezimalpunkt rundet und diese ausgibt. Verwenden Sie zum Runden geeignete Typumwandlungen.

Beispielausgabe:

```
Geben Sie eine Gleitpunktzahl ein: 3.4567
Der gerundete Wert ist: 3.46
```

Lösungen zu den Verständnisfragen

8.1 Typumwandlung (oder: Typanpassung)

8.2 b)

8.3 a)

8.4 int

8.5 b)

8.6 Falsch

8.7 Richtig

8.8 1

8.9 b)

8.10 0

8.11 c)

8.12 Richtig

8.13 0

8.14 7

8.15 a)

8.16 b)

8.17 explizite

8.18 (int)x

8.19 b)

8.20 b)

Lösungen zu den Aufgaben

8.1 **a)** Die Werte beider Operanden werden in den Typ int umgewandelt.

b) Der Wert des linken Operanden wird in den Typ unsigned long konvertiert.

c) Der Wert des rechten Operanden wird in den Typ unsigned long des linken Operanden umgewandelt. (Bei der Typumwandlung bleibt das Bitmuster von -12 erhalten, d.h. es ergibt sich ein positiver Wert.)

8.2 **a)** float **b)** double **c)** bool

8.3
```
0.01
0
1
```

8.4 **a)** 0x4321 **b)** 0xffff **c)** 0x1

8.5 **a)** Beide Operanden im Ausdruck c + 1 werden in den Typ int konvertiert und als Ergebnis wird 256 ausgegeben.

b) Da die Konstante 1.0 vom Typ double ist, wird der linke Operand n in den Typ double konvertiert. Deshalb wird das korrekte negative Ergebnis (möglicherweise gerundet) ausgegeben.

8.6 **a)** Der Return-Wert vom Typ int wird in den Typ unsigned int konvertiert. Ein negativer Return-Wert wird deshalb in eine positive Zahl umgewandelt, die der Variablen res zugewiesen wird.

b) Das Argument −1 wird in den Typ unsigned int umgewandelt. Die Funktion arbeitet deshalb mit dem größten positiven Wert. Dies kann zu einem unerwarteten Ergebnis führen.

c) Der Typ int des Return-Wertes wird in den Typ short konvertiert. Hierbei kann ein Datenverlust auftreten.

8.7 **a)** (char)(z + 1)

b) (double)(z/2)

8.8 **a)** Der Cast-Operator (double) darf seinem Operanden n nicht nachgestellt, sondern muss ihm vorangestellt werden.

b) Der Ausdruck (char)c ist ein Wert und bezeichnet keine Stelle im Hauptspeicher. Er kann deshalb nicht als linker Operand des Zuweisungsoperators verwendet werden.

c) Die Anweisung ist korrekt.

8.9
```
0
0.5
0
0.5
```

8.10
```cpp
// -------------------------------------------------------------
// ex08_10.cpp
// Rundet eine Gleitpunktzahl auf zwei Dezimalstellen.
// ----------------------------------------------------
#include <iostream>
using namespace std;
int main()
{
    double x=0.0, sign = 1.0;;

    cout << " ****    Runden ...   ****\n" << endl;

    cout << " Geben Sie eine Gleitpunktzahl ein: ";
    cin  >> x;
    if( x < 0.0) {  x = -x;  sign = -1.0; }

    long temp = (long)(x*100.0 + 0.5);
    x   (double)temp/100.0;
// oder:
//   x = (double)((long)(x*100.0 + 0.5))/100.0;

    cout << " Der gerundete Wert ist: " << sign*x << endl;
    return 0;
}
```

Kapitel 9

Die Standardklasse string

In diesem Kapitel vertiefen Sie Ihre Kenntnisse über die Standardklasse `string`. Sie werden

- Objekte der Klasse `string` anlegen

  Die Klasse `string` steht Ihnen nach der Inkludierung der Header-Datei `<string>` zur Verfügung. Ein Objekt der Klasse `string` (kurz: String) kann bei der Definition mit einem String-Literal, einem bereits definierten String (oder einem Teil davon) oder einer bestimmten Anzahl eines Zeichens initialisiert werden. Ohne explizite Initialisierung wird ein String der Länge 0, d.h. ein leerer String, angelegt. Die Länge eines Strings ist die aktuelle Anzahl der Zeichen im String und kann mit der Methode `length()` abgefragt werden.

- Operatoren auf Strings anwenden

  Für die Klasse `string` sind eine Reihe von Operatoren überladen, die einen komfortablen Umgang mit Strings erlauben: Einem String kann ein anderer String, ein String-Literal oder ein Zeichen zugewiesen werden. Mit den Operatoren + und += werden zwei Strings verkettet und mit den Operatoren <, <=, > >=, == sowie != verglichen. Der Vergleich erfolgt zeichenweise beginnend beim ersten Zeichen in beiden Strings. Der Indexoperator [] ermöglicht den Zugriff auf einzelne Zeichen im String. Der Programmierer muss aber selbst darauf achten, dass der angegebene Index zulässig ist! Alternativ kann der Zugriff auf einzelne Zeichen auch mit der Methode `at()` erfolgen, die im Fehlerfall eine Exception auslöst.

- Methoden der `string`-Klasse aufrufen

  Die Klasse `string` stellt für typische Stringoperationen zahlreiche Methoden bereit. Die wichtigsten sind folgende:

  `insert()` fügt eine Zeichenfolge an einer bestimmten Position im String ein.

  `erase()` löscht eine bestimmte Anzahl Zeichen im String.

  `replace()` ersetzt im Strings einen Teilstring durch einen anderen String.

  `find()` sucht im String das erste Vorkommen einer Zeichenfolge.

  `rfind()` sucht im String »von rechts«, es soll also das letzte Vorkommen einer Zeichenfolge ermittelt werden.

Verständnisfragen

9.1 Die Standardklasse `string` ist in folgender Header-Datei definiert:

a) string

b) cstring

c) string.h

9.2 Wenn ein Objekt vom Typ `string` nicht explizit initialisiert wird, hat der erzeugte String die Länge _____.

9.3 Bei Ausführung der Anweisungen

```
string name;
cin >> name;
```

werden Zeichen von der Standardeingabe in den String `name` eingelesen, und zwar

a) alle Zeichen einer Zeile ohne führende Zwischenraumzeichen.

b) genau ein Wort ohne führende Zwischenraumzeichen.

c) eine ganze Textzeile.

9.4 Zum Verketten zweier Objekte vom Typ `string` kann der Operator ___ verwendet werden.

9.5 String-Literale weisen den Typ `string` auf.

☐ Richtig   ☐ Falsch

9.6 Zum Vergleichen von Strings sind in der Klasse `string` alle Vergleichsoperatoren überladen.

☐ Richtig   ☐ Falsch

9.7 Für ein Objekt `key` vom Typ `string` ist der Ausdruck

```
key == 'Y' || key == 'y'
```

a) unzulässig, da Klammern gesetzt werden müssen.

b) zulässig und hat den Wert `true`, falls `key` das Zeichen `'y'` oder `'Y'` speichert.

c) zulässig und hat den Wert `true`, falls es sich bei dem ersten Zeichen in `key` entweder um `'y'` oder `'Y'` handelt.

9.8 Wenn Strings mit einem Vergleichsoperator verglichen werden, muss mindestens ein Operand ein Objekt vom Typ `string` sein.

☐ Richtig   ☐ Falsch

9.9 Gegeben sei die folgende Definition:

```
string s("Great!");
```

Dann hat der String s die Länge ____ .

9.10 Das erste Zeichen in einem String hat die Position ____ .

9.11 Gegeben sei die folgende Definition:

```
string s("Good Charles!");
```

Nach dem Ausführen der Anweisung

```
s.insert(4, " old");
```

speichert der String s die Zeichenfolge _____ .

9.12 Die Methode erase() kann ohne Argumente aufgerufen werden, um

a) einen String zu zerstören.

b) alle Zeichen in einem String zu löschen.

c) das erste Zeichen in einem String zu löschen.

9.13 Nach der Definition

```
string s("Lucky dog!!!");
```

und den Anweisungen

```
s.erase(6, 3);
s.insert(6, "Luke");
```

enthält der String s die Zeichenfolge _____ .

9.14 Nach der Definition

```
string s("goody-goody");
```

und der Anweisung

```
int n = s.rfind("good");
```

speichert die Variable n den folgenden Wert:

a) 0   **b)** 1   **c)** 6

9.15 Gegeben sei die folgende Definition:

```
string s("Great!!!");
```

Nach Ausführung der Anweisung

```
int n = s.find("!!");
```

enthält die Variable n den folgenden Wert:

a) 5   b) 6   c) string::npos

9.16 Gegeben sei die folgende Definition:

```
string s("WOW!");
```

Nach den Anweisungen

```
int pos = s1.find("!");
if(pos != string::npos)
    s.insert(pos,", " + s, 0, 5);
```

speichert der String s die Zeichenfolge _____ .

9.17 Gegeben sei die folgende Definition:

```
string s("winter sports";
```

Nach den Anweisungen

```
s.erase(0, 7);
s.erase(5, 1);
```

enthält der String s die Zeichenfolge _____ .

9.18 Für den Zugriff auf einzelne Zeichen in einem string-Objekt kann der Operator ___ verwendet werden.

9.19 Der Index des letzten Zeichens in einem Objekt s der Klasse string ist

a) 0.

b) s.length - 1.

c) s.length.

9.20 Mit der Definition

```
string s(5,'-');
```

und der Anweisung

```
s[s.length/2] = '*';
```

speichert der String s die Zeichenfolge _____ .

Aufgaben

9.1 Schreiben Sie die erforderlichen Anweisungen, um einen String s zu definieren und wie folgt zu initialisieren:

a) mit einem Zeichen Q

b) mit 10 Zeichen '*'

c) mit den ersten 4 Zeichen eines anderen Strings s2

9.2 Gegeben seien folgende Strings:

```
string s1 = "How're ";
string s2 = "you";
```

Bestimmen Sie mögliche Fehler in folgenden Anweisungen:

a) `string s << s1 + s2 + "?";`

b) `string s( 10, X);`

c) `string s(s1 + s2 + '?');`

9.3 Schreiben Sie ein C++-Programm, das ein Name-Wert-Paar in der Form

Name=Wert

von der Tastatur in einen String einliest. Falls der Name oder das Gleichheitszeichen fehlt, wird der Benutzer über seine ungültige Eingabe informiert. Andernfalls sollen der Name und der Wert extrahiert und in zwei verschiedenen Strings gespeichert werden. Die Länge des Eingabestrings sowie der Name und der Wert werden auf dem Bildschirm angezeigt.

Beispielausgabe:

```
Geben Sie ein Paar 'Name=Wert' ein: image=sunrise.gif
Laenge des Eingabestrings: 17
Name: image
Wert: sunrise.gif
```

9.4 Gegeben sei folgender String:

```
string text("Today is my birthday!");
```

Schreiben Sie die erforderlichen Anweisungen, um den Teilstring

a) "Today" durch "Next month"

b) "is" durch "will be"

c) "my" durch "your"

zu ersetzen. Verwenden Sie die Methoden find() oder rfind() und replace() der Klasse string.

9.5 Was wird auf dem Bildschirm ausgegeben, wenn die Anweisungen

```
int n;  string s;
cin >> n >> s;
cout << s << '-' << n << endl;
```

mit folgenden Eingaben ausgeführt werden?

a) 4.5 times 2

b) 4 times 2

c) 5times2

9.6 Erstellen Sie ein C++-Programm, das einen String verschlüsselt, indem es benachbarte Zeichen, d.h. die Zeichen in den Positionen 0 und 1, 2 und 3 usw. im String vertauscht. Der String wird im Dialog eingelesen und auf dem Bildschirm ausgegeben.

Beispielausgabe:

```
Geben Sie einen String ein: sunny weather
Der verschluesselte String: usnn yewtaehr
```

9.7 Schreiben Sie ein C++-Programm, das einen Namen wie etwa

```
"Michael Martin Murphey"
```

im Dialog einliest und wie folgt ausgibt:

```
"Murphey, Michael M."
```

Der einzulesende Name besteht aus einem oder zwei Vornamen gefolgt vom Nachnamen. Im Fall einer ungültigen Eingabe soll der Benutzer informiert werden.

9.8 Schreiben Sie ein C++-Programm, das führende Zwischenraumzeichen (d.h. Tabulatoren, Blanks oder Newline-Zeichen) aus einem String entfernt. Geben Sie den ursprünglichen String und das Ergebnis aus.

Verwenden Sie folgenden String:

```
" \n    \t    No news is good news!"
```

9.9 Erstellen Sie ein C++-Programm, das einen String mit Hexadezimalziffern in eine Ganzzahl konvertiert. Verwenden Sie das Horner'sche Schema. Die Hexadezimalziffern werden im Dialog in den String eingelesen und das Ergebnis dezimal ausgegeben.

*Hinweise:*1. Für eine Hexadezimalzahl wie etwa "A9b8" ersetzt das Horner'sche Schema die Potenzen in der Darstellung

$$\underline{10} * 16^3 + \underline{9} * 16^2 + \underline{11} * 16^1 + \underline{8} * 16^0$$

durch Multiplikationen wie folgt:

```
((10 * 16 + 9) * 16 + 11) * 16 + 8
```

2. Falls eine `char`-Variable `c` eine Dezimalziffer speichert, ist der ganzzahlige Wert der Ziffer: `c - '0'`. Verwenden Sie eine entsprechende Formel zur Umrechnung der Hexadezimalziffern `'a'`, ..., `'f'` und `'A'`, ..., `'F'`.

Beispielausgabe:

```
Geben Sie eine Hexadezimalzahl ein: A9b8
A9b8 entspricht der Dezimalzahl 43448.
```

9.10 Schreiben Sie ein C++-Programm, das eine im Dialog eingelesene dezimale Ganzzahl in einen String mit Dezimalziffern umwandelt. Die Ziffernfolge und die Summe der einzelnen Ziffern sollen auf dem Bildschirm ausgegeben werden.

Hinweis: Die letzte Ziffer einer positiven Zahl `n` ist `n%10`.

Lösungen zu den Verständnisfragen

9.1 a)

9.2 o

9.3 b)

9.4 + (oder +=)

9.5 Falsch

9.6 Richtig

9.7 b)

9.8 Richtig

9.9 6

9.10 o

9.11 "Good old Charles!"

9.12 b)

9.13 "Lucky Luke!!!"

9.14 c)

9.15 a)

9.16 "WOW, WOW!"

9.17 "sport"

9.18 []

9.19 b)

9.20 --*--

Lösungen zu den Aufgaben

9.1 a) `string s("Q");` // oder: `string s = "Q";`

b) `string s(10, '*');`

c) `string s(s2, 0, 4);`

9.2 a) Der Operator `<<` kann nicht zur Initialisierung eines Strings verwendet werden. Richtig wäre: `string s = s1 + s2 + "?";`

b) Das Zeichen X muss in einfachen Hochkommas eingeschlossen werden.

c) Okay.

9.3
```
// -----------------------------------------------------------
// ex09_03.cpp
// Liest ein Paar formatiert als 'Name=Wert' ein. Der Name
// und der Wert werden extrahiert und in verschiedenen
// Strings gespeichert. Die Länge des Eingabestrings, der
// Name und der Wert werden auf dem Bildschirm ausgegeben.
// -----------------------------------------------------------
#include <iostream>
#include <string>
using namespace std;
```

```
int main()
{
    int pos, len;
    string s, name, value;

    cout << "Geben Sie ein Paar 'Name=Wert' ein: "
         << endl;
    getline(cin, s);
    len = s.length();
    cout << "Laenge des Eingabestrings: " << len << endl;

    pos = s.find("=");
    if( pos != string::npos && pos > 0)
    {
        name = string( s, 0, pos);
        ++pos;
        value = string( s, pos, len-pos);
        cout << "Name:  " << Name << endl
             << "Wert: " << Wert << endl;
    }
    else
        cout << "Ungueltige Eingabe!" << endl;

    return 0;
}
```

9.4 a)

```
int pos = s1.find("Today");       // int pos = 0;
s1.replace(pos, 5, "Next month");
```

b)

```
int pos = s1.find(" is ");
s1.replace(pos, 4, " will be ");
```

c)

```
int pos = s1.rfind("my");
s1.replace(pos, 2, "your");
```

9.5 a) .5-4

b) times-4

c) times2-5

9.6

```cpp
// -----------------------------------------------------------
// ex09_06.cpp
// Verschlüsselt einen String, indem benachbarte Zeichen
// im String vertauscht werden.
// -----------------------------------------------------------
#include <iostream>
#include <string>
using namespace std;

int main()
{
    char c;
    string s;

    cout << "Geben Sie eine Zeile Text ein: ";
    getline(cin, s);
    for( int i = 0; i < s.length() - 1; i += 2)
    {
        c       = s[i];
        s[i]    = s[i+1];
        s[i+1]  = c;
    }
    cout << "Der verschluesselte Text: " << s << endl;
    return 0;
}
```

9.7

```cpp
// -----------------------------------------------------------
// ex09_07.cpp
// Formatierung von Namen, wie das Beispiel zeigt:
//    "Michael Martin Murphey" --> "Murphey, Michael M."
// -----------------------------------------------------------
#include <iostream>
#include <string>
using namespace std;

int main()
{
    int pos1, pos2;
    string name;

    cout << "Geben Sie einen oder zwei Vornamen "
            "und einen Nachnamen ein: "
```

```
        << endl;
    getline( cin, name);

    pos1 = name.find(" ");
    if( pos1 == string::npos)
    {
        cout << "Ungueltige Eingabe!" << endl;
        return 1;
    }

    string firstname(name, 0, pos1);

    pos2 = name.rfind(" ");
    if( pos1 < pos2)                    // Zwei Vornamen?
        firstname += string(name, pos1, 2) + ".";

    ++pos2;
    name.erase(0, pos2);                // Nur ein Nachname

    name += ", " + firstname;
    cout << name << endl;

    return 0;
}
```

9.8
```
// ----------------------------------------------------------
// ex09_08.cpp
// Löscht führende Zwischenraumzeichen in einem String.
// ----------------------------------------------------------
#include <iostream>
#include <string>
using namespace std;
int main()
{
    string s(" \n    \t   No news is good news!");
    int i = 0;
    cout << s << endl;
    while( i < s.length()
            && (s[i] == ' ' || s[i] == '\t' || s[i] == '\n'))
        ++i;
    if( i > 0)
        s.erase(0,i);
```

```
        cout << s << endl;
        return 0;
}
```

9.9
```
// ----------------------------------------------------------
// ex09_09.cpp
// Konvertiert einen String mit Hexadezimalziffern
// in eine Ganzzahl.
// ----------------------------------------------------------
#include <iostream>
#include <string>
using namespace std;

int main()
{
    string hexStr;
    int result = 0, digitvalue = 0;
    char c;

    cout << "\nGeben Sie eine Hexadezimalzahl ein: ";
    getline( cin, hexStr);

    for( int i = 0; i < hexStr.length(); i++)
    {
        c = toupper(hexStr[i]);

        if( '0' <= c && c <= '9')        // oder: if( isdigit(c))
            digitvalue = c - '0';
        else if( 'A' <= c && c <= 'F')
            digitvalue = 10 + (c - 'A');
        else
            break;

        result = result * 16 + digitvalue;
    }

    cout << hexStr << " entspricht der Dezimalzahl "
         << hex << result << endl;
    return 0;
}
```

9.10

```
// ----------------------------------------------------------
// ex09_10.cpp
// Wandelt eine dezimale Ganzzahl in einen String um.
// Der String und die Summe der Ziffern werden ausgegeben.
// ----------------------------------------------------------
#include <iostream>
#include <string>
using namespace std;

int main()
{
   unsigned int  num = 0;
   string decStr;                    // Ein leerer String
   char digit;

   cout << "\nGeben Sie eine dezimale Ganzzahl ein: ";
   cin >> num;

   do              // Wandelt die Ganzzahl in einen String um.
   {
      digit = (char)(num % 10 + '0');
      decStr = digit + decStr;
      num /= 10;
   }
   while( num != 0);

   cout << "Der String:        " << decStr << endl;

   int sum=0;
   for( int i = 0; i < decStr.length();  ++i)
      sum += (decStr[i] - '0');

   cout << "Die Summe der Ziffern: " << sum << endl;
   return 0;
}
```

Kapitel 10

Funktionen

In den Übungen dieses Kapitels werden folgende Themen behandelt:

- Definition eigener Funktionen

  Der Funktionskopf legt den Namen der Funktion, den Typ des Returnwertes und den Typ jedes Parameters fest. Im anschließenden Funktionsblock werden die Anweisungen, die beim Aufruf der Funktion ausgeführt werden, angeführt.

- »Call by Value« und »Call by Reference«

  Beim Aufruf einer Funktion werden gewöhnlich die Werte von Argumenten in die entsprechenden Funktionsparameter kopiert (sog. »Call by Value«). Daher ist es möglich, beliebige Ausdrücke, insbesondere Konstanten, als Argumente zu übergeben. Beim »Call by Reference« werden Adressen von Objekten übergeben. Dazu sind Referenzen oder Zeiger erforderlich, die später in diesem Buch behandelt werden.

- inline-Funktionen

  Der Kompiler fügt den Maschinencode einer inline-Funktion direkt an die Stelle ihres Aufrufs ein. Damit findet kein Unterprogrammsprung statt und die Laufzeit des Programms wird beschleunigt. Ein Vorteil von inline-Funktionen gegenüber Makros besteht darin, dass der Kompiler den korrekten Aufruf überprüft und keine Seiteneffekte entstehen.

- Default-Argumente

  Bei der Deklaration einer Funktion können Parameter mit Werten, den sog. Default-Werten, versehen werden. Beim Aufruf der Funktion setzt dann der Kompiler für fehlende Argumente die Default-Werte ein.

- Überladen von Funktionen

  In C++ können verschiedene Funktionen mit gleichem Namen definiert, d.h. überladen werden. Der Kompiler unterscheidet überladene Funktionen anhand ihrer Signatur, d.h. der Anzahl und des Typs der Parameter.

- Rekursive Funktionen

  Eine Funktion wird als rekursiv bezeichnet, wenn sie sich direkt oder indirekt selbst aufruft. Mithilfe rekursiver Funktionen können z.B. bestimmte Sortieralgorithmen oder Operationen mit Bäumen einfach und elegant formuliert werden.

Verständnisfragen

10.1 Wenn eine Quelldatei geändert wird, müssen alle zu einem C++-Programm gehörenden Quelldateien neu kompiliert werden, damit eine ausführbare Datei erzeugt werden kann.

☐ Richtig ☐ Falsch

10.2 In der Definition einer Funktion sind im Funktionskopf die Namen und _____ der Parameter angeführt.

10.3 Die Parameter einer Funktion werden beim Aufruf der Funktion erzeugt und mit den Werten der übergebenen Argumente initialisiert.

☐ Richtig ☐ Falsch

10.4 Wenn beim Aufruf einer Funktion weniger Argumente übergeben werden als Parameter im Funktionskopf deklariert sind, werden übrige Parameter mit 0 als Default-Wert initialisiert.

☐ Richtig ☐ Falsch

10.5 Der Prototyp einer Funktion unterscheidet sich vom Funktionskopf durch

a) nichts.

b) ein Semikolon.

c) die Parameternamen, die im Prototyp fehlen oder verschieden sein dürfen.

10.6 Durch den Prototyp einer Funktion werden dem Kompiler alle Informationen bereitgestellt, die beim Aufruf der Funktion wichtig sind, um

a) die Anzahl der Argumente zu überprüfen.

b) die Typen der Argumente zu überprüfen und ggfs. zu konvertieren.

c) den Return-Wert der Funktion richtig zu übernehmen.

10.7 Die Definition einer Funktion muss mindestens eine Return-Anweisung umfassen.

☐ Richtig ☐ Falsch

10.8 Gegeben seien die folgenden Deklarationen:

```
void func( double);   double x = 5.5;
```

Nach Rückkehr der Programmausführung aus dem Funktionsaufruf

```
func(x);
```

wurde der Wert der Variablen x möglicherweise geändert.

☐ Richtig   ☐ Falsch

10.9 Innerhalb einer Funktion definierte Variablen können einen Konflikt mit Variablen gleichen Namens in anderen Funktionen verursachen.

☐ Richtig   ☐ Falsch

10.10 Die Definition einer inline-Funktion beginnt mit dem Schlüsselwort _____.

10.11 Der Kompiler fügt den Maschinencode einer inline-Funktion

a) nur an die Stelle ihres ersten Aufrufs ein.

b) an jede Stelle ein, an der sie aufgerufen wird.

c) nirgendwo ein. Der Linker übernimmt diese Aufgabe.

10.12 Um eine inline-Funktion aufrufen zu können, genügt es, ihren Prototyp in der entsprechenden Quelldatei anzugeben.

☐ Richtig   ☐ Falsch

10.13 Angenommen, Sie wollen eine inline-Funktion in verschiedenen Quelldateien aufrufen. In diesem Fall sollten Sie die inline-Funktion in einer _____ definieren.

10.14 Angenommen, eine Funktion ist mit Default-Argumenten definiert und beim Aufruf der Funktion wird ein Argument weggelassen. In diesem Fall müssen

a) auch die Argumente davor weggelassen werden.

b) auch nachfolgende Argumente weggelassen werden.

c) nie weitere Argumente weggelassen werden.

10.15 Eine Funktion, die mit Default-Argumenten deklariert ist, wird vom Kompiler stets mit der vollen Anzahl Argumente aufgerufen.

☐ Richtig   ☐ Falsch

10.16 Wenn verschiedene Funktionen mit demselben Namen definiert sind, spricht man auch von _____ Funktionen.

10.17 Die Signatur einer Funktion besteht aus

a) dem Return-Typ der Funktion.

b) der Anzahl und dem Typ der Parameter.

c) dem ganzen Funktionskopf.

10.18   Eine Funktion, die sich selbst aufruft, wird als _____ Funktion bezeichnet.

10.19   Gegeben sei folgende Funktionsdefinition:

```
long func( int n)
{
    if(n > 0) return (n + func(n - 1));
    else      return 0;
}
```

Dann liefert der Aufruf

```
func(5);
```

a) die Summe der Zahlen 5 und 4.

b) 0.

c) die Summe aller Ganzzahlen zwischen 1 und 5.

10.20   Beim Aufruf einer rekursiven Funktion muss genügend Platz auf dem _____ verfügbar sein.

Aufgaben

10.1   Bestimmen Sie die Fehler in der Definition folgender Funktionen:

a)

```
double func( double)
{ return (2 * double);}
```

b)

```
double func(double x)
{ return 2 * x };
```

c)

```
double func( double x)
{ x *= 2; }
```

10.2   Definieren Sie eine Funktion isLetter(), die prüft, ob es sich bei einem Zeichen um einen Groß- oder Kleinbuchstaben handelt. Die Funktion erwartet ein Argument vom Typ char und liefert einen booleschen Wert.

10.3   Schreiben Sie eine inline-Funktion distanceOf(), die die positive Differenz von zwei double-Werten berechnet und zurückgibt. Die beiden Gleitpunktzahlen werden als Argumente übergeben.

10.4 Definieren Sie eine Funktion `cylinderVolume()`, die das Volumen eines Zylinders berechnet. Die Funktion erhält den Radius eines Kreises und die Höhe des Zylinders als Argumente vom Typ `double`.

Hinweis: Verwenden Sie folgende Formel zur Berechnung des Volumens v eines Zylinders:

```
v = ð * radius2 * height    (ð = 3.1415927)
```

Zum Testen der Funktion schreiben Sie eine `main`-Funktion, die das Volumen für die Radien und Höhen 0.5, 1.0, 1.5, 2.0 wie folgt ausgibt:

```
         **** Volumen eines Zylinders ****
    Radius        Hoehe         Volumen
    ---------------------------------------
      0.5          0.5          0.392699
      0.5          1.0          0.785398
      0.5          1.5             .
       .            .              .
       .            .              .
      2.0          1.5         18.849556
      2.0          2.0         25.132742
```

10.5 Schreiben und testen Sie eine Funktion `round2()`, die eine Gleitpunktzahl auf zwei Dezimalziffern hinter dem Dezimalpunkt rundet. Zum Beispiel wird

10.123 in 10.12 gerundet,

0.3456 in 0.35 gerundet und

-1.455 in -1.46 gerundet.

Verwenden Sie die Standardfunktion

```
double floor(double x);
```

die die größte Ganzzahl kleiner oder gleich x zurückgibt. Die Funktion ist in der Header-Datei `cmath` deklariert.

10.6 Definieren und testen Sie die Funktion `median()`, die den Median von drei Gleitpunktzahlen berechnet. Der Median von drei Zahlen ist die mittlere Zahl, der Median von 9.2, 7.1 und 15.9 beispielsweise ist 9.2.

Hinweis: Ist die erste Zahl kleiner als die beiden anderen Zahlen, so ist der Median das Minimum der beiden anderen Zahlen.

10.7 Schreiben Sie eine Funktion `isPrime()`, die prüft, ob es sich bei einer als Argument übergebenen positiven Ganzzahl um eine Primzahl handelt.

Hinweis: Eine Ganzzahl d ist ein *Teiler* einer Ganzzahl n, falls n ein Vielfaches von d ist, d.h. n = k*d für eine ganze Zahl k. Eine positive Zahl p >= 2 ist eine *Primzahl*, wenn 1 und p ihre einzigen Teiler sind.

10.8 Angenommen die Funktion

```
double polynom( double x, double a0, double a1,
                double a2, double a3);
```

berechnet das folgende kubische Polynom:

```
a3*x³ + a2*x² + a1*x¹ + a0
```

Deklarieren Sie die Funktion polynom() so, dass die Funktion auch nur mit drei oder vier Argumenten aufgerufen werden kann. In diesem Fall berechnet die Funktion ein lineares Polynom a1*x + a0 oder ein quadratisches Polynom a2*x2 + a1*x1 + a0.

10.9 Welche der folgenden Anweisungen deklarieren eine überladene Funktion?

a)

```
int func1( double);
int func1( double, double);
```

b)

```
double func2( int);
int    func2( int);
```

c)

```
int    func3( int, int);
double func3( int, double);
```

d)

```
int func4( double x, double y);
int func4( double x, double y = 0.0);
```

10.10 Das geometrische Mittel von nicht negativen Zahlen x1, ..., xn (n >= 2) ist die n-te Wurzel des Produkts x1 * ... * xn.

a) Schreiben Sie eine Funktion geoMean(), die das geometrische Mittel von zwei nicht negativen Gleitpunktzahlen berechnet. Die beiden Zahlen werden als Argument übergeben. Ist ein Argument negativ, liefert die Funktion –1 zurück.

b) Überladen Sie die Funktion geoMean(), um das geometrische Mittel von drei nicht negativen Gleitpunktzahlen zu berechnen. Falls ein Argument negativ ist, liefert die Funktion −1 zurück.

10.11 a) Implementieren Sie die Funktion

```
double P(double x, double a0, double a1);
```

zur Berechnung des linearen Polynoms

```
a1 * x1 + a0.
```

b) Überladen Sie die Funktion P() zur Berechnung des quadratischen Polynoms

```
a2 * x2 + a1 * x1 + a0.
```

Hinweis: Verwenden Sie einen Aufruf der Funktion P() aus Teil a).

c) Überladen Sie die Funktion P() zur Berechnung des kubischen Polynoms

```
a3*x3 + a2* x2 + a1* x1 + a0.
```

Hinweis: Verwenden Sie einen Aufruf der Funktion P() aus Teil b).

Testen Sie die überladenen Funktionen mit den Koeffizienten

```
a0 = 2.5, a1 = -1.8, a2 = 4.2 and a3 = -0.9.
```

Beispielausgabe:

```
Fuer x = 2.7 liefert das
lineare Polynom den Wert      -2.36.
quadratische Polynom den Wert 28.258.
kubische Polynom den Wert     10.5433.
```

10.12 Schreiben Sie eine rekursive Funktion power(), die eine Gleitpunktzahl x und eine nicht negative Ganzzahl n als Argumente erwartet und die Potenz x^n berechnet, d.h.

1, falls n == 0;   x * xn-1 für n > 0.

10.13 Eine ganze Zahl d ist ein *Teiler* der ganzen Zahl n, falls n ein Vielfaches von d ist, d.h. n%d == 0. Eine ganze Zahl d ist ein *gemeinsamer Teiler* von zwei ganzen Zahlen m und n, falls sie ein Teiler von m und n ist.

Schreiben Sie eine Funktion gcd(), die den *größten gemeinsamen Teiler* von zwei ganzen Zahlen vom Typ unsigned long berechnet und zurückgibt. Verwenden Sie den *Algorithmus von Euklid*, der den größten gemeinsamen Teiler durch sukzessive Modulodivision berechnet:

m % n → m		Beispiel:	49 % 28 → 21
n % m → n			28 % 21 → 7
m % n → m	etc.		21 % 7 → 0

Der letzte, von 0 verschiedene Rest ist der größte gemeinsame Teiler der ursprünglichen Zahlen m und n. Bezogen auf das obige Beispiel ist 7 der größte gemeinsame Teiler von 49 und 28.

Anmerkung: Der Algorithmus von Euklid basiert auf der Tatsache, dass ein gemeinsamer Teiler von m und n auch ein gemeinsamer Teiler von n und m%n ist (und umgekehrt).

10.14 Schreiben Sie eine rekursive Version der Funktion gcd() aus Übung 10.13, um den *größten gemeinsamen Teiler* von zwei unsigned long Werten zu berechnen.

10.15 Schreiben Sie eine Funktion isFibonacci(), die prüft, ob es sich bei einer positiven ganzen Zahl um eine Fibonaccizahl handelt. Die Zahl wird der Funktion als Argument übergeben.

Hinweis: Die Fibonaccizahlen sind wie folgt definiert:

- Die erste Fibonaccizahl ist 0, die zweite ist 1.
- Jede folgende Fibonaccizahl ist die Summe ihrer beiden Vorgänger.

Daraus ergibt sich die Zahlenfolge 0, 1, 1, 2, 3, 5, 8, 13, 21, 34, ...

Lösungen zu den Verständnisfragen

10.1 Falsch

10.2 Typen

10.3 Richtig

10.4 Falsch

10.5 b) und c)

10.6 a), b) und c)

10.7 Falsch

10.8 Falsch

10.9   Falsch

10.10   inline

10.11   b)

10.12   Falsch

10.13   Header-Datei

10.14   b)

10.15   Richtig

10.16   überladenen

10.17   b)

10.18   rekursive

10.19   c)

10.20   Stack

Lösungen zu den Aufgaben

10.1   a) Im Funktionskopf fehlt der Name des Parameters. Außerdem muss in
        der Return-Anweisung der Parametername und nicht sein Typ angeführt
        werden.

        b) Das Semikolon muss hinter der Return-Anweisung und nicht hinter der
        schließenden Klammer } angegeben werden.

        c) Die Return-Anweisung fehlt.

10.2
```
//-----------------------------------------------------
// Die Funktion isLetter() prüft, ob es sich bei einem
// Zeichen um einen Buchstaben handelt.
//-----------------------------------------------------
#include <cctype>
using namespace std;
bool isLetter( char c)
{
    return (islower(c) || isupper(c));
}
```

10.3
```
//-----------------------------------------------------
// Die Funktion distanceOf() liefert die positive
// Differenz von zwei double-Werten.
```

```
//----------------------------------------------------------
inline double distanceOf( double x, double y)
{
    return  (x - y) >= 0 ? (x - y) : (y - x);
}
```

10.4
```
// ---------------------------------------------------------
// ex10_04.cpp
// Definiert und testet die Funktion cylinderVolume(),
// die das Volumen eines Zylinders berechnet.
// ---------------------------------------------------------
#include <iostream>
#include <iomanip>
using namespace std;

double cylinderVolume( double radius, double height);

int main()
{
    double radius = 0.0, height = 0.0;

    cout << "\n\t    **** Volumen eines Zylinders ****\n"
         << "\n\t Radius        Hoehe         Volumen"
         << "\n\t--------------------------------------"
         << endl;

    cout << fixed;
    for( radius = 0.5; radius < 2.1; radius += 0.5)
        for( height = 0.5; height < 2.1; height += 0.5)
        {
            cout << setprecision(1)
                 << setw(14) << radius << setw(14) << height;
            cout << setprecision(6)
                 << setw(18) << cylinderVolume( radius, height)
                 << endl;
        }
    return 0;
}
// ------- Die Funktion cylinderVolume() -------
#define PI   3.1415927
double cylinderVolume( double r, double h)
{
    return  PI * r * r * h;
}
```

10.5

```
// -----------------------------------------------------------
// ex10_05.cpp
// Definiert und testet die Funktion round2(), die
// eine Gleitpunktzahl auf zwei Dezimalziffern rundet.
// -----------------------------------------------------------
#include <iostream>
using namespace std;
double round2(double x);

int main()        // Testet die Funktion round2()
{
    double x;
    cout << " ****      Runden.... ****\n" << endl;
    cout << "Geben Sie eine Gleitpunktzahl ein: ";
    cin >> x;
    cout << "Die gerundete Zahl ist " << round2(x) << endl;
    return 0;
}
// -----------------------------------------------------------
// Die Funktion round2()
//
#include <cmath>
using namespace std;
double round2(double x)
{
    double sign = 1.0;
    if( x < 0.0)
        x = -x,  sign = -1.0;
    return sign * floor(x*100.0 + 0.5) / 100.0;
}
```

10.6

```
// -----------------------------------------------------------
// ex10_06.cpp
// Definiert und testet die Funktion median(), die
// den Median von drei Gleitpunktzahlen berechnet.
// -----------------------------------------------------------
#include <iostream>
using namespace std;

double median(double x, double y, double z);

int main()                    // Testet die Funktion median()
```

```
{
    double a=0.0, b=0.0, c=0.0;

    cout << "**** Berechnet den Median von drei Zahlen ****\n"
         << endl;
    cout << "Geben Sie drei Gleitpunktzahlen ein:" << endl;
    cin  >> a >> b >> c;

    cout << "Der Median ist " << median( a, b, c) << endl;
    return 0;
}
// -----------------------------------------------------------
// Die Funktion median() liefert den Median von
// drei Gleitpunktzahlen.

double median(double x, double y, double z)
{
    if( x < y && x < z)
        return y < z ? y : z;      // Min(y,z)
    else if( x > y && x > z)
        return y > z ? y : z;      // Max(y,z)
    else return x;
}
```

10.7
```
// -----------------------------------------------------------
// Die Funktion isPrime() prüft, ob es sich bei einer
// positiven Ganzzahl um eine Primzahl handelt.
// -----------------------------------------------------------
bool isPrime(unsigned int n)
{
    if( n < 2)  return false;
    if( n == 2) return true;    // 2 ist die erste Primzahl

    unsigned int i=2, limit = n/2;
    for( ; i <= limit; ++i)
      if( n % i == 0)
        return false;

    return true;
}
```

10.8
```
double polynom( double x, double a0, double a1,
                double a2=0.0, double a3=0.0);
```

10.9 **a)** Die Funktion `func1()` ist überladen und kann mit einem oder zwei Argumenten vom Typ `double` aufgerufen werden.

b) Beide Funktionen `func2()` weisen die gleiche Signatur, jedoch verschiedene Return-Typen auf. Deshalb ist die Funktion `func2()` nicht überladen und der Kompiler wird eine Fehlermeldung ausgeben.

c) Die Funktion `func3()` ist überladen, da in beiden Prototypen die Signaturen verschieden sind.

d) Die Funktion ist nicht überladen, da in beiden Anweisungen dieselbe Funktion deklariert wird.

10.10 **a)**

```
#include <cmath>        // Prototypen von sqrt() und pow()
using namespace std;


double geoMean( double x, double y)
{
    if( x >= 0 && y >= 0)
        return sqrt(x * y);
    else
        return -1;
}
```

b)

```
double geoMean( double x, double y, double z)
{
    if( x >= 0 && y >= 0 && z >= 0)
        return pow(x*y*z, 1.0/3.0);
    else
        return -1;
}
```

10.11

```
// -------------------------------------------------
// ex10_11.cpp
// Definiert und testet überladene Funktionen zur
// Berechnung eines linearen, quadratischen und
// kubischen Polynoms.
// -------------------------------------------------
#include <iostream>
using namespace std;
```

```
double P(double x, double a0, double a1);
double P(double x, double a0, double a1, double a2);
double P(double x, double a0, double a1,
                    double a2, double a3);

double a0 =  2.5,      // Die Koeffizienten der Polynome
       a1 = -1.8,
       a2 =  4.2,
       a3 = -0.9;

int main()            // Überladene Funktionen P() testen:
{
    cout << "\t*** Berechnet y = P(x) fuer ein Polynom P"
         << " ****\n " << endl;

    // P(x) = a0 + a1*x
    cout << "Das lineare Polynom:     P(x) = "
         << a0 << " + " << a1 << "*x" << endl;

    // P(x) = a0 + a1*x + a2*x*x
    cout << "Das quadratische Polynom: P(x) = "
         << a0 << " + " << a1 << "*x" << " + " << a2 << "*x*x"
         << endl;
    // P(x) = a0 + a1*x + a2*x*x + a3*x*x*x
    cout << "Das kubische Polynom:     P(x) = "
         << a0 << " + " << a1 << "*x" << " + " << a2 << "*x*x"
         << " + " << a3 <<"*x*x*x" << endl;

    double x;
    while(true)
    {
      cout << "\nGeben Sie einen x-Wert ein"
              "(Abbruch mit einem Buchstaben): ";
      if( !(cin >> x))
          break;
      cout << "\nFuer x = " << x << " liefert das" << endl;
      cout << "lineare Polynom den Wert        "
           << P(x, a0, a1) << endl;
      cout << "quadratische Polynom den Wert "
           << P(x, a0, a1, a2) << endl;
      cout << "kubische Polynom den Wert       "
           << P(x, a0, a1, a2, a3) << endl;
```

```
      }
      return 0;
}
// -----------------------------------------------------------
// Die Funktionen P(x,...)
//
double P(double x, double a0, double a1)
{
      return a0 + a1 * x;
}


double P(double x, double a0, double a1, double a2)
{
      return a0 + P(x,a1,a2) * x;
}


double P(double x, double a0, double a1,
                   double a2, double a3)
{
      return a0 + P(x,a1,a2,a3) * x;
}
```

10.12
```
// ----------------------------------------------------------
// Die rekursive Funktion power() berechnet
// ganzzahlige Potenzen einer Gleitpunktzahl.
// ----------------------------------------------------------
double power(double base, unsigned int exp)
{
      if( exp == 0)
         return 1.0;
      else
         return base * power( base, exp-1);
}
```

10.13
```
// ----------------------------------------------------------
// Die Funktion gcd() berechnet den größten gemeinsamen
// Teiler von zwei positiven ganzen Zahlen.
// Es wird der Algorithmus von Euklid verwendet.
// ----------------------------------------------------------
unsigned long gcd(unsigned long m, unsigned long n)
{
         unsigned long tmp;
```

```
while( n != 0)
{
    // m = m % n  und m, n vertauschen
    tmp = m % n;   m = n;  n = tmp;
}
// Jetzt ist m der größte gemeinsame Teiler.
return m;
}
```

10.14

```
// ------------------------------------------------------------
// Die rekursive Funktion gcd() berechnet den
// größten gemeinsamen Teiler von zwei positiven ganzen
// Zahlen mit dem Algorithmus von Euklid.
// ------------------------------------------------------------
unsigned long gcd(unsigned long m, unsigned long n)
{
    if( n == 0)
        return m;
    else
        return gcd( n, m%n);
}
```

10.15

```
// ------------------------------------------------------------
// Die Funktion isFibonacci() prüft, ob es sich bei einer
// übergebenen positiven Zahl um eine Fibonaccizahl handelt.
// ------------------------------------------------------------
bool isFibonacci(unsigned int n)
{
    if( n <= 3) return true; // 0,1,2,3 sind Fibonaccizahlen.

    unsigned int f1 = 2, f2 = 3, f;
    while( f2 < n)
    {
        f = f1 + f2;               // Nächste Fibonaccizahl
        if( n == f)
            return true;
        else
            f1 = f2, f2 = f;
    }
    return false;
}
```

Kapitel 11

Speicherklassen und Namensbereiche

In diesem Kapitel setzen Sie Speicherklassen-Spezifizierer und Namensbereiche für Objekte und Funktionen ein. Im Einzelnen werden folgende Themen behandelt:

- Speicherklassen-Spezifizierer für Objekte

  Ein Objekt ist global, wenn es außerhalb jeder Funktion ohne Speicherklassen-Spezifizierer definiert wird. Der Zugriff auf ein globales Objekt ist überall im Programm möglich. In eine andere Quelldatei wird das Objekt durch eine extern-Deklaration »importiert«.

  Ist ein Objekt außerhalb jeder Funktion als static definiert, so ist der Zugriff auf das Objekt nur innerhalb derselben Quelldatei möglich. Ein innerhalb eines Blocks als static deklariertes Objekt ist lokal und wird beim erstmaligen Eintritt in den Block erzeugt. Als static deklarierte Objekte sind wie globale Objekte »permanent«, d.h. sie werden erst bei Programmende zerstört.

  Objekte, die innerhalb eines Blocks ohne Speicherklassen-Spezifizierer definiert sind, gehören zur Speicherklasse auto. Sie werden automatisch beim Eintritt in den Block erzeugt und beim Verlassen wieder zerstört.

- Speicherklassen-Spezifizierer für Funktionen

  Eine Funktion wird gewöhnlich ohne Speicherklassen-Spezifizierer definiert. In diesem Fall handelt es sich um eine globale Funktion, die überall im Programm nach ihrer Deklaration (Prototyp) aufgerufen werden kann. Es ist aber auch möglich, eine Funktion als static zu definieren. Eine static-Funktion kann nur in der Quelldatei aufgerufen werden, in der sie definiert ist.

- Namensbereiche

  In größeren Sofware-Projekten können bei der Vergabe globaler Namen Konflikte entstehen, z.B durch den Einsatz verschiedener Bibliotheken. Um dies zu vermeiden, werden Namensbereiche gebildet. So befinden sich die Namen der C++-Standardbibliothek im Namesbereich std. Innerhalb ihres Namensbereichs können Funktionen, Objekte etc. direkt mit ihrem Namen angesprochen werden. Beim Zugriff von außerhalb ist zusätzlich der Namensbereich mit dem Bereichsoperator :: anzugeben, z.B. std::cout << std::endl;. Alternativ können mit der using-Deklaration einzelne Namen oder mit der using-Direktive alle Namen eines Namensbereichs »importiert« werden.

Verständnisfragen

11.1   Eine Übersetzungseinheit besteht aus

a) einer Quelldatei und den darin inkludierten Header-Dateien.

b) der aktuell verwendeten integrierten Entwicklungsumgebung.

c) allen Quelldateien, aus den eine ausführbare Datei erzeugt wird.

11.2   Ein außerhalb jeder Funktion definiertes Objekt wird als _____ bezeichnet.

11.3   Globale Objekte werden beim Programmstart erzeugt und erst beim Programmende zerstört.

☐ Richtig   ☐ Falsch

11.4   Der von lokalen, nicht als `static` deklarierten Objekten belegte Speicher wird freigegeben, sobald der entsprechende _____ verlassen wird.

11.5   Die Anweisung

```
extern long line;
```

a) definiert die globale Variable `line`.

b) deklariert die globale Variable `line`, die in einer anderen Quelldatei definiert ist.

c) definiert die Variable `line`, die auf dem externen Speicher abgelegt wird.

11.6   Eine Deklaration, bei der es sich nicht um eine Definition handelt, kann im Programm beliebig oft vorkommen.

☐ Richtig   ☐ Falsch

11.7   Eine `extern`-Deklaration ist erforderlich, um

a) ein neues Objekt zu definieren, das nicht initialisiert wird.

b) ein in einer anderen Quelldatei definiertes, globales Objekt zu importieren.

c) ein bereits existierendes Objekt zu initialisieren.

11.8   Ein statisches Objekt, das außerhalb jeder Funktion definiert ist, kann

a) überall im Programm

b) überall in derselben Quelldatei

c) nach seiner Definition in derselben Quelldatei

verwendet werden.

11.9 Ein innerhalb eines Blocks als static definiertes Objekt ist lokal und wird daher beim Verlassen des Blocks zerstört.

☐ Richtig ☐ Falsch

11.10 Gegeben sei die Definition der folgenden Funktion:

```
int func(void)
{
    static int x = 0;
    return ++x;
}
```

Beim dritten Aufruf liefert die Funktion func() den folgenden Wert:

a) 1   b) 2   c) 3

11.11 Eine Funktion kann innerhalb einer anderen Funktion definiert werden.

☐ Richtig ☐ Falsch

11.12 Statische Funktionen können nur in der Quelldatei aufgerufen werden, in der sie definiert sind.

☐ Richtig ☐ Falsch

11.13 C++ bietet die Möglichkeit, Namensbereiche zu definieren, um Konflikte bei

a) Bezeichnern von lokalen Variablen

b) Namen für Quelldateien

c) globalen Bezeichnern

zu vermeiden.

11.14 Angenommen, die Funktion myFunc() ist im Namensbereich mySpace definiert und wird außerhalb des Namensbereichs aufgerufen. Ohne Verwendung einer using-Deklaration oder using-Direktive wird beim Aufruf dem Namen der Funktion _____ vorangestellt.

11.15 Beim Ausführen des Programmausschnitts

```
int n = 9;
int main()
{   int n = 77;    cout << ::n << endl;
    . . .
}
```

wird der Wert _____ auf dem Bildschirm ausgegeben.

11.16 Alle in der C++-Standardbibliothek definierten Bezeichner gehören zum Namensbereich _____ .

11.17 Gegeben seien die folgenden verschachtelten Namensbereiche:

```
namespace General
{
    ...
    namespace Special
    {
        int x = 0;
        ...
    }
}
```

Dann wird außerhalb dieser Namensbereiche der Variablen x der Wert 10 wie folgt zugewiesen:

a) x = 10;

b) Special::x = 10;

c) General::Special::x = 10;

11.18 Damit der Namensbereich eines Bezeichners nicht ständig angegeben werden muss, kann eine _____-Deklaration verwendet werden.

11.19 Sind im aktuellen Namensbereich und in einem mit der using-Direktive importierten Namensbereich gleiche Bezeichner vorhanden, dann

a) gibt der Kompiler eine Fehlermeldung aus.

b) führt dies nicht automatisch zu einem Namenskonflikt.

c) kann es zu Mehrdeutigkeiten kommen, wenn einer dieser Bezeichner angesprochen wird.

11.20 Um alle im Namensbereich mySpace deklarierten Bezeichner in den aktuellen Geltungsbereich zu importieren, ist folgende using-Direktive anzugeben: _____

Aufgaben

11.1 Was gibt folgendes Programm auf dem Bildschirm aus?

```
#include <iostream>
using namespace std;
```

```
double z = 11.1;
double func( double);

int main( )
{
    double x = 1.1;
    cout << x      << "  " << z      << endl;
    cout << func(x) << "  " << func(z) << endl;
    cout << x      << "  " << z      << endl;
    return 0;
}


double func(double z)
{
    z = 2 * z;
    return z;
}
```

II.2 Gegeben sei folgender Programmausschnitt:

```
double fq = 0.6180339887;      // Fibonacci-Quotient
static int b = 10000;

int hash( unsigned int x)
{
    double temp = x * fq - (int)(x * fq);
    return b * temp;
}
```

a) In welchem Bereich des Programms kann auf die Variablen fq, b, x und temp direkt zugegriffen werden?

b) Welchen Wertebereich haben die Return-Werte der Funktion hash()?

II.3 Angenommen, die globale Variable x vom Typ double ist in einem anderen Modul definiert. Schreiben Sie eine Deklaration, damit diese Variable x auch in Ihrem eigenen Quellcode zur Verfügung steht.

II.4 Schreiben Sie die erforderlichen Deklarationen für eine

a) globale Funktion func1(), die in einem anderen Modul definiert ist.

b) statische Funktion func2(), die später im selben Modul definiert wird.

c) globale Funktion func3(), die später im selben Modul definiert wird.

Jede Funktion erwartet ein Argument vom Typ double und liefert einen Return-Wert vom Typ double.

11.5 Erstellen und testen Sie ein C++-Programm, das aus zwei Quelldateien besteht.

Die erste Quelldatei enthält dabei

- zwei globale Variablen, um den Namen und das Alter einer Person zu speichern und

- die Funktion main(), die von der Tastatur den Namen und das Alter einer Person in die globalen Variablen einliest. Anschließend wird die Funktion display(), die in einer anderen Quelldatei definiert ist, aufgerufen.

Die zweite Quelldatei enthält

- die Funktion display(), die die in den globalen Variablen aus der ersten Quelldatei gespeicherten Werte auf dem Bildschirm anzeigt. Die Funktion besitzt keinen Parameter und keinen Return-Wert.

11.6 **a)** Schreiben Sie eine Funktion sumUp() mit einem Parameter vom Typ double, die die Summe aller Argumente berechnet, die ihr bei jedem Aufruf übergeben werden. Das heißt, beim Aufruf addiert die Funktion das aktuell übergebene Argument zur bereits berechneten Summe und liefert das Ergebnis zurück. Die Variable zum Speichern der Summe soll innerhalb der Funktion definiert werden.

b) Schreiben Sie eine Funktion average(), die wie die Funktion sumUp() definiert ist, aber statt der Summe den Durchschnitt zurückgibt.

11.7 Zufallszahlen werden in einem Programm durch einen Algorithmus erzeugt. Sie »erscheinen« also nur zufällig und heißen deshalb auch *Pseudo-Zufallszahlen.*

Um eine Folge von Pseudo-Zufallszahlen a1, a2, a3,... zwischen 0 und m−1 zu erzeugen, wird häufig die *lineare Kongruenzmethode* verwendet:

```
an = (an-1 * b + c)% m    for n >= 1
```

Dabei ist a0 eine beliebige ganze Zahl. Der Anfangswert a0 wird auch als *Keim* der Pseudo-Zufallszahlen bezeichnet. Damit eine Zahl zwischen 0 und m−1 als zufällig ausgewählt erscheint, eignen sich für m = 32768 folgende Werte[1*]:

```
b = 9757 und c = 6925
```

a) Es soll ein Zufallszahlengenerator mit der linearen Kongruenzmethode entwickelt werden. Erstellen Sie zu diesem Zweck eine Quelldatei random.cpp mit

---

[1] Rick Decker, Algorithms and Data Structures, Prentice Hall Verlag

■ modulglobalen Variablen a, b und m vom Typ unsigned long, die wie oben beschrieben initialisiert werden.

■ der Funktion randInt(), die die nächste Pseudo-Zufallszahl erzeugt und zurückgibt. Beim ersten Aufruf initialisiert die Funktion zusätzlich den Keim der Pseudo-Zufallszahlen durch einen Aufruf der Standardfunktion time(0). Diese Funktion liefert die Anzahl der seit dem 1.1.1970, 0 Uhr vergangenen Sekunden. Sie ist in der Header-Datei time.h (oder ctime) deklariert.

■ der Funktion randDouble(), die die Funktion randInt() aufruft, um eine Pseudo-Zufallszahl größer oder gleich 0 und kleiner als 1 zu produzieren.

Führen Sie die Prototypen dieser Funktionen in einer Header-Datei random.h an. Definieren Sie dann eine main-Funktion in einer separaten Quelldatei, um 10 ganzzahlige Zufallszahlen und 10 gebrochene Zufallszahlen auf dem Bildschirm auszugeben.

b) Platzieren Sie beide Zufallszahlengeneratoren in einem eigenen Namensbereich und passen Sie die Deklarationen und Aufrufe der Funktionen entsprechend an.

11.8   Finden und korrigieren Sie mögliche Fehler in folgenden Anweisungen:

a)

```
register = 10;
while(i > 0)
   cout << i--;
```

b)

```
for( register i = 0; i < 10; ++i)
   cout << i;
```

c)

```
register int i = 17;
int main() { cout << ++i; return 0; }
```

11.9   Ergänzen Sie den Programmausschnitt

```
int n = 5;
namespace A
{
   int n = 9;
}
```

durch eine main-Funktion, die eine weitere Variable n vom Typ int definiert und initialisiert. Anschließend wird der Inhalt der Variablen ausgegeben, d.h.

- die lokale Variable n.
- die globale Variable n.
- die Variable n aus dem Namensbereich A.

11.10 a) Definieren Sie in einer eigenen Header-Datei circle.h einen Namensbereich Circle mit

- einer statischen Variablen r vom Typ double für den Radius, die mit 1.0 initialisiert wird, und einer Konstanten pi vom Typ double, die mit 3.1415927 initialisiert wird

- der inline-Funktion setRadius(), die die Variable r aktualisiert

- den inline-Funktionen getCircumference() und getArea(), die den Umfang und die Fläche eines Kreises mit Radius r berechnen.

Verwenden Sie folgende Formeln:

```
circumference = 2 * pi * radius
area = pi * r * r
```

b) Definieren Sie in einer Header-Datei square.h einen Namensbereich Square mit

- einer statischen Variablen s vom Typ double für die Seitenlänge, die mit 1.0 initialisiert wird.

- der inline-Funktion setSide() zur Aktualisierung von s.

- den inline-Funktionen getCircumference() und getArea(), die den Umfang und die Fläche eines Quadrats mit der Seitenlänge s berechnen.

Verwenden Sie folgende Formeln:

```
circumference = 4 * s
area = s * s
```

c) Schreiben Sie eine main-Funktion, die jede Funktion aus den Namensbereichen Circle und Square aufruft. Verwenden Sie keine using-Direktive.

11.11 Ergänzen Sie den Programmausschnitt

```
namespace A
{
    double func( double a) { return ++a; }
```

```
}
namespace B
{
    double x = 1.1;
    namespace C
    {
        double y;
        double func( double c) { return 2*c; }
    }
}
```

durch eine main-Funktion, die eine lokale Variable x vom Typ double definiert und

a) die Funktion func() des Namensbereichs A aufruft, wobei die Variable x des Namensbereichs B als Argument übergeben wird. Der Return-Wert wird der lokalen Variablen x zugewiesen.

b) die Funktion func() des Namensbereichs C aufruft, wobei die lokale Variable x als Argument übergeben wird. Der Return-Wert wird der Variablen x des Namensbereichs B zugewiesen.

c) die Funktion func() des Namenbereichs C aufruft, wobei die Variable x des Namensbereichs B als Argument übergeben wird. Der Return-Wert wird der Variablen y des Namensbereichs C zugewiesen.

Die Return-Werte werden auf dem Bildschirm ausgegeben.

Lösungen zu den Verständnisfragen

11.1   a)

11.2   global

11.3   Richtig

11.4   Block

11.5   b)

11.6   Richtig

11.7   b)

11.8   c)

11.9   Falsch

11.10   c)

11.11   Falsch

11.12   Richtig

11.13   c)

11.14   mySpace::

11.15   9

11.16   std

11.17   c)

11.18   using

11.19   b) und c)

11.20   using namespace mySpace;

Lösungen zu den Aufgaben

11.1

```
1.1    11.1
2.2    22.2
1.1    11.1
```

11.2   a) Bei der Variablen fq handelt es sich um eine globale Variable, d.h. sie steht im gesamten Programm allen Funktionen zur Verfügung. Die Variable b ist eine statische Variable, d.h. sie kann nur innerhalb desselben Moduls verwendet werden. Der Parameter x und die Variable temp sind lokal, d.h. nur innerhalb des Blocks der Funktion hash() verfügbar.

b) Wegen 0 <= temp < 1 und b == 10000 liegt jeder Return-Wert b*temp zwischen 0 und 9999.

11.3
```
extern douhle x;
```

11.4   a)
```
double func1( double);
// oder:  extern double func1( double);
```

b)
```
static double func2( double);
```

c)
```
double func3( double);
// oder:  extern double func3( double);
```

11.5

```cpp
// ------------------------------------------------------
// ex11_05_A.cpp
// Definiert zwei globale Variablen und eine
// main() Funktion.
// ------------------------------------------------------
#include <iostream>
#include <string>
using namespace std;

string name = "Noname";
int    age  = 0;
void display();

int main( )
{
    cout << "Ihr Name: ";
    getline( cin, name);
    cout << "Ihr Alter:  ";
    cin >> age;
    display();
    return 0;
}


// ------------------------------------------------------
// ex11_05_B.cpp
// Definiert die Funktion display().
// ------------------------------------------------------
#include <iostream>
#include <string>
using namespace std;

extern string name;
extern int age;

void display( )
{
    cout << "Hallo " << name << "," << endl;
    cout << "Sie sind " << age << " Jahre alt." << endl;
}
```

11.6 a)

```
double sumUp(double x)
{
    static double sum = 0.0;
    return sum += x;
}
```

b)

```
double average(double x)
{
    static double sum = 0.0;
    static int count = 0;
    sum += x;
    ++count;
    return sum / count;
}
```

11.7

```
// ------------------------------------------------------------
// random.h
// Deklariert die Funktionen randInt() und randDouble().
// ------------------------------------------------------------
namespace myLib
{
    int randInt();
    double randDouble();
}


// ------------------------------------------------------------
// random.cpp
// Definiert die Funktionen randInt() und randDouble().
// --------------------------------------------------------
#include <time.h>

namespace myLib
{
    static long m = 32768;
    static long b = 9757;
    static long c = 6925;


    // ---- Funktion randInt() ----------------------------
    // Liefert eine ganze Zufallszahl zwischen 0 und m-1
    int randInt()
```

```
{
    static int n = (int)(time(0) % m);    // Der Keim
    n = (int)((n * b + c) % m);
    return n;
}


// ---- Funktion randDouble() --------------------------
// Liefert eine gebrochene Zufallszahl im Intervall [0,1)
double randDouble()
{
    return (double)randInt() / m;
}
} // namespace myLib


// ------------------------------------------------------------
// ex11_07.cpp
// Ruft die Funktionen randInt() und randDouble() auf.
// ------------------------------------------------------------
#include <iostream>
#include <iomanip>
using namespace std;

#include "random.h"
using namespace myLib;

int main()
{
    cout << "\n\t\t ******  Zufallszahlen  ******\n\n";
    int i;
    for( i = 1 ; i <= 10 ; ++i)
    {
        cout << setw(15) << randInt();
        if( i%5 == 0)
            cout << endl;
    }
    cout << endl;

    for( i = 1 ; i <= 10 ; ++i)
    {
        cout << setw(15) << randDouble();
        if( i%5 == 0)
            cout << endl;
    }
}
```

```
    cout << endl;
    return 0;
}
```

11.8 **a)** In der ersten Zeile fehlt der Variablenname.

b) Die Anweisung ist fehlerfrei.

c) Das Schlüsselwort register kann nicht für globale Variablen verwendet werden. Die Definition der register-Variablen i muss deshalb innerhalb der Funktion main() erfolgen.

11.9
```cpp
// -------------------------------------------------
// ex11_09.cpp
// Gibt die Werte verschiedener gleichnamiger
// Variablen aus.
// -------------------------------------------------
#include <iostream>
using namespace std;

int n = 5;
namespace A  { int n = 9; }

int main()
{
    int n = 3;

    cout << n << endl;
    cout << ::n << endl;
    cout << A::n << endl;
    return 0;
}
```

11.10 **a)**
```cpp
// ------------------------------------------------------
// circle.h
// Definition des Namensbereichs Circle.
// ------------------------------------------------------
namespace Circle
{
    static double r = 1.0;
    static const double pi = 3.1415927;
```

```
    void    setRadius( double rd){ r = rd;}
    double getCircumference() { return 2*pi*r;}
    double getArea(){ return pi*r*r;}
}
```

b)

```
// ----------------------------------------------------------
// square.h
// Definition des Namensbereichs Square.
// ----------------------------------------------------------
namespace Square
{
    static double s = 1.0;

    void    setSide( double sd){ s = sd;}
    double getCircumference(){ return 4*s;}
    double getArea(){ return s*s;}
}
```

c)

```
// ----------------------------------------------------------
// ex11_10.cpp
// Ruft die Funktionen aus den
// Namensbereichen Circle und Square auf.
// ----------------------------------------------------------
#include
<iostream>
#include <iomanip>
using namespace std;

#include "circle.h"
#include "square.h"

int main()
{
    cout << "\n\t **** Namensbereich Circle"
            " und Square ****\n";

    double radius = 0.0, side = 0.0;
    // --- Circle ---
    cout << "\nGeben Sie den Radius eines Kreises ein: ";
```

```
    if( !(cin  >> radius) || radius <= 0.0)
    {
        cerr << "Ungueltige Eingabe!" << endl;
        return 1;
    }
    Circle::setRadius(radius);
    cout << "\nKreis mit Radius " << radius
         << "\nUmfang:  " << Circle::getCircumference()
         << "\nFlaeche: " << Circle::getArea() << endl;

    // --- Square ---
    cout << "\nSeitenlaenge eines Quadrats: ";
    if( !(cin  >> side) || side <= 0.0)
    {
        cerr << "Ungueltige Eingabe!" << endl;
        return 1;
    }
    Square::setSide(side);
    cout << "\nQuadrat mit Seitenlaenge "<< side
         << "\nUmfang:  " << Square::getCircumference()
         << "\nFlaeche: " << Square::getArea() << endl;
    cout << endl;

    return 0;
}
```

II.II

```
// ------------------------------------------------------------
// ex11_11.cpp
// Verwenden von Namensbereichen.
// ------------------------------------------------------------
namespace

{
    double func( double a) { return ++a; }
}
namespace B
{
    double x = 1.1;
    namespace C
    {
        double y = 0.0;
        double func( double c) { return 2*c; };
```

```
    }
}

#include <iostream>
using namespace std;

int main()
{
    double x = 0.0;
// a)
    x = A::func(B::x);
    cout << "x = " << x << endl;
// b)
    B::x = B::C::func(x);
    cout << "B::x = " << B::x << endl;
// c)
    B::C::y = B::C::func(B::x);
    cout << "B::C::y = " << B::C::y << endl;

    return 0;
}
```

Kapitel 12

Referenzen und Zeiger

Ein wichtiger Anwendungsbereich für Referenzen und Zeiger sind Funktionsaufrufe, bei denen keine Kopie, sondern ein Verweis auf das Argument übergeben wird (»Call by Reference«). Auch der Return-Wert einer Funktion kann eine Referenz oder ein Zeiger sein. Im Einzelnen werden Sie

- Referenzen definieren

  Bei einer Referenz handelt es sich um einen anderen Namen ("Aliasname") für ein Objekt. Alle Operationen mit der Referenz werden mit diesem Objekt durchgeführt. Für einen Typ T ist T& der Typ »Referenz auf T«. Mit einer Referenz vom Typ const T& , einer sog. Read-Only-Referenz, kann das referenzierte Objekt nur gelesen werden. Jede Referenz muss bei der Definition initialisiert werden.

- Referenzen als Parameter einsetzen

  Ein Parameter mit einem Referenztyp ist ein Aliasname für das Argument. Beim Aufruf der Funktion wird der Referenzparameter mit dem übergebenen Objekt initialisiert. Die Funktion arbeitet dann direkt mit diesem Objekt ("Call by Reference"). Soll nur der Lesezugriff möglich sein, wird der entsprechende Parameter als Read-Only-Referenz deklariert.

- Ausdrücke mit Referenztyp verwenden

  Ein Ausdruck kann einen Referenztyp aufweisen, wie etwa der Aufruf einer Funktion, die eine Referenz zurückgibt. So liefern die Ein-/Ausgabe-Operatoren <<, >>, der Operator += und die Zuweisung eine Referenz auf den linken Operanden. Beispielsweise stellt der Ausdruck cout << x wieder den Stream cout dar.

- Zeiger definieren und dereferenzieren

  Ein Zeiger repräsentiert die Adresse und den Typ eines Objekts. Für einen beliebigen Typ T heißt eine Variable p vom Typ T* ein »Zeiger auf T«, d.h. p kann die Adresse eines Objekts vom Typ T speichern. Ist x ein Objekt vom Typ T, so zeigt p nach der Zuweisung p = &x ; auf x und *p ist das Objekt x.

- Zeiger als Parameter verwenden

  Ein »Call by Reference« kann auch mit Zeigern als Parametern realisiert werden. In diesem Fall erhält die Funktion als Argument die Adresse eines Objekts. Innerhalb der Funktion erfolgt dann der Zugriff auf das Objekt mit dem Verweisoperator *.

Verständnisfragen

12.1 Eine Referenz auf ein Objekt ist

a) die Adresse des Objekts.

b) der Typ des Objekts.

c) ein anderer Name für das Objekt.

12.2 Gegeben seien folgende Definitionen:

```
long z;
long& rz = z;
```

Dann wird im Ausdruck

```
++rz;
```

der Wert von z nicht inkrementiert.

☐ Richtig   ☐ Falsch

12.3 Nach der Anweisung

```
const int max = 100;
```

können Sie eine Referenz refmax auf die Variable max wie folgt definieren:

a) `int& refMax = max;`

b) `const int& refMax = max;`

c) `int& refMax const = max;`

12.4 Gegeben sei die folgende Funktion:

```
void triple(int& a){ a *= 3; }
```

Dann wird beim Aufruf

```
triple(2);
```

a) der Kompiler eine Fehlermeldung ausgeben.

b) die Zahl 3 verdoppelt.

c) die Zahl 2 verdreifacht.

12.5 Wenn ein Objekt, das einer Funktion übergeben wird, weder kopiert noch verändert werden soll, können Sie den entsprechenden Parameter als _____ definieren.

12.6 Gegeben sei der folgende Prototyp:

```
int& func(void);
```

Dann wird bei der Anweisung

```
func() = 7;
```

a) der Kompiler eine Fehlermeldung ausgeben.

b) der Funktion ein neuer Return-Wert zugewiesen.

c) dem durch den Funktionsaufruf referenzierten Objekt ein neuer Wert zugewiesen.

12.7 Bei der Funktionsdefinition

```
int& max(int x,int y) { return x > y ? x : y; }
```

wird der Kompiler eine Fehlermeldung ausgeben.

☐ Richtig   ☐ Falsch

12.8 Der Ausdruck

```
cout << 7
```

weist den folgenden Typ auf:

a) Referenz auf `int`

b) Referenz auf `istream`

c) Referenz auf `ostream`

12.9 Gegeben sei die folgende Definition:

```
char ch = 'A';
```

Dann hat der Ausdruck

```
&ch
```

den folgenden Typ:

a) char

b) char*

c) char&

12.10 Ein Zeiger repräsentiert die Adresse und den Typ eines Objekts.

☐ Richtig   ☐ Falsch

12.11 Im Gegensatz zu einer Referenz verfügt eine Zeigervariable über eine eigene Adresse im Hauptspeicher.

☐ Richtig   ☐ Falsch

12.12 Gegeben seien folgende Definitionen:

```
int x = 1, &rx = x;
```

Dann hat der Ausdruck

```
&rx
```

den Typ _____ .

12.13 Im Anschluss an die Deklaration

```
double* ptr;
```

muss der Variablen `ptr`

a) eine Variable vom Typ `double`

b) die Adresse einer Variablen mit einem Gleitpunkttyp

c) die Adresse einer Variablen vom Typ `double`

zugewiesen werden.

12.14 In C++ ist garantiert, dass jede gültige Adresse von _____ verschieden ist.

12.15 Gegeben seien folgende Definitionen:

```
int x = 10, *px = &x;
```

Dann kann mithilfe des Zeigers `px` auf die Variable `x` mit folgendem Ausdruck zugegriffen werden _____ .

12.16 Gegeben seien folgende Definitionen:

```
string s("Yeah!"), *ps = &s;
```

Dann enthält die Variable `ps` den folgenden Wert:

a) `"Yeah!"`

b) die Adresse des Objekts `s`

c) das Objekt `s`

12.17 Der Verweisoperator * kann vom Operator * für die Multiplikation unterschieden werden durch die _____ der Anzahl Operanden.

12.18 Ein Ausdruck, der ein Objekt im Hauptspeicher darstellt, heißt

a) L-Wert.

b) R-Wert.

12.19 Angenommen, die Funktion `reverse()` manipuliert einen String. Sie erwartet als Argument die Adresse eines Objekts vom Typ `string` und liefert keinen Wert zurück. Dann ist der Prototyp der Funktion
_____.

12.20 Nach den Deklarationen

```
void func(double* p1, double* p2);
double x = 1.1, y = 2.2;
```

können Sie die Funktion `func()` wie folgt aufrufen:

a) `func(x, y);`

b) `func(&x, &y);`

c) `func(*x, *y);`

Aufgaben

12.1 Was gibt folgendes Programm auf dem Bildschirm aus?

```
#include <iostream>
using namespace std;
int main()
{
    long n = 100;
    long& ref = n;
    ++ref;
    cout << n << "    " << ref << endl;
    n += 100;
    cout << n << "    " << ref << endl;
    return 0;
}
```

12.2   Bestimmen und korrigieren Sie die Fehler in folgenden Anweisungen:

a)

```
int x = 7;
int& refx;
```

b)

```
double x, &ref = x;
&ref = 7.0;
```

c)

```
const long limit = 1000L;
long &ref = limit;
```

12.3   Schreiben und testen Sie eine Funktion `replaceAll()`, die in einem String jedes Vorkommen eines Teilstrings durch einen anderen String ersetzt. Die drei Strings werden als Argumente übergeben. Die Funktion liefert die Anzahl der ersetzten Teilstrings als Return-Wert zurück.

Beispiel: `replaceAll(s, "the", "a");` ersetzt jedes Vorkommen des Teilstrings `"the"` im String `s` durch `"a"`.

Hinweise:1. Zum Suchen eines Teilstrings verwenden Sie die Methode `find()` der Klasse `string`:

```
unsigned int find( const string& str,
                   unsigned int pos=0);
```

Die Methode sucht im aktuellen String beginnend bei der Position `pos` nach dem Teilstring `str`. Wenn der Teilstring gefunden wurde, liefert sie die Position des ersten Zeichens. Andernfalls liefert die Methode den Wert `string::npos`.

2. Zum Ersetzen verwenden Sie folgende Version der Methode `replace()`:

```
string& replace( unsigned int pos, unsigned int n,
                 const string& str);
```

Die Methode ersetzt den Teilstring der Länge `n` beginnend bei der Position `pos` durch den String `str`.

12.4 Bestimmen und korrigieren Sie den Fehler in der folgenden Definition der Funktion `strtoupper()`:

```
#include <string>
#include <cctype>
using namespace std;

const string& strToUpper( const string& s1)
{
    string s2 = "";

    for( int i = 0; i < s1.length(); ++i)
        s2 += toupper(s1[i]);
    return s2;
}
```

12.5 a) Schreiben Sie eine Funktion `strReverse()`, die einen String invertiert, d.h. das erste Zeichen wird zum letzten, das zweite zum vorletzten usw. Der String wird als Read-Only-Referenz übergeben. Die Funktion liefert eine Read-only-Referenz auf das Ergebnis.

Beispiel: `"POT"` wird in `"TOP"` umgewandelt.

Hinweis: Verwenden Sie die `string`-Methode

```
void reserve( unsigned int n);
```

die den Speicher für `n` Zeichen auf einmal reserviert und so die Laufzeit der Funktion optimiert.

b) Testen Sie die Funktion `strReverse()`, indem Sie einen konstanten String als Argument übergeben. Geben Sie den ursprünglichen String, den invertierten String und seine Länge aus. Führen Sie die `main()`-Funktion in einer separaten Quelldatei an.

12.6 Schreiben und testen Sie eine Funktion `quot_rem()`, die den ganzzahligen Quotienten und den Divisionsrest von zwei Gleitpunktzahlen `x` und `y` mit `y != 0` berechnet.

Für den ganzzahligen Quotienten `q` und den Divisionsrest `r` der beiden Zahlen `x` und `y` gilt die folgende Gleichung:

$x = q * y + r$ für eine ganze Zahl `q` und $|r| < |y|$

Beispiel: Für `x = 5.2` und `y = 1.5` gilt `q = 3` und `r = 0.7`.

Die Funktion erwartet vier Argumente: Die Werte `x` und `y` vom Typ `double` sowie zwei Referenzen vom Typ `double&`, um den ganzzahligen Quotienten und den Divisionsrest zu speichern. Die Funktion liefert `true`, wenn `y` verschieden von `0` ist, andernfalls `false`.

Hinweis: Verwenden Sie die Standardfunktion `fmod(x, y)`, die den Divisionsrest von x/y bestimmt. Die Funktion ist in der Header-Datei `math.h` deklariert.

12.7 Gegeben seien folgende Definitionen:

```
double x = 1.5, *px = &x;
long n = 1000L, *pn = &n;
```

Angenommen, 0x58FF0C ist die Adresse von x und 0x58FF04 ist die Adresse von n im Hauptspeicher. Tragen Sie die Werte der Variablen x, px, n und pn in die Graphik ein:

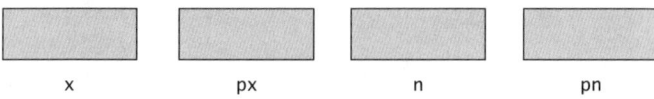

  x   px   n   pn

12.8 Bestimmen und korrigieren Sie die Fehler in den folgenden Anweisungen:

a)

```
int n = 7, *pn;
pn = n;
```

b)

```
double x, *px;
*px = 7.0;
```

c)

```
long limit = 1000L, *p;
*p = &limit;
```

12.9 Gegeben seien folgende Deklarationen.

```
bool func1(double, double&, double&);
bool func2(double, double*, double*);
double x = 9.7, y = 0.0, z = 0.0;
bool res;
```

Formulieren Sie je eine Anweisung, um die Funktion

a) `func1()`

b) `func2()`

mit den Variablen x, y und z als Argumenten aufzurufen. Der Return-Wert soll der Variablen `res` zugewiesen werden.

12.10 **a)** Schreiben Sie eine Funktion secToHMS(), die eine Anzahl Sekunden in die entsprechende Anzahl von Stunden, Minuten und Sekunden umwandelt. Die Funktion besitzt drei Referenz-Parameter, um die berechneten Sekunden, Minuten und Stunden zu speichern. Der erste Parameter wird auch verwendet, um die Anzahl Sekunden an die Funktion zu übergeben. Die Funktion hat keinen Return-Wert.

b) Schreiben Sie eine neue Version der Funktion secToHMS(), die Zeiger anstelle von Referenzen verwendet.

c) Zu Testzwecken schreiben Sie eine Funktion displayHMS(), die die als Argumente übergebenen Sekunden, Minuten und Stunden auf dem Bildschirm ausgibt.

Beispiel: 15654 Sekunden entsprechen 4 Stunden, 20 Minuten und 54 Sekunden.

Lösungen zu den Verständnisfragen

12.1 **c)**

12.2 Falsch

12.3 **b)**

12.4 **a)**

12.5 Read-Only-Referenz

12.6 **c)**

12.7 Richtig

12.8 **c)**

12.9 **b)**

12.10 Richtig

12.11 Richtig

12.12 int*

12.13 **c)**

12.14 0 (oder: NULL)

12.15 *px

12.16 **b)**

12.17 Anzahl

12.18 a)

12.19 void reverse(string*);

12.20 b)

Lösungen zu den Aufgaben

12.1

101	101
201	201

12.2 a) Die Referenz refx muss bei der Definition initialisiert werden.

b) Die Zuweisung &ref = 7.0; ist falsch, da &ref die Adresse von x ist. Richtig wäre: ref = 7.0;

c) Die Variable ref muss als Read-only-Referenz deklariert werden, um auf ein konstantes Objekt verweisen zu können. Richtig wäre also: const long &ref = limit.

12.3
```cpp
// ----------------------------------------------------
// ex12_03.cpp
// Definiert und testet die Funktion replaceAll().
// ----------------------------------------------------
#include <iostream>

#include <string>
using namespace std;
// Prototype:
int replaceAll( string& s, const string& oldStr,
                const string& newStr);

int main()
{
    string text("Julia is so pretty, so pretty!");
    int count = 0;

    cout << "\nAufruf der Funktion replaceAll()." << endl;
    cout << "\nDer urspruengliche String:\n" << text << endl;

    count = replaceAll( text, "pretty", "beautiful");

    cout << "\nDer Ergebnisstring:\n"
         << text << endl;
    cout << count << " Teilstrings wurden ersetzt!\n\n";
```

```
    return 0;
}

// Definiert die Funktion replaceAll()
int replaceAll( string& s, const string& oldStr,
                            const string& newStr)
{
    int oldLen = oldStr.length(),
        newLen = newStr.length(),
        pos    = 0,
        count  = 0;

    while( (pos = s.find( oldStr, pos)) != string::npos)
    {
        s.replace( pos, oldLen, newStr);
        pos += newLen;
        ++count;
    }
    return count;
}
```

12.4   Die Funktion liefert eine Referenz auf einen temporären String. Dieser wird jedoch zerstört, sobald die Programmausführung zur aufrufenden Funktion zurückverzweigt.

Um den Fehler zu korrigieren, ersetzen Sie die Definition von s2 mit den beiden folgenden Anweisungen:

```
static string s2;
s2 = "";
```

12.5   a)

```
// --------------------------------------------------
// strReverse.cpp
// Definiert die Funktion strReverse().
// --------------------------------------------------
#include <string>
using namespace std;

const string& strReverse(const string& s1)
{
    static string s2;
    s2 = "";
```

```
    s2.reserve(s1.length());
    for( int i = s1.length()-1; i >= 0; --i)
        s2 += s1[i];
    return s2;
}
```

b)

```
// -----------------------------------------------------
// ex12_05.cpp
// Testet die Funktion strReverse()
// -----------------------------------------------------
#include <iostream>
#include <string>
using namespace std;

const string& strReverse(const string& s); // Prototyp

int main()
{
    const string str("LAGER");
    cout << "Der String: " << str << endl;

    string rev = strReverse(str);
    cout << "Der String in umgekehrter Reihenfolge: "
        << rev << endl;
    cout << "Und seine Laenge: " << rev.length()
        << endl;
    return 0;
}
```

12.6

```
// -----------------------------------------------------
// ex12_06.cpp
// Die Funktion quot_rem() berechnet den ganzzahligen
// Quotienten und den Divisionsrest von zwei
// Gleitpunktzahlen.
// -----------------------------------------------------
#include <math.h>

bool quot_rem( double x, double y, double& q, double& r)
{
```

```
if( y == 0.0)
    return false;
else
{
    r = fmod(x,y);
    q = (x - r)/y;
    return true;
}
}
```

12.7

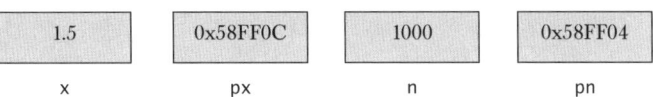

| 1.5 | 0x58FF0C | 1000 | 0x58FF04 |

x   px   n   pn

12.8 a) Der Wert von n kann nicht dem Zeiger pn zugewiesen werden. Richtig wäre: pn = &n;

b) Der Zeiger px adressiert keinen Speicherplatz, an dem der Wert 7.0 gespeichert werden könnte. Richtig wäre: double x, *px = &x;

c) Die Zuweisung *p = &limit; ist nicht korrekt. Damit der Zeiger p auf einen Speicherplatz verweist, verwenden Sie die folgende Anweisung: p = &limit;

12.9 a) res = func1(x, y, z);

b) res = func2(x, &y, &z);

12.10 a)

```
void secToHMS( unsigned int& sec, unsigned int& min,
               unsigned int& hours )
{
    unsigned int m = sec/60;    // Anzahl Minuten
    sec   = sec % 60;
    min   = m % 60;
    hours = m / 60;
}
```

b)

```
void secToHMS(unsigned int* psec, unsigned int* pmin,
              unsigned int* phours )
{
    unsigned int m = *psec/60;   // Anzahl Minuten
```

```
    *psec   = *psec % 60;
    *pmin   = m % 60;
    *phours = m / 60;
}
```

c)

```
void displayHMS(unsigned int s, unsigned int m,
                unsigned int h)

{
    cout << "\n---------------------------"
         << "\nStunden:  " << h
         << "\nMinuten:  "   << m
         << "\nSekunden: "  << s << endl;
}
```

Kapitel 13

Definition von Klassen

Die objektorientierte Analyse einer Problemstellung liefert die Beschreibung von Objekten in Form von Klassen und deren Abhängigkeiten. Eine Klasse ist der »Bauplan«, auf dessen Grundlage Objekte dieses Typs instantiiert, d.h. erzeugt werden. In diesem Kapitel werden Sie

- Klassen definieren

  Bei einer Klasse handelt es sich um einen selbstdefinierten Datentyp, der Datenelemente (= Eigenschaften) und Elementfunktionen (= Fähigkeiten, Methoden) enthält. Eine Klasse X wird wie folgt definiert: `class X { /*` Datenelemente und Elementfunktionen `*/ };`

  Die `private`-Elemente einer Klasse sind von außen nicht zugänglich, während die `public`-Elemente die öffentliche Schnittstelle der Klasse bilden.

- Objekte definieren und verwenden

  Ein Objekt ist eine Variable vom Typ einer Klasse. Die Definition erfolgt wie üblich durch Angabe des Datentyps und des Objektnamens. Beispielsweise definiert X `xObj;` das Objekt `xObj` vom Typ X. Dabei wird für die Datenelemente des Objekts Speicherplatz reserviert und durch einen Konstruktor initialisiert (s. nächstes Kapitel). Eine Elementfunktion (=Methode) wird stets für ein bestimmtes Objekt aufgerufen und arbeitet mit den Datenelementen *dieses* Objekts.

  Für Klassen ist der Zuweisungsoperator = standardmäßig definiert, d.h. ein Objekt kann einem anderen Objekt zugewiesen werden. Auch der Einsatz von Zeigern auf Objekte ist möglich, z.B. als Parameter von Funktionen. Der Pfeiloperator `->` bietet dann eine Möglichkeit auf die `public`-Elemente des Objekts zuzugreifen.

- Strukturen und Unions definieren

  Jede Klasse kann auch mit dem Schlüsselwort `struct` definiert werden. Im Gegensatz zu einer mit `class` definierten Klasse ist die Voreinstellung für den Zugriff auf die Elemente `public`. Durch diese Festlegung bleibt die Kompatibilität mit C gewahrt.

  Eine Union ist eine Klasse, deren Datenelemente denselben Speicherplatz nutzen, d.h. jedes Datenelement besitzt dieselbe Anfangsadresse im Speicher. Der Speicherplatz kann also zu verschiedenen Zeitpunkten unterschiedlich genutzt werden. Syntaktisch unterscheidet sich die Definition einer Union von der einer Klasse nur durch das Schlüsselwort `union`.

Verständnisfragen

13.1 Um den kontrollierten Zugriff auf die Datenelemente einer Klasse sicherzustellen, werden die Datenelemente normalerweise als `private` deklariert und durch _____ gelesen oder geändert.

13.2 Gegeben sei der folgende Ausschnitt aus einer Klassendefinition:

```
class Demo { string name;  /* ... */ };
```

Das Datenelement `name` ist dann als `public` deklariert.

☐ Richtig ☐ Falsch

13.3 Auch wenn die interne Darstellung von privaten Datenelementen einer Klasse geändert wird, kann das Anwendungsprogramm unverändert bleiben, vorausgesetzt die _____ Schnittstelle der Klasse wird nicht modifiziert.

13.4 Elemente von verschiedenen Klassen

a) müssen unterschiedliche Namen haben.

b) können den gleichen Namen haben.

13.5 Bei der Definition einer Methode außerhalb der Klasse wird der Name der Klasse angegeben und vom Namen der Methode durch den Operator ____ getrennt.

13.6 Innerhalb einer Methode können folgende Elemente einer Klasse direkt mit ihrem Namen angesprochen werden:

a) alle Elemente

b) nur die Datenelemente

c) nur die `public`-Elemente

13.7 Speicher für die Datenelemente wird angelegt, wenn

a) die Klasse definiert wird.

b) die Header-Datei mit der Klassendefinition inkludiert wird.

c) ein Objekt vom Typ der Klasse angelegt wird.

13.8 Wenn zwei verschiedene Objekte derselben Klasse angelegt werden, wird der Maschinencode für jede Methode auch zweimal erzeugt.

☐ Richtig ☐ Falsch

13.9   Gegeben sei die folgende Klassendefinition:

```
class Test
{ private:
    int count;
  public:
    void setCount(int n);  // n an count zuweisen.
};
```

Für ein Objekt `myTest` der Klasse `Test` ist folgende Anweisung zulässig:

a) `myTest.count = 7;`

b) `myTest::count = 7;`

c) `myTest.setCount(7);`

13.10   Der linke Operand des Punktoperators muss ein _____ sein.

13.11   Eine als `private` deklarierte Methode kann aufgerufen werden

a) von einer Methode derselben Klasse.

b) von einer Methode einer anderen Klasse.

c) für ein Objekt vom Typ derselben Klasse.

13.12   Für die Zuweisung von Objekten einer Klasse steht standardmäßig der Operator `=` zur Verfügung.

☐ Richtig   ☐ Falsch

13.13   Bei der Zuweisung von Objekten einer Klasse

a) wird die Adresse des Quellobjekts in das Zielobjekt kopiert.

b) werden die Datenelemente des Quellobjekts in die entsprechenden Datenelemente des Zielobjekts kopiert.

c) wird der Speicherbereich des Quellobjekts Byte für Byte in den Speicherbereich des Zielobjekt kopiert.

13.14   Gegeben sei eine Klasse `Test` und ein Zeiger `ptr` auf ein Objekt vom Typ `Test`. In diesem Fall kann das gesamte Objekt mithilfe des Zeigers wie folgt angesprochen werden: _____.

13.15   Der linke Operand des Pfeiloperators muss ein _____ sein.

13.16   Gegeben sei die folgende Definition:

```
struct Time
{ unsigned short hour, minute, second; };
```

Ein Objekt `alarm` vom Typ `Time`, das mit 9:30:00 Uhr initialisiert wird, kann wie folgt definiert werden: _____.

13.17 Die Voreinstellung für den Elementzugriff einer mit `struct` definierten Klasse ist _____.

13.18 Gegeben sei ein Objekt vom Typ einer `union`. Dann hat jedes Datenelement dieses Objekts dieselbe Anfangsadresse im Speicher.

☐ Richtig   ☐ Falsch

13.19 Gegeben sei folgende Union:

```
union { long n;   float x; } val;
val.x = 10.0F;
```

In diesem Fall hat `val.n` auch den Wert 10.

☐ Richtig   ☐ Falsch

13.20 Die Größe eines Objekts vom Typ einer Union entspricht

a) der Größe des kleinsten Datenelements.

b) der Summe der Größen aller Datenelemente.

c) der Größe des größten Datenelements.

Aufgaben

13.1 Nennen Sie einige Eigenschaften und Operationen für folgende Objekte:

Objekt	Eigenschaften	Methoden
Angestellter		
Tageszeit		
Adresse		
Gebrochene Zahl		

13.2 Welche Fehler liegen in folgenden Klassendefinitionen vor?

a)

```
class A
{
    private:
```

```
    long secretKey;
public:
    encode( const string&);
    decode( const string&);
};
```

b)

```
class B
{
    long numerator, denominator;
private:
    void convert(double);
    long gcd( void);
}
```

c)

```
class C
{
private:
    long limit = 1000L;
    double   x = 0.0;
public:
    void save();
};
```

13.3   Definieren Sie eine Klasse PiggyBank zur Verwaltung der Münzen in einem Sparschwein. Die Klasse besitzt folgende Datenelemente:

■ Einen Zähler für vier Arten von Geldstücken (Anzahl 1-Cent, 10-Cent, 50-Cent und 1-Euro Stücke).

■ Die maximale Anzahl Geldstücke, die in das Sparschwein passen.

■ Ein Flag, um anzuzeigen, dass das Sparschwein aufgebrochen wurde.

Die Klasse deklariert folgende Methoden:

init()	initialisiert jedes Datenelement zur Darstellung eines leeren Sparschweins. Die Methode erwartet als Argument die maximale Anzahl von Münzen, die in das Sparschwein passen.
add1Cents()	»wirft« eine übergebene Anzahl von 1-Cent-Münzen in das Sparschwein und liefert den Return-Wert 0, falls alle Münzen in das Sparschwein passen. Wenn das Sparschwein "überläuft", liefert die Methode die Anzahl Münzen, die nicht mehr ins Sparschwein passen, als Return-Wert zurück.

add10Cents()⎫ add50Cents() ⎬ add1Euros() ⎭	analog zur Methode add1Cents() mit dem Unterschied, dass 10-Cent- bzw. 50-Cent- bzw. 1-Euro-Münzen in das Sparschwein »geworfen« werden.
isEmpty()	liefert true, wenn das Sparschwein leer ist, sonst false
isFull()	liefert true, wenn das Sparschwein voll ist, sonst false
isBroken()	liefert true, wenn das Sparschwein aufgebrochen ist, sonst false
breakInto()	bricht das Sparschwein auf und liefert die gefundenen 1-Cent-, 10-Cent-, 50-Cent- und 1-Euro-Stücke mithilfe von Referenz-Parametern zurück. Der Zähler der Geldstücke wird auf 0 zurückgesetzt. Der Return-Wert ist der angesparte Geldbetrag in Cents.

Geben Sie die Definition der Klasse PiggyBank in der Header-Datei piggy-Bank.h an.

13.4 Implementieren Sie die Methoden der Klasse PiggyBank aus Übung 13.3. geben Sie die Definitionen der Methoden in einer separate Quelldatei piggyBank.cpp an.

13.5 Testen Sie die Klasse PiggyBank mit einem Anwendungsprogramm in einer separaten Quelldatei. Legen Sie ein Objekt der Klasse PiggyBank an, das bis zu 500 Münzen speichern kann. »Werfen« Sie verschiedene Münzen in das Sparschwein, bis es voll ist. Brechen Sie dann das Sparschwein auf und zeigen Sie den gesparten Betrag auf dem Bildschirm an.

13.6 Definieren Sie eine Klasse Random zur Darstellung eines Zufallszahlengenerators. Es soll eine Folge von Pseudo-Zufallszahlen a1, a2, a3, ... zwischen zwei Ganzzahlen min und max mithilfe von Standardfunktionsaufrufen erzeugt werden.

Deklarieren Sie die erforderlichen Datenelemente und folgende Methoden:

randomSeed() legt den Keim des Zufallszahlengenerators fest. Die Methode besitzt keinen Parameter und keinen Return-Wert.

init()   initialisiert die Datenelemente min und max mit den Werten, die als Argumente übergeben werden. Die Methode hat keinen Return-Wert.

random()   liefert eine Zufallszahl zwischen min und max. Die Methode hat keinen Parameter.

Deklarieren Sie die Methode randomSeed() als private. Die Methoden init() und random() sind public-Methoden der Random Klasse.

Speichern Sie die Definition der Klasse Random in einer Header-Datei random.h.

13.7 Vervollständigen Sie die Definition der Klasse Random aus Aufgabe 13.6 durch Implementierung der folgenden Methoden:

randomSeed() legt den Keim des Zufallszahlengenerators durch einen Aufruf der Standardfunktionen srand() und time() fest.

init() initialisiert die Datenelemente min und max mit den als Argument übergebenen Werten. Beim ersten Aufruf der Methode init() wird der Keim des Zufallszahlengenerators festgelegt, und zwar durch einen Aufruf der Methode randomSeed().

random() erzeugt eine Folge von Zufallszahlen a1, a2, a3, ... zwischen min und max. Beim ersten Aufruf der Methode random() gibt sie a1 zurück. Bei jedem nachfolgenden Aufruf liefert sie die nächste Zufallszahl.

Die Standardfunktionen rand() und srand() sind in der Header-Datei cstdlib und stdlib.h deklariert. Speichern Sie die Definitionen der Methoden in einer separaten Quelldatei random.cpp.

13.8 Testen Sie den Zufallszahlengenerator durch Simulation eines einfachen Würfelspiels. Jeder Spieler wirft seinen Würfel 5-mal. Die gewürfelten Zahlen werden aufsummiert und der Spieler mit der höchsten Summe gewinnt.

Definieren Sie zu diesem Zweck eine Klasse Player mit einem privaten Datenelement score zur Darstellung des Punktestands und folgende Methoden:

gamble() »wirft« einen Würfel 5-mal, gibt jede gewürfelte Zahl aus und bildet die Summe der Zahlen. Danach wird der Punktestand, d.h. die Summe aller gewürfelten Zahlen ausgegeben. Der Würfel ist ein Objekt der Klasse Random, das Zufallszahlen zwischen 1 und 6 erzeugt. Die Methode hat keinen Parameter und keinen Return-Wert.

getScore() liefert den Punktestand eines Spielers. Die Methode hat keinen Parameter.

Schreiben Sie eine Funktion main(), in der zwei Objekte der Klasse Player angelegt werden. Nachdem die Methode gamble() für beide Spieler aufgerufen wurde, werden die Punktestände verglichen, um den Gewinner zu ermitteln.

Beispielausgabe:

```
1. Spieler: 5, 2, 4, 1, 5,   Punktestand: 17
2. Spieler: 3, 6, 3, 1, 3,   Punktestand: 16
Der 1. Spieler gewinnt.
Fortsetzen (j/n)?
```

13.9   Zur Darstellung eines Punktes im zweidimensionalen kartesischen Koordinatensystem definieren Sie eine Struktur Point mit zwei public-Datenelementen vom Typ double.

Schreiben Sie eine main()-Funktion, die zwei Variablen vom Typ Point definiert, mit unterschiedlichen Werten initialisiert und die Gerade durch beide Punkte ermittelt. Falls die x-Koordinaten der Punkte verschieden sind, sollen die Parameter m und c der Geradengleichung

```
y = m * x + c
```

berechnet und auf dem Bildschirm ausgegeben werden.

Beispielausgabe:

```
Erster Punkt: P1 = (-1.1, 3.5)
Zweiter Punkt: P2 = (2.4, -0.7)
Fuer die Gerade y = m*x + c
durch beide Punkte P1 und P2 gilt:
m = -1.2   und  c = 2.18
```

13.10   Definieren Sie eine Union FloatULong mit zwei Datenelementen vom Typ float und unsigned long.

Schreiben Sie eine main()-Funktion, die ein Objekt vom Typ FloatULong definiert und eine Gleitpunktzahl in die float-Komponente einliest. Um das Bitmuster der Gleitpunktzahl anzuzeigen, wird dann die Komponente vom Typ unsigned long im Hexadezimalformat ausgegeben.

Lösungen zu den Verständnisfragen

13.1   Methoden (oder: Elementfunktionen)

13.2   Falsch

13.3   public (oder: öffentliche)

13.4   b)

13.5   ::

13.6   a)

13.7   c)

13.8   Falsch

13.9   c)

13.10   Objekt

13.11   a)

13.12   Richtig

13.13   b)

13.14   *ptr

13.15   Zeiger

13.16   Time alarm = { 9, 0, 0 };

13.17   public

13.18   Richtig

13.19   Falsch (Die Interpretation des Speicherinhalts ist verschieden.)

13.20   c)

Lösungen zu den Aufgaben

13.1

Objekt	Eigenschaften	Methoden
Angestellter	Personalnummer, Versiche-rungsnummer, Name, Geburtsdatum, Adresse, Gehalt	Name ermitteln, Adresse ändern, Gehalt erhöhen, Über-stunden abgleichen, Gehalt überweisen
Tageszeit	Stunden, Minuten, Sekunden	Aktuelle Zeit ermitteln, Zeit ändern, Zeitdifferenz bestim-men
Adresse	Straße, Stadt, PLZ, Land	Adresse ermitteln, Adresse ändern, Adresse ausdrucken
Numerischer Bruch	Zähler, Nenner	Brüche addieren, subtrahieren, multiplizieren und dividieren, Bruch in eine Gleitpunktzahl umwandeln, Brüche vergleichen

13.2   a) Die Methoden encode() und decode() müssen einen Return-Typ aufweisen.

b) In der Klassendefinition fehlt die öffentliche Schnittstelle. Außerdem
fehlt ein Semikolon hinter der schließenden Klammer }.

c) Die Datenelemente können bei der Definition nicht initialisiert werden.

13.3
```
// -----------------------------------------------------
// piggyBank.h
// Definiert die Klasse PiggyBank.
```

```
// -------------------------------------------------------
#ifndef _PIGGYBANK_
#define _PIGGYBANK_


class PiggyBank
{
  private:
    // Anzahl 1-Cent-, 10-Cent-, 50-Cent- und 1-Euro-Stücke:
    unsigned int nCent1, nCent10, nCent50, nEuro1;
    unsigned int max;        // Maximale Anzahl Münzen
    bool fBroken;            // Flag für aufgebrochenes
                             // Sparschwein
  public:
    void init( unsigned int m);
    bool isEmpty();
    bool isFull();
    bool isBroken();

    unsigned int add1Cents(unsigned int n1C);
    unsigned int add10Cents(unsigned int n10C);
    unsigned int add50Cents(unsigned int n50C);
    unsigned int add1Euros(unsigned int n1E);

    unsigned long breakInto( unsigned int& c1,
                             unsigned int& c10,
                             unsigned int& c50,
                             unsigned int& e1);
};
#endif   //  _PIGGYBANK_
```

13.4
```
// --------     ---------------------------------------
// piggyBank.cpp
// Definiert die Methoden der Klasse PiggyBank.
// -------------------------------------------------------
#include "piggyBank.h"           // Klassendefinition


// Die Methode init() initialisiert jedes Datenelement.
void PiggyBank::init( unsigned int i_max)
{
  max = i_max;           // Maximale Anzahl Münzen
  nCent1 = nCent10 = nCent50 = nEuro1 = 0;
  fBroken = false;
```

```
}


bool PiggyBank::isEmpty()
{
    unsigned int cur = nCent1 + nCent10 + nCent50 + nEuro1;
    return cur == 0;
}


bool PiggyBank::isFull()
{
    unsigned int cur = nCent1 + nCent10 + nCent50 + nEuro1;
    return cur >= max;
}


bool PiggyBank::isBroken() { return fBroken; }

unsigned int PiggyBank::add1Cents(unsigned int n1C)
{
    unsigned int cur = nCent1 + nCent10 + nCent50 + nEuro1;

    if( n1C <= max - cur)         // Falls alle Münzen ins
    {                             // Sparschwein passen:
        nCent1 += n1C;
        return 0;
    }
    else                          // Das Sparschwein nimmt so
    {                             // viele Münzen wie möglich auf:
        nCent1 += (max - cur);
        return n1C - (max - cur);  // Anzahl übrige Münzen.
    }
}


unsigned int PiggyBank::add10Cents(unsigned int n10C)
{
    unsigned int cur = nCent1 + nCent10 + nCent50 + nEuro1;

    if( n10C <= max - cur)        // Falls alle Münzen ins
    {                             // Sparschwein passen:
        nCent10 += n10C;
        return 0;
    }
    else                          // Das Sparschwein nimmt so
```

```
    {                          // viele Münzen wie möglich auf:
        nCent10 += (max - cur);
        return n10C - (max - cur);   // Anzahl übrige Münzen.
    }
}


unsigned int PiggyBank::add50Cents(unsigned int n50C)
{   //  . . . Wie zuvor.
}
unsigned int PiggyBank::add1Euros(unsigned int n1E)
{   //  . . . Wie zuvor.
}


// ------------------------------------------------------------
// Die Methode breakInto() bricht das Sparschwein auf und
// schreibt die Anzahl gefundener Münzen in die Referenz-
// Parameter c1, c10, c50 und e1.
// Der Return-Wert ist der Geldbetrag in Cents.

unsigned long PiggyBank::breakInto( unsigned int& c1,
        unsigned int& c10, unsigned int& c50, unsigned int& e1)
{
    fBroken = true;            // Bricht das Sparschwein auf
                               // und entnimmt alle Münzen:
    c1 = nCent1, c10 = nCent10, c50 = nCent50, e1 = nEuro1;
    nCent1 = nCent10 = nCent50 = nEuro1 = 0;

    unsigned long sum = c1 + c10*10UL + c50*50UL + e1*100UL;
    return sum;
}
```

13.5
```
// -------------------------------------------------
// ex13_05.cpp
// Testet die Klasse PiggyBank.
// -------------------------------------------------
#include "piggyBank.h"
#include <iostream>
using namespace std;

void showCoins(unsigned int c1,  unsigned int c10,
               unsigned int c50, unsigned int e1)
{
```

```
    if( c1  > 0)  cout << c1  << " 1-Cent-Stuecke"  << endl;
    if( c10  > 0) cout << c10 << " 10-Cent-Stuecke" << endl;
    if( c50 > 0) cout << c50 << " 50-Cent-Stuecke" << endl;
    if( e1 > 0)   cout << e1  << " 1-Euro-Stuecke"  << endl;
}


int main()
{
    unsigned int c1=0, c10=0, c50=0, e1=0;
    PiggyBank myPiggy;
    myPiggy.init(500);

    if(myPiggy.isEmpty())
       cout << "Das Sparschwein ist leer!" << endl;

    while( !myPiggy.isFull())
    {
      cout << "\nErsparnisse machen gluecklich!" << endl;
      cout << "Werfen Sie einige 1-Cent-Stuecke ein: ";
      if( !(cin >> c1) || myPiggy.add1Cents(c1) != 0) break;

      cout << "Werfen Sie einige 10-Cent-Stuecke ein: ";
      if( !(cin >> c10) || myPiggy.add10Cents(c10) != 0)
          break;

      cout << "Werfen Sie einige 50-Cent-Stuecke ein: ";
      if( !(cin >> c50) || myPiggy.add50Cents(c50) != 0)
          break;

      cout << "Werfen Sie einige Euros ein: ";
      if( !(cin >> e1) || myPiggy.add1Euros(e1) != 0)
          break;
      cout << "Vielen Dank!" << endl;
    }


    if( myPiggy.isFull())
       cout << "\nDas Sparschwein ist voll!" << endl;

    cout << "Das Sparschwein wird geschlachtet!" << endl;
    unsigned long cents = myPiggy.breakInto(c1, c10, c50, e1);

    cout << "Im Sparschwein waren: "
```

```
              << endl;
     showCoins( c1, c10, c50, e1);

     cout << "Das sind " << cents/100 << " Euros und "
          << cents%100 << " Cents."
          << "\n\nGratuliere!" << endl;
     return 0;
}
```

13.6

```
// ----------------------------------------------------------
// random.h
// Definiert die Klasse Random.
// ----------------------------------------------------------
#ifndef _RANDOM_
#define _RANDOM_

class Random
{
  private:
     int min, max;
     void randomSeed();

  public:
     void init( int i_min, int i_max);
     int random();
};
#endif   // _RANDOM_
```

13.7

```
// ----------------------------------------------------------
// random.cpp
// Definiert die Methoden der Klasse Random.
// ----------------------------------------------------------
#include "random.h"
#include <ctime>
#include <cstdlib >
using namespace std;

// Die Methode init() weist den Datenelementen min
// und max die übergebenen Anfangswerte zu und ruft
// die Funktion randomSeed() auf.
void Random::init(int i_min, int i_max)
{
```

```
    min  = i_min;
    max  = i_max;

    static bool bFirst = true;
    if( bFirst)
    {
        randomSeed();
        bFirst = false;
    }
}


// Die Methode randomSeed() legt den Keim des Zufalls-
// zahlengenerators mithilfe der aktuellen Zeit fest.
void Random::randomSeed()
{
    unsigned int seed = (unsigned int)time(NULL);
    srand(seed);
}


// Die Methode random() liefert die nächste Zufallszahl.
int Random::random()
{
    return min + rand()%(max+1 - min);
}
```

13.8
```
// ---------------------------------------------------------
// ex13_08.cpp
// Testet die Klasse Random durch
// Simulation eines einfachen Würfelspiels.
// ---------------------------------------------------------
#include "random.h"
#include <iostream>
using namespace std;

class Player
{
  private:
    int score;
  public:
    void gamble();
    int  getScore();
};
```

```cpp
int Player::getScore() { return score; }

void Player::gamble()
{
    Random dice;
    dice.init(1,6);

    int i, rn;              // Index, Zufallszahl
    score= 0;
    for( i=0; i<5; ++i)
    {
        rn = dice.random();
        cout << rn << ", ";
        score += rn;
    }
    cout << "    Summe: " << score << endl;
}

int main()
{
    Player player1, player2;
    char yn;
    do
    {
        cout << "\n1. Spieler: ";  player1.gamble();
        cout << "\n2. Spieler: ";  player2.gamble();

        if( player1.getScore () > player2.getScore ())
            cout << "\nDer 1. Spieler gewinnt." << endl;
        else if( player1.getScore() < player2.getScore())
            cout << "\nDer 2. Spieler gewinnt," << endl;
        else
            cout << "\nUnentschieden!" << endl;

        cout << "\nFortsetzen (j/n)?" << endl;
        cin >> yn;
    } while(yn == 'j' || yn == 'J');

    return 0;
}
```

13.9
```cpp
// ------------------------------------------------------------
// ex13_09.cpp
// Definiert und testet die Struktur Point.
// ------------------------------------------------------------
#include <iostream>
using namespace std;

struct Point { double x, y; };
void printPoint( Point &p)
{
    cout << '(' << p.x << ", " << p.y << ')';
}

int main()
{
    Point p1 = { 2.4,   3.5},
          p2 = { 2.4, -0.7};

    double m = 0.0, c = 0.0,
           dx = p2.x - p1.x, dy = p2.y - p1.y;

    cout << "\nErster Punkt:  P1 = ";  printPoint(p1);
    cout << "\nZweiter Punkt: P2 = ";  printPoint(p2);
    cout << endl;

    if( dx == 0)
       cout << "\nDie Gerade durch beide Punkte"
               " P1 und P2 ist eine senkrechte Linie."
            << endl;
    else
    {
       double m = dy/dx,
              c = p1.y - m * p1.x;

       cout << "\nFuer die Gerade y = m*x + c \n"
               "durch beide Punkte P1 und P2 gilt:\n"
            << "m = " << m << "  und c = " << c << endl;
    }
    return 0;
}
```

13.10

```cpp
// -------------------------------------------------------
// ex13_10.cpp
// Definiert und verwendet die Union FloatULong.
// -------------------------------------------------------
#include <iostream>
using namespace std;

union FloatULong { float f;  unsigned long ul; };

int main()
{
    cout << "*** Bitmuster von Gleitpunktzahlen ***"
        << endl;

    FloatULong number;

    cout << "\nGeben Sie einige Gleitpunktzahlen ein "
        "(Abbruch mit einem Buchstaben): ";

    cout << uppercase << hex;
    while( cin >> number.f)
    {
        cout << "\nDas Bitmuster von " << number.f
            << " ist " << number.ul << endl;
    }
    return 0;
}
```

Kapitel 14

Methoden

In diesem Kapitel vertiefen Sie Ihre Kenntnisse über Methoden, z.B. welche Standardmethoden zur Verfügung stehen oder wann eine Methode als »read-only« definiert werden sollte. Im Einzelnen werden Sie

- Konstruktoren und Destruktoren selbst definieren

  Bei der Erzeugung eines Objekts wird automatisch ein Konstruktor aufgerufen, d.h. eine Methode der Klasse, die Initialisierungen vornimmt. Der Name eines Konstruktors entspricht dem Namen der Klasse. Er hat keinen Ergebnistyp. Konstruktoren werden häufig überladen, um Objekte der Klasse verschiedenartig initialisieren zu können. Beim Zerstören eines Objekts wird der Destruktor der Klasse aufgerufen, d.h. eine Methode, die Bereinigungsarbeiten durchführt. Der Name des Destruktors beginnt mit dem Zeichen ~ gefolgt vom Namen der Klasse.

- Standardmethoden und inline-Methoden einsetzen

  Für jede Klasse sind standardmäßig ein Default-Konstruktor (falls sonst kein Konstruktor definiert ist), ein Destruktor, ein Kopier-Konstruktor und die Zuweisung vorhanden. Sie können durch eine eigene Definition ersetzt werden.

  »Kleinere« Methoden können auch `inline` definiert werden. Ein typisches Beispiel sind Zugriffsmethoden, die einzelne private Datenelemente nur lesen oder überschreiben. Eine Methode ist implizit `inline`, wenn sie direkt innerhalb der Klasse definiert wird.

- den `this`-Zeiger nutzen und Methoden für konstante Objekte aufrufen

  Innerhalb einer Methode zeigt der `this`-Zeiger auf das aktuelle Objekt, d.h. auf das Objekt, für das die Methode aufgerufen wurde. Dadurch ist es möglich, das aktuelle Objekt mit `*this` auch als Ganzes anzusprechen. Eine Methode, die nur lesend auf das aktuelle Objekt zugreift, sollte stets als `const`, d.h. als Read-Only-Methode deklariert werden. Nur so lässt sich die Methode auch für konstante Objekte aufrufen.

- Objekte als Argumente und Return-Wert von Funktionen einsetzen

  Objekte können an Funktionen durch einen »Call by Value« oder einen »Call by Reference« übergeben werden. Greift eine Funktion nur lesend auf das übergebene Objekt zu, sollte der entsprechende Parameter als Read-Only-Referenz deklariert werden, um den Kopiervorgang wie beim »Call by Value« zu vermeiden. Auch wenn eine Funktion ein Objekt als Return-Wert liefert, ist zu entscheiden, ob die Rückgabe per Kopie oder nicht besser per Referenz oder Zeiger erfolgt.

Verständnisfragen

14.1 Der Name eines Konstruktors ist identisch mit dem Namen
_____.

14.2 Der Return-Typ eines Konstruktors

a) existiert nicht.

b) ist mit dem Typ der Klasse identisch.

c) ist void.

14.3 Konstruktoren aus derselben Klasse müssen unterscheidbar sein durch ihre
_____ .

14.4 Wenn bei der Definition eines Objekts der Kompiler den Konstruktor mit der passenden Signatur nicht finden kann, wird

a) ein Objekt angelegt und mit Default-Werten initialisiert.

b) ein Objekt angelegt und nicht initialisiert.

c) kein Objekt angelegt und eine Fehlermeldung ausgegeben.

14.5 Ein Konstruktor ohne Parameter heißt auch _____-Konstruktor.

14.6 Falls eine Klasse nur einen Konstruktor mit einem Parameter besitzt,

a) legt der Kompiler die Minimalversion eines Default-Konstruktors an.

b) muss ein Default-Konstruktor, falls benötigt, selbst definiert werden.

14.7 Das Abbauen eines Objekts übernimmt eine bestimmte Methode, der sog.
_____ .

14.8 Gegeben sei eine Klasse Test. Die Deklaration des Destruktors dieser Klasse lautet dann _____.

14.9 Um beim Aufruf einer Methode den für den Hin- und Rücksprung notwendigen Overhead zu vermeiden, kann eine Methode als _____ definiert werden.

14.10 Damit eine Methode für ein konstantes Objekt aufrufbar ist, muss die Methode als _____ deklariert werden.

14.11 Innerhalb einer Klasse ist folgende Deklaration einer Read-Only-Methode gültig:

a) const int getCount();

b) int const getCount();

c) int getCount() const;

14.12 Angenommen, eine Klasse enthält eine konstante und eine nicht-konstante Version einer Methode. Dann ruft der Kompiler die `const`-Version automatisch für konstante Objekte auf.

☐ Richtig ☐ Falsch

14.13 Die vier vordefinierten Standardmethoden einer Klasse sind der Default-Konstruktor, der Kopier-Konstruktor, der Destruktor und die _____.

14.14 Angenommen ein Objekt wird mit einem anderen Objekt deselben Typs initialisiert. Dann wird folgende Methode bzw. folgender Operator aufgerufen:

a) Zuweisungsoperator

b) Default-Konstruktor

c) Kopier-Konstruktor

14.15 Beim Aufruf einer Methode wird ein »verstecktes« Argument mit der Adresse des aktuellen Objekts übergeben. Dabei handelt es sich um den _____-Zeiger.

14.16 Wenn sich die Anweisung

```
return *this;
```

innerhalb einer Methode befindet,

a) wird das aktuelle Objekt zurückgegeben.

b) wird die Adresse des aktuellen Objekts zurückgegeben.

c) wird das erste Datenelement des aktuellen Objekts zurückgegeben.

14.17 Angenommen, die Klasse `Measure` enthält folgende die `public`-Methode:

```
bool isGreater(Measure m) const;
```

Beim Aufruf der Methode `isGreater()`

a) verweist der Parameter `m` auf das übergebene Argument.

b) erzeugt der Default-Konstruktor der Klasse `Measure` das Objekt `m`, dem dann das Argument zugewiesen wird.

c) erzeugt der Kopier-Konstruktor das Objekt `m` und initialisiert es mit dem übergebenen Argument.

14.18 Bei einem Funktionsaufruf kann der durch das Erzeugen und Zerstören von Objekten bedingte Overhead vermieden werden, wenn Argumente per _____ übergeben werden.

14.19   Angenommen, eine Klasse Test besitzt folgende public-Methode:

```
void swap( Test& res);
```

Die Methode swap() kann dann nur auf die privaten Elemente des aktuellen Objekts, nicht auf die des Argumentes zugreifen.

☐ Richtig   ☐ Falsch

14.20   Wenn eine Funktion eine Referenz oder einen Zeiger auf ein Objekt, das innerhalb der Methode definiert wurde, zurückgibt, muss das Objekt als _____ deklariert werden.

Aufgaben

14.1   Was ist bei folgenden Klassendefinitionen falsch?

a)

```
class Encode
{
    private:
      long secretKey;
    public:
      long Encode( long key);
      . . .
};
```

b)

```
class Gift
{
    string gift;
  public:
    . . .
    ~Gift();
    ~Gift(string&);
}
```

14.2   Bestimmen und korrigieren Sie mögliche Fehler in den Definitionen folgender Zugriffsmethoden:

a)

```
class Numeric
{
```

```
private:
  long x;
public:

  . . .

  void set(long n) const { x = n; }
  long get() { return x;} const
};
```

b)

```
class Pair
{
  private:
    double x;   double y;
  public:

    . . .

    void getPair(double& x, double& y){ x = x; y = y;}
};
```

14.3 Definieren Sie eine Klasse MobilePhone zur Darstellung eines Handys, das durch einen Gerätenamen (z.B. »Nokia 6510«, »Motorola v70«, »Siemens C55 GPRS« o.ä.), den Namen des Besitzers und die Telefonnummer charakterisiert ist. Deklarieren Sie zu diesem Zweck drei Datenelemente vom Typ string. Definieren Sie außerdem folgende inline-Methoden:

- einen Konstruktor, der jedes Datenelement initialisiert. Für den Besitzer und die Telephonnummer sollen Default-Werte verwendet werden.
- Zugriffsmethoden für jedes Datenelement.
- eine Methode display() zur Ausgabe jedes Datenelements.

Die Methoden, die nur lesend auf das Objekt zugreifen, sollen als read-only deklariert werden.

14.4 Schreiben und testen Sie eine globale Funktion exchangeMobilePhones(), der zwei Argumente vom Typ MobilePhone übergeben werden. Die Funktion vertauscht die Namen der Besitzer und die Telefonnummern beider Handys.

14.5 **a)** Zur Klasse Random aus Aufgabe 13.6 soll die Definition von Konstruktoren hinzugefügt werden. Deklarieren Sie zu diesem Zweck die Methode init() als private. Verwenden Sie dann die Methode init() bei der Definition

- eines Default-Konstruktors, um Pseudo-Zufallszahlen zwischen 0 und RAND_MAX zu erzeugen. Die symbolische Konstante RAND_MAX ist in der Header-Datei cstdlib durch einen Wert definiert, der mindestens $32767 = 2^{15} - 1$ beträgt.

- eines Konstruktors, der eine positive ganze Zahl m als Argument erwartet. Bei nachfolgenden Aufrufen der Methode random() werden Zufallszahlen zwischen -m und m erzeugt.

- eines Konstruktors, der zwei ganze Zahlen m und n als Argumente erhält. Bei nachfolgenden Aufrufen der Methode random() werden Zufallszahlen zwischen m und n erzeugt.

b) Definieren Sie drei Objekte der Klasse Random. Dabei soll jeder der in Teil a) definierten Konstruktoren aufgerufen werden.

14.6 a) Ersetzen Sie die Methode init() der Klasse PiggyBank aus den Aufgaben 13.3 und 13.4 durch einen Konstruktor, der dieselbe Aufgabe erfüllt.

b) Definieren Sie ein Objekt der Klasse PiggyBank, das bis zu 1000 Münzen aufnehmen kann.

14.7 Vervollständigen Sie die Definition der Klasse PiggyBank durch

- die Methode addCoins() mit vier Referenz-Parametern für Münzen, die in das Sparschwein »geworfen« werden. Passt jede Münze in das Sparschwein, liefert die Method true als Return-Wert. Wenn das Sparschwein überläuft, werden die Münzen, die nicht mehr ins Sparschwein passen, über die Referenz-Parameter zurückgegeben. In diesem Fall liefert die Methode false.

- Überladen der Methode addCoins() mit einer Version, die ein anderes Sparschwein aufbricht und die gefundenen Münzen in das aktuelle Sparschwein wirft. Die Methode besitzt einen Zeiger auf ein Sparschwein als Parameter.

Stellen Sie sicher, dass das zu knackende Sparschwein vom aktuellen Sparschwein verschieden ist. Falls das aktuelle Sparschwein beim Einwerfen der Münzen voll wird, bleiben die restlichen Münzen im geknackten Sparschwein.

Schreiben Sie eine main-Funktion zum Testen der zusätzlichen Methoden.

14.8 Fügen Sie die Methode isLighterThan() zur Klasse PiggyBank hinzu. Die Methode vergleicht das Gewicht des aktuellen Sparschweins mit dem Gewicht eines anderen Sparschweins. Die Methode erhält als Argument eine konstante Referenz auf ein Objekt der Klasse PiggyBank. Sie liefert true, wenn das aktuelle Sparschwein leichter als das übergebene Objekt ist, andernfalls false.

Gehen Sie davon aus, dass zwei leere Sparschweine dasselbe Gewicht haben. Das Gewicht der Münzen ergibt sich aus folgender Tabelle:

Geldstück	1 Cent	10 Cent	50 Cent	1 Euro
Gewicht in Gramm	2	4	7	7

14.9 Jede Farbe kann aus drei Grundfarben gemischt werden, z.b. aus rot, grün und blau. Diese Situation kann mithilfe des sogenannten RGB-Einheitswürfels (R = rot, G = grün, B = blau) graphisch dargestellt werden#Fehlt hier eine Abbildung?:

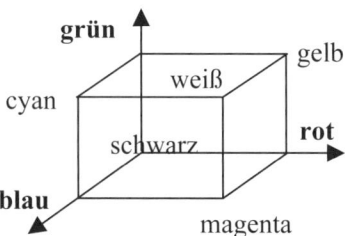

Beispielsweise ist Gelb ein Mix aus gleichen Rot- und Grünanteilen, wohingegen es sich bei cyan (= türkis) um einen Mix aus gleichen Grün- und Blauanteilen handelt. Auf der Geraden durch die beiden Ecken, die schwarz und weiß darstellen, liegen alle Graustufen beginnend bei schwarz, dunkelgrau bis hellgrau und weiß.

In einem Programm kann eine Farbe mithilfe von Koordinaten (r, g, b) dargestellt werden, wobei

$$0 <= r, g, b <= 255.$$

Beispielsweise sind die Koordinaten von gelb (255, 255, 0), die von cyan (0, 255, 255), die von schwarz (0, 0, 0) und die von weiß (255, 255, 255).

Definieren Sie eine Klasse `RGB_Color` zur Darstellung einer Farbe. Folgende Methoden sind `inline` zu definieren:

- ein Default-Konstruktor, der ein Objekt vom Typ `RGB_Color` mit schwarz initialisiert.

- ein Konstruktor mit drei Parametern für den Rot-, Grün- und Blauanteil einer Farbe.

- die Methode `setColor()` mit drei Parametern für den Rot-, Grün- und Blauanteil einer Farbe.

- die Read-Only-Methoden `getR()`, `getG()` und `getB()`, die den Rot-, Grün- bzw. Blauanteil einer Farbe zurückliefern.

Speichern Sie die Definition der Klasse `RGB_Color` in einer Header-Datei `color.h`.

14.10 Vervollständigen Sie die Definition der Klasse `RGB_Color` aus der Aufgabe 14.9 durch die `public`-Methoden

- display() zur Ausgabe der Rot-, Grün- und Blauanteile einer Farbe im Format (r, g, b) mit 0 <= r, g, b <= 255. Die Methode hat keinen Parameter und keinen Return-Wert.

- chooseColor(), die den Benutzer auffordert, den Rot-, Grün- und Blauanteil einer Farbe einzugeben. Die Methode gibt true zurück, falls die Eingabe gültig ist, andernfalls false.

Implementieren Sie die Methoden in einer separaten Quelldatei color.cpp.

Schreiben Sie eine main() Funktion zum Testen der Klasse RGB_Color. Definieren Sie zu dem Zweck drei Objekte, die die Farben cyan (r = 0, g = 255, b = 255), gelb (r = 255, g = 255, b = 0) und magenta (r = 255, g = 0, b = 255) darstellen. Geben Sie den Rot-, Grün- und Blauanteil der Farben aus.

Definieren Sie ein zusätzliches Objekt, um eine vom Benutzer ausgewählte Farbe darzustellen. Geben Sie auch den RGB-Anteile dieser Farbe aus.

Geben Sie die Definition der main()-Funktion in einer separaten Quelldatei an.

Lösungen zu den Verständnisfragen

14.1   der Klasse

14.2   a)

14.3   Signatur (oder: Parameterliste)

14.4   c)

14.5   Default

14.6   b)

14.7   Destruktor

14.8   ~Test();

14.9   inline

14.10 const (oder: read-only)

14.11 c)

14.12 Richtig

14.13 Zuweisung

14.14 c)

14.15 this

14.16   a)

14.17   c)

14.18   Referenz

14.19   Falsch

14.20   static

Lösungen zu den Aufgaben

14.1   **a)** Ein Konstruktor hat keinen Return-Wert.

b) Der Destruktor einer Klasse hat keine Parameter und kann deshalb nicht überladen werden.

14.2   **a)** Die set()-Methode verändert das Objekt und kann daher nicht als »read only« deklariert werde. Richtig wäre: `void set(long n) { x = n; }`

In der get()-Methode ist das Schlüsselwort const falsch platziert. Richtig wäre: `long get() const { return x;}`

b) Die Parameter x und y »verbergen« die Datenelemente x und y der Klasse. Um auf die Datenelemente zuzugreifen, kann die Methode get-Pair() den this Zeiger verwenden (z.B. this->x = x;). Eine andere Möglichkeit besteht darin, die Parameternamen der Methode zu ändern.

14.3
```
// -----------------------------------------------------
// mobilePhone.h
// Definiert die Klasse MobilePhone.
// -----------------------------------------------------
#include <string>
#include <iostream>
using namespace std;

class MobilePhone
{
  private:
    string device, owner, number;

  public:
    MobilePhone( const string& dev,
                 const string& own = "Nobody",
                 const string& num = "0")
    {
        device = dev;   owner = own;   number = num;
```

```
        }

        const string& getDevice() const { return device; }
        const string& getOwner()  const { return owner;  }
        const string& getNumber() const { return number; }

        bool setDevice(const string& dev)
        {
            if( dev != "") { device = dev;  return true; }
            else  return false;
        }
        bool setOwner(const string& own)
        {
            if( own != "") { owner = own;  return true; }
            else  return false;
        }
        bool setNumber(const string& num)
        {
            if( num != "") { number = num;  return true; }
            else  return false;
        }

        void display() const
        {
            cout << "----------------------------------------"
                 << "\nHandy:    " << device
                 << "\nBesitzer: " << owner
                 << "\nTel.-Nr.: " << number << endl;
        }
};
```

14.4
```
// ----------------------------------------------------------
// ex14_04.cpp
// Definiert und testet die Funktion exchangeMobilePhones().
// ----------------------------------------------------------
#include "mobilePhone.h"
#include <iostream>
using namespace std;

void exchangeMobilePhones(MobilePhone& m1, MobilePhone& m2);

int main()
```

```
{
    MobilePhone mobile1("Nokia 6510"),
               mobile2("Motorola v70", "Bonny"),
               mobile3("Siemens C55 GPRS", "Clyde",
                        "123-456789");

    mobile1.display();
    mobile2.display();
    mobile3.display();

    mobile1.setOwner("Mary");
    cout << "\nDer Besitzer des Handys "
         << mobile1.getDevice() << " ist "
         << mobile1.getOwner() << endl;

    cout << "\nJetzt werden zwei Handys ausgetauscht!"
         << endl;
    exchangeMobilePhones( mobile2, mobile3);
    mobile2.display();
    mobile3.display();
    return 0;
}

void exchangeMobilePhones(MobilePhone& m1, MobilePhone& m2)
{
    string own1 = m1.getOwner(),
           num1 = m1.getNumber();

    m1.setOwner( m2.getOwner());
    m1.setNumber( m2.getNumber());
    m2.setOwner( own1);
    m2.setNumber( num1);
}
```

14.5   a)

```
// ------------------------------------------------------
// random.h
// Definiert die Klasse Random.
// ------------------------------------------------------
#ifndef _RANDOM_
#define _RANDOM_
#include <cstdlib>
```

```
using namespace std;

class Random
{
  private:
    int min, max;
    void randomSeed();
    void init(int i_min, int i_max);
  public:
    Random()              { init(0, RAND_MAX);  }
    Random(int m)  { init(-m, +m);  }
    Random(int min, int max)  { init( min, max);  }
    int random();
};
#endif    // _RANDOM_

// -------------------------------------------------------
// random.cpp (unverändert wie zuvor)
// -------------------------------------------------------
```

b)

```
Random luckynumber;        // Aufruf des Default-Konstruktors
Random balance(1000);      // Aufruf des Konstruktors mit
Random lottery(1, 49);     // einem und zwei Parametern
```

14.6   a)

```
// -------------------------------------------------------
// piggyBank.h
// Definiert die Klasse PiggyBank, wobei die
// Methode init() durch einen Konstruktor ersetzt wird.
// -------------------------------------------------------
class PiggyBank
{
    // . . .
  public:
    PiggyBank( unsigned int c_max);
    // . . .
};

// -------------------------------------------------------
```

```
// piggyBank.cpp
// Definiert den Konstruktor der Klasse PiggyBank.
// ------------------------------------------------------
#include "piggyBank.h"
PiggyBank::PiggyBank( unsigned int c_max) // Konstruktor
{
    max = c_max;                  // Maximale Anzahl Münzen
    nCent1 = nCent10 = nCent50 = nEuro1 = 0;
    fBroken = false;
}
// Die anderen Methoden bleiben unverändert.
```

b)

```
PiggyBank myPiggy(1000);
```

14.7
```
// ------------------------------------------------------
// piggyBank.h
// Definiert die Klasse PiggyBank
// mit der zusätzlichen Methode addCoins()
// ------------------------------------------------------

class PiggyBank
{
    . . . // Datenelemente wie zuvor.
  public:
    . . . // Methoden wie zuvor. Außerdem:
    bool addCoins(unsigned int& c1,  unsigned int& c10,
                  unsigned int& c50, unsigned int& e1);
    bool addCoins(PiggyBank *ptrPB);
};


// ------------------------------------------------------
// piggyBank.cpp
// Definiert die Methoden der Klasse PiggyBank wie zuvor.
// Außerdem wird die Methode addCoins() definiert, die
// eine vorgegebene Anzahl Münzen in ein Sparschwein wirft.
// Münzen, die nicht ins Sparschwein passen, werden über
// die Referenzparameter zurückgegeben.
// ------------------------------------------------------
```

```cpp
//    . . . // Wie zuvor. Außerdem:

bool PiggyBank::addCoins(unsigned int& c1, unsigned int& c10,
                         unsigned int& c50,unsigned int& e1)
{
    // Wirft 1-Euro-Münzen zuerst ein,
    // dann 50-Cent-Münzen usw. :
    if( (e1  = add1Euros(e1)) > 0)      return false;
    if( (c50 = add50Cents(c50)) > 0)    return false;
    if( (c10 = add10Cents(c10)) > 0)    return false;
    if( (c1  = add1Cents(c1)) > 0)      return false;
    return true;
}


// Diese Methode bricht ein anderes Sparschwein auf und wirft
// die gefundenen Münzen in das aktuelle Sparschwein.
bool PiggyBank::addCoins(PiggyBank *ptrPB)
{
    if( ptrPB == this || this->isFull() )
       return false;

    unsigned int c1=0, c10=0, c50=0, e1=0;

    // Knackt das Sparschwein *ptrPB:
    ptrPB->breakInto( c1, c10, c50, e1);

    // Und wirft die Münzen in das aktuelle Sparschwein:
    if( this->addCoins( c1, c10, c50, e1))
        return true;
    else
    {  // Falls das Sparschwein völl ist, bleiben
       // überzählige Münzen in *ptrPB:
       ptrPB->addCoins( c1, c10, c50, e1);
       return false;
    }
}
```

14.8

```cpp
// -----------------------------------------------------
// piggyBank.h
// Definiert die Klasse PiggyBank mit
// der Methode isLighterThan().
// -----------------------------------------------------
```

```
class PiggyBank
{
    . . .  // Datenelemente und Methoden wie zuvor.
           // Außerdem:
    bool isLighterThan( const PiggyBank& pb2)
};


// --------------------------------------------------------
// piggyBank.cpp
// Definiert die Methoden der Klasse PiggyBank wie zuvor.
// Außerdem die Methode isLighterThan():
// --------------------------------------------------------
bool PiggyBank::isLighterThan( const PiggyBank& pb2)
{
    int weight1 = 2*nCent1   + 4*nCent10 +
                     7*nCent50 + 7*nEuro1,
        weight2 = 2*pb2.nCent1  + 4*pb2.nCent10 +
                     7*pb2.nCent50 + 7*pb2.nEuro1;


    return  weight1 < weight2;
}
```

14.9
```
// --------------------------------------------------------
// color.h
// Definiert die Klasse RGB_Color.
// --------------------------------------------------------
#ifndef _RGB_COLOR_
#define _RGB_COLOR_

class RGB_Color
{
  private:
    unsigned char red, green, blue;

  public:
    RGB_Color() { red = 0;   green = 0;   blue = 0; }
    RGB_Color(int r, int g, int b)  { setColor( r, g, b); }

    void setColor(int r, int g, int b)
    {  setR(r);   setG(g);   setB(b);  }

    void setR(int r) {  red   = (unsigned char)r; }
```

```
    void setG(int g) {  green = (unsigned char)g; }
    void setB(int b) {  blue  = (unsigned char)b; }


    int  getR() const {  return red;   }
    int  getG() const {  return green; }
    int  getB() const {  return blue;  }
};
#endif    // _RGB_COLOR_
```

14.10
```
// -------------------------------------------------------
// color.h
// Definiert die Klasse RGB_Color wie zuvor.
// Außerdem werden die public-Methoden
// display() und chooseColor() deklariert.
// -------------------------------------------------------
class RGB_Color
{
    // Datenelemente und Methoden wie zuvor.
    void display() const;
    bool chooseColor();
};


// -------------------------------------------------------
// color.cpp
// Definiert die Methoden chooseColor() und display().
// -------------------------------------------------------
#include "color.h"
#include <iostream>
#include <iomanip>
using namespace std;

bool RGB_Color::chooseColor()
{
    int r=0, g=0, b=0;
    cout << "Geben Sie Rot-, Gruen- und Blauanteil "
            "einer Farbe ein:"
         << endl;
    cout << " rot   (0, ... , 255): ";
    if( !(cin >> r)  ||  r < 0  ||  r > 255)  return false;

    cout << " gruen (0, ... , 255): ";
    if( !(cin >> g)  ||  g < 0  ||  g > 255)  return false;
```

```
    cout << "  blau  (0, ... , 255): ";
    if( !(cin >> b)  ||  b < 0  ||  b > 255)  return false;


    red   = (unsigned char)r;
    green = (unsigned char)g;
    blue  = (unsigned char)b;


    return true;
}
void RGB_Color::display() const
{
    cout << "  rot: "   << setw(3) << (int)red
         << "  gruen: " << setw(3) << (int)green
         << "  blau: "  << setw(3) << (int)blue << endl;
}


// --------------------------------------------------------
// ex14_10.cpp
// Testet die Klasse RGB_Color.
// --------------------------------------------------------
#include "color.h"
#include <iostream>
using namespace std;

int main()
{
    const RGB_Color cyan(0,255,255),
                    yellow(255,255,0),
                    magenta(255,0,255);

    cout << "Tuerkis:" << endl;
    cyan.display();
    cout << "Gelb:" << endl;
    yellow.display();
    cout << "Magenta:" << endl;
    magenta.display();

    RGB_Color myColor;
    cout << "Meine Lieblingsfarbe:" << endl;
    myColor.setB(128);
    myColor.display();

    myColor.chooseColor();
```

```
    myColor.display();
    return 0;
}
```

Kapitel 15

Teilobjekte und statische Elemente

Das Thema dieses Kapitels sind Klassenelemente mit besonderen Eigenschaften:

■ Teilobjekte und ihre Initialisierung

Ein Datenelement einer Klasse, das vom Typ einer anderen Klasse ist, heißt Teilobjekt. Beim Erzeugen eines Objekts werden zunächst die Teilobjekte angelegt, bevor das Objekt selbst aufgebaut wird. Durch die Angabe von Elementinitialisierern kann der Programmierer festlegen, mit welchen Werten Teilobjekte initialisiert werden. Teilobjekte ohne Elementinitialisierer werden mit dem Default-Konstruktor erzeugt.

Elementinitialisierer werden bei der Definition des Konstruktors angegeben und zwar durch einen Doppelpunkt vom Funktionskopf getrennt. Ein Elementinitialisierer besteht aus dem Namen des Datenelements und seinen Anfangswerten in runden Klammern. Der Einsatz von Elementinitialisierern ist im Allgemeinen effizienter als die »falsche« Initialisierung mit dem Default-Konstruktor und eine nachträgliche Zuweisung im Funktionsblock des Konstruktors.

■ konstante Datenelemente

Als const deklarierte Datenelemente können nach der Initialisierung nicht mehr verändert werden. Daher werden auch für konstante Datenelemente Elementinitialisierer eingesetzt.

■ statische Datenelemente und Elementfunktionen

Daten, die alle Objekte einer Klasse gemeinsam verwenden, werden in Datenelementen gespeichert, die innerhalb der Klasse als static deklariert sind. Solche »Klassenvariablen« sind nur einmal im Speicher vorhanden, auch wenn noch kein Objekt der Klasse existiert. Sie müssen deshalb außerhalb der Klasse definiert und initialisiert werden. Der Zugriff auf private statische Datenelemente erfolgt mit statischen Methoden, die unabhängig von Objekten aufgerufen werden. Deshalb können statische Methoden auch nur mit den statischen Elementen der Klasse arbeiten.

■ klassenspezifische Konstanten

Bei einer Aufzählung handelt es sich um einen ganzzahliger Datentyp, der mit dem Schlüsselwort enum definiert wird. Dabei werden auch die Namen von Konstanten festgelegt, die die möglichen Werte repräsentieren, die ein Objekt dieses Typs annehmen kann. Eine Aufzählung innerhalb einer Klasse definiert daher symbolische Konstanten, deren Geltungsbereich die Klasse ist.

Verständnisfragen

15.1 Wenn eine Klasse ein Objekt vom Typ einer anderen Klasse als Datenelement enthält, heißt die Beziehung zwischen den Klassen

a) Container-Beziehung.

b) Ist-Beziehung.

c) Hat-Beziehung.

15.2 Angenommen, eine Klasse X besitzt ein Datenelement vom Typ einer anderen Klasse. Dann wird beim Anlegen eines Objekts dieser Klasse nur der Konstruktor von X ausgeführt.

☐ Richtig   ☐ Falsch

15.3 Angenommen, eine Klasse B deklariert Teilobjekte. Beim Erzeugen eines Objekts der Klasse B wird der Konstruktor der Klasse B

a) zuerst aufgerufen.

b) zuletzt aufgerufen.

15.4 Damit beim Erzeugen von Teilobjekten direkt die passenden Konstruktoren aufgerufen werden, sind _____ zu verwenden.

15.5 Elementinitialisierer werden

a) bei der Definition des Konstruktors

b) bei der Deklaration des Konstruktors

c) beim Aufruf des Konstruktors

angegeben.

15.6 Gegeben sei der folgende Ausschnitt aus einer Klassendefinition:

```
class Assurance
{ private:   string customer;
             long id;
  public:    Assurance(const string& str, long n)
             : // Liste der Elementinitialisierer
             { }
      . . .
};
```

Geben Sie die Liste der Elementinitialisierer an, die customer mit str und id mit n initialisiert: _____

15.7   Wenn eine Klasse Datenelemente besitzt, die nicht geändert werden dürfen, sollten Sie diese Datenelemente als _____ deklarieren.

15.8   Angenommen, Sie entwickeln eine Klasse mit konstanten Teilobjekten. Zur Initialisierung dieser Teilobjekte, müssen dann _____ verwendet werden.

15.9   Datenelementen einer Klasse, die unabhängig von den Objekten der Klasse nur einmal im Speicher vorhanden sein sollen, werden als _____ deklariert.

15.10 Ein statisches Datenelement einer Klasse muss separat definiert und initialisiert werden.

       ☐ Richtig   ☐ Falsch

15.11 Angenommen, das statische Datenelement `delay` vom Typ `long` ist in der Klasse `Test` deklariert. Zur Definition und Initialisierung des Elements `myTest` ist folgende Anweisung zulässig:

       a) `long Test::delay = 10000L;`

       b) `static long Test::delay = 10000L;`

       c) `static long delay = 10000L;`

15.12 Ein in der Klasse X als `public` deklariertes statisches Datenelement `common` kann von jeder Funktion im selben Namensbereich wie folgt angesprochen werden: _____.

15.13 Als `static` definierte Datenelemente einer Klasse belegen Speicherplatz, auch wenn noch kein Objekt der Klasse angelegt wurde.

       ☐ Richtig   ☐ Falsch

15.14 Statische Datenelemente einer Klasse sind stets `public`-Elemente.

       ☐ Richtig   ☐ Falsch

15.15 Gegeben sei eine Klasse `Measure` mit folgender Methode:

```
static unsigned long getLimit();
```

       Dann wird die Methode im Anwenderprogramm wie folgt aufgerufen:

       a) `getLimit()`

       b) `Measure::getLimit()`

       c) `Measure.getLimit()`

15.16 In einer statischen Methode steht der `this`-Zeiger nicht zur Verfügung.

       ☐ Richtig   ☐ Falsch

15.17 Eine statische Methode

a) kann auf jedes Element seiner Klasse direkt zugreifen.

b) kann nur auf die public-Elemente seiner Klasse zugreifen.

c) kann nur auf die statischen Elemente seiner Klasse zugreifen.

15.18 Bei den in einer Aufzählung definierten Konstanten kann es sich auch um Gleitpunktzahlen handeln.

☐ Richtig   ☐ Falsch

15.19 Gegeben sei der folgende Aufzählungstyp:

```
enum Lights { RED = 10, YELLOW, GREEN };
```

Dann hat die Konstante GREEN den Wert _____ .

15.20 Wenn ein Aufzählungstyp innerhalb einer Klasse X als public deklariert ist, können die Konstanten außerhalb der Klasse mit dem Präfix _____ angesprochen werden.

Aufgaben

15.1 Gegeben seien folgende Klassendefinitionen:

```
#include <iostream>
using namespace std;
class A
{ public:
    A(){ cout << "Ich bin der Konstruktor von A\n"; }
};

class B
{
    private:
    A a;
    public:
    B(){ cout << "Ich bin der Konstruktor von B\n"; }
};

class C
{
    private:
    B b;
```

```
    A a;
  public:
    C(){ cout << "Ich bin der Konstruktor von C\n"; }
};
```

Was gibt das folgende Programm auf dem Bildschirm aus?

```
#include <iostream>
using namespace std;

int main()
{
    C c;
    cout << "Bye, bye!" << endl;
    return 0;
}
```

15.2   Gegeben sei folgender Ausschnitt aus einer Klassendefinition:

```
class Customer
{   private:
      long id;
      string name;
    public:
      . . .
};
```

Was ist bei den Definitionen folgender Konstruktoren falsch?

a)

```
Customer() { id(0); name("X"); }
```

b)

```
Customer(long n)
  : long(n), string("") { }
```

c)

```
Customer(long n, const string& s)
  : id(s), name(n) { }
```

15.3 **a)** Schreiben Sie eine `inline`-Definition des Konstruktors, der in der folgenden Definition der Klasse Team fehlt. Der Konstruktor besitzt zwei Referenz-Parameter vom Typ `const M&` und initialisiert beide Datenelemente.

```
#include <iostream>
#include <string>
using namespace std;

class M
{
    string name;
  public:
    M( const string& n) : name(n) {}
    ~M(){ cout <<"Destruktor von " << name << endl; }
};

class Team
{
    M member1, member2;
  public:
    . . .            // Konstruktor noch zu definieren.
    ~Team()
    { cout <<"Destruktor der Klasse Team!" << endl;}
};
```

b) Was gibt folgendes Programm auf dem Bildschirm aus?

```
int main()
{
    M chief("Oliver"), poodle("Stan");
    Team aTeam( chief, poodle);

    cout << "Grossartiges Team!" << endl;

    return 0;
}
```

15.4 Angenommen, die Klasse MobilePhone besitzt drei private Datenelemente device, owner und number vom Typ string, um für ein Handy den Gerätenamen, den Namen des Besitzers und die Telefonnummer darzustellen.

a) Welche dieser Datenelemente sollten als const deklariert werden?

b) Definieren Sie einen `inline`-Konstruktor mit drei Parametern, der ein Objekt der Klasse `MobilePhone` initialisiert und Default-Werte für die nicht-konstanten Datenelemente verwendet.

c) Definieren Sie ein Objekt `myPhone` der Klasse `MobilePhone` und einen Zeiger auf dieses Objekt.

15.5 Gegeben sei folgender Ausschnitt aus einer Klassendefinition:

```
class ISBN
{
    private:
    const string isbnID;
    double price;
    public:
    // Nur ein Konstruktor:
    ISBN(const string& id, double p = 0.0)
        : isbnID(id), price(p) {}

    // ... Zugriffsmethoden usw.
};
```

Welche der folgenden Anweisungen sind korrekt? Erläutern Sie eventuelle Fehler in den Anweisungen.

a) `ISBN book1;`

b) `ISBN book2("0-6237-1817-3", 12.95);`

c) `ISBN book3( 79.45);`

d) `ISBN book4 = "1-5234-3816-4";`

15.6 Angenommen, für eine Klasse `Test` ist ein statisches Datenelement `mean` vom Typ `double` erforderlich. Formulieren Sie die erforderlichen Anweisungen um

a) das statische Datenelement `mean` als `private` zu deklarieren.

b) Methoden für den Schreib- und Lesezugriff auf das statische Datenelement zu deklarieren.

c) das Datenelement `mean` zu definieren und zu initialisieren.

d) den Wert des Datenelements `mean` in eine Variable zu kopieren und anschließend dem Datenelement einen neuen Wert zuzuweisen. Verwenden Sie die in Teil b) deklarierten Zugriffsmethoden.

15.7 Ein Geldwechselautomat wechselt Euros in kanadische Dollar und japanische Yen. Zur Darstellung von Geldbeträgen in den verschiedenen Währungen definieren Sie eine Klasse `MoneyChanger`. Die Klasse besitzt ein Datenelement, um einen Geldbetrag in Euro zu speichern. Außerdem enthält die Klasse die statischen Datenelemente `rateCND` und `rateYEN`, um den Wechselkurs für kanadische Dollar und japanische Yen darzustellen.

Die Klasse `MoneyChanger` stellt Methoden zu Verfügung, um

- den Geldbetrag in Euro neu festzulegen.

- den entsprechenden Betrag in beiden Währungen zu ermitteln.

- den Wechselkurs für beide Währungen abzufragen und zu aktualisieren.

Definieren Sie jede dieser Methoden `inline`. Deklarieren Sie ferner eine statische Methode `round()`, um einen Geldbetrag auf zwei Ziffern hinter dem Dezimalpunkt zu runden. Die Funktion hat einen Parameter und einen Return-Wert vom Typ `double`.

Speichern Sie die Klassendefinition in der Datei `moneyChanger.h`.

15.8 In der Quelldatei `MoneyChanger.cpp` soll die Implementierung der Klasse `MoneyChanger` aus Übung 15.7 wie folgt vervollständigt werden:

- Die statischen Datenelemente der Klasse `MoneyChanger` werden initialisiert.

- Die statische Methode `round()` (vgl. Übung 10.5) wird implementiert.

Testen Sie die Klasse in einer separaten Quelldatei. Schreiben Sie zu diesem Zweck eine `main()`-Funktion, in der ein Objekt der Klasse `MoneyChanger` angelegt und der entsprechende Geldbetrag in Euro, kanadischen Dollar und japanischen Yen ausgegeben wird. Anschließend sollen der Eurobetrag und die Wechselkurse geändert und wieder ausgegeben werden.

15.9 a) Definieren Sie einen Aufzählungstyp `Direction` zur Darstellung der vier Himmelsrichtungen.

b) Vereinbaren Sie eine Variable go vom Typ `Direction`, die mit der Südrichtung initialisiert wird.

c) Schreiben Sie die erforderlichen Anweisungen, um abhängig vom Wert der Variablen go die Meldungen `"Go south!"`, `"Go west!"` etc. auszugeben.

15.10 a) Definieren Sie einen Aufzählungstyp `ColorID` zur Darstellung der Farben dunkelgrau und hellgrau sowie der acht Farben, die durch die Ecken des RGB-Einheitswürfels (vgl. Aufgabe 14.9) dargestellt werden.

Ändern Sie die Klasse `RGB_Color` wie folgt: Überladen Sie den Konstruktor und die Methode `setColor()`. Beide besitzen einen Parameter vom Typ `ColorID`. Definieren Sie den Konstruktor `inline` und verwenden Sie dabei einen Aufruf der Methode `setColor()`.

b) Implementieren Sie die Methode `setColor()` in der Quelldatei `color.cpp`.

c) Testen Sie die veränderte Klasse `RGB_Color`. Geben Sie in einer Schleife jede Farbe aus, zu der eine Konstante vom Typ `ColorID` vorhanden ist.

Lösungen zu den Verständnisfragen

15.1   c)

15.2   Falsch

15.3   b)

15.4   Elementinitialisierer

15.5   a)

15.6   `customer(s)`, `id(n)`

15.7   `const`

15.8   Elementinitialisierer

15.9   `static`

15.10   Richtig

15.11   a)

15.12   `X::common`

15.13   Richtig

15.14   Falsch

15.15   b)

15.16   Richtig

15.17   c)

15.18   Falsch

15.19   3

15.20   `X::`

Lösungen zu den Aufgaben

15.1
```
Ich bin der Konstruktor von A
Ich bin der Konstruktor von B
Ich bin der Konstruktor von A
Ich bin der Konstruktor von C
Bye, bye!
```

15.2   **a)** Im Funktionsrumpf müssen die Anfangswerte den Datenelementen zugewiesen werden, also: `id = 0;   name = "X";`

b) Die Syntax der Elementinitialisierer ist falsch. Es muss der Name der Datenelemente und nicht ihr Typ angegeben werden.

c) Der Typ der Anfangswerte stimmt nicht mit dem Typ der Datenelemente überein.

15.3   **a)** Der Konstruktor der Klasse `Team`:

```
Team( const M& m1, const M& m2)
    : member1(m1), member2(m2) {}
```

Hinweis: Es müssen Elementinitialisierer verwendet werden, da die Klasse M keinen Default-Konstruktor besitzt.

b)

```
Grossartiges Team!
Destruktor der Klasse Team!
Destruktor von Stan
Destruktor von Oliver
Destruktor von Stan
Destruktor von Oliver
```

15.4   **a)** Der Besitzer und die Telefonnummer eines Handys können sich ändern, der Gerätename allerdings nicht. Deshalb sollte das Datenelement `device` als `const` deklariert werden.

b)

```
// Innerhalb der Klassendefinition:
public:
  MobilePhone( const string& d, const string& o="",
               const string& n="")
   : device(d), owner(o), number(n) {}
```

c)

```
MobilePhone  myphone("Nokia 6510", "Murphy, Edward"),
             *ptrphone = &myphone;
```

15.5 **a)** Nicht korrekt, da die Klasse keinen Default-Konstruktor besitzt.

b) Korrekt

c) Nicht korrekt. Wenn der Konstruktor mit nur einem Argument aufgerufen wird, muss es sich bei dem Argument um einen String handeln.

d) Korrekt

15.6 **a)**

```
private:              // In der Klassendefinition
   static double mean;
```

b)

```
public:               // In der Klassendefinition
   static void setMean( double m);
   static double getMean();
```

c)

```
Test::mean = 10.0;   // Außerhalb der Klassendefinition,
                     // in einer anderen Quelldatei
```

d)

```
double result = Test::getMean(); // In einer Funktion
Test::setMean(12.5);
```

15.7

```
// -----------------------------------------------------
// MoneyChanger.h
// Definiert die Klasse MoneyChanger.
// -----------------------------------------------------
#include <iostream>
using namespace std;

class MoneyChanger
{
   private:
      double amount;          // in Euro
```

```
        static double rateCND;     // e.g.   1.561  (= 1 EUR)
        static double rateYEN;     // e.g. 121.2    (= 1 EUR)

    public:
      MoneyChanger( double a = 0.0)
      {
        if( !setAmount(a))
        { cerr << "Kein negativer Geldbetrag!"
              << endl;
          amount = 0.0;
        }
      }

      bool setAmount( double a)
      {
        if( a >= 0.0) { amount = round(a);  return true; }
        else  return false;
      }
      double getEUR() const { return amount; }
      double getCND() const { return round(amount * rateCND); }
      double getYEN() const { return round(amount * rateYEN); }

      // Statische Methoden
      static double round( double x);
      static double getRateCND() { return rateCND;}
      static double getRateYEN() { return rateYEN;}
      static void    setRateCND(double r) { rateCND = r; }
      static void    setRateYEN(double r) { rateYEN = r; }
    };
```

15.8
```
// ------   -----------------------------------------------
// MoneyChanger.cpp
// Definiert die statischen Datenelemente und die
// Methode round() der Klasse MoneyChanger.
// -------------------------------------------------------
#include <math.h>
#include "MoneyChanger.h"

double MoneyChanger::rateCND = 1.561;
double MoneyChanger::rateYEN = 121.2;

double MoneyChanger::round( double x)
```

```
{
    return floor(x*100.0 + 0.5) / 100.0;
}


// ----------------------------------------------------------
// ex15_08.cpp
// Testet die Klasse MoneyChanger.
// ----------------------------------------------------------
#include "MoneyChanger.h"
#include <iostream>
#include <iomanip>
using namespace std;

int main()
{
    MoneyChanger sale(1254.95);

    cout << "\n\t\t    ***** Geldwechselautomat *****\n\n";
    cout << fixed << setprecision(2);
    cout << "\n\t\t EUR              CND              YEN"
         << "\n\t ----------------------------------------"
         << endl;

    cout << setw(20) << sale.getEUR()
         << setw(20) << sale.getCND()
         << setw(20) << sale.getYEN() << endl;

    MoneyChanger::setRateCND(1.575);      // Aktualisiert den
    MoneyChanger::setRateYEN(124.3535);   // Wechselkurs.
    sale.setAmount(403250.875);           // Wechselbetrag

    cout << setw(20) << sale.getEUR()
         << setw(20) << sale.getCND()
         << setw(20) << sale.getYEN() << endl;
    return 0;
}
```

15.9   a)

```
enum Direction { NORTH, WEST, SOUTH, EAST };
```

b)

```
Direction go = SOUTH;
```

c)

```
switch(go)
{
    case NORTH: cout << "Go north!" << endl;
                break;
    case WEST:  cout << "Go west!"  << endl;
                break;
    case SOUTH: cout << "Go south!" << endl;
                break;
    case EAST:  cout << "Go east!"  << endl;
                break;
};
```

15.10   a)

```
// ------------------------------------------------------------
// color.h
// Definiert den Aufzählungstyp ColorID und
// die Klasse RGB_Color.
// ------------------------------------------------------------
#ifndef _RGB_COLOR_
#define _RGB_COLOR_

enum ColorID { BLACK, RED, GREEN, BLUE, YELLOW, CYAN,
               MAGENTA, WHITE, DARK_GRAY, LIGHT_GRAY };

class RGB_Color
{
  private:
    unsigned char red, green, blue;
  public:
    RGB_Color() : red(0), green(0), blue(0) {}
    RGB_Color(int r, int g, int b)  { setColor( r, g, b); }
    RGB_Color(ColorID clr) { setColor(clr); }

    void setColor(ColorID clr);
    // ....   Die anderen Methoden wie zuvor.
};
#endif   // _RGB_COLOR_
```

b)

```
// ------------------------------------------------------------
// color.cpp
// Definiert die Methoden der Klasse RGB_Color wie zuvor.
// Außerdem wird die Methode setColor() definiert.
// ------------------------------------------------------------
void RGB_Color::setColor(ColorID clr)
{
    red = 0, green = 0, blue = 0;
    switch(clr)
    {
        case BLACK:     break;
        case RED:       red   = 255;
                        break;
        case GREEN:     green = 255;
                        break;
        case BLUE:      blue  = 255;
                        break;
        case YELLOW:    red   = 255;  green = 255;
                        break;
        case CYAN:      green = 255;  blue  = 255;
                        break;
        case MAGENTA:   red   = 255;  blue  = 255;
                        break;
        case WHITE:     red   = 255;  green = 255;  blue  = 255;
                        break;
        case DARK_GRAY: red = 80;  green = 80;  blue  = 80;
                        break;
        case LIGHT_GRAY: red= 160;  green = 160;  blue  = 160;
                        break;
    }
}
```

c)

```
// ------------------------------------------------------------
// ex15_10.cpp
// Testet die neue Klasse RGB_Color mit den Konstanten
// vom Typ ColorID.
// ------------------------------------------------------------
#include "color.h"
#include <iostream>
```

```
using namespace std;

int main()
{
    RGB_Color myColor(BLUE);
    cout << "Meine Lieblingsfarbe:" << endl;
    myColor.display();

    cout << "\nFuer diese Farben sind Konstanten definiert:"
        << endl;
    ColorID clr = BLACK;
    do
    {
        myColor.setColor(clr);
        myColor.display();
        clr = (ColorID)(clr+1);
    }
    while( clr <= LIGHT_GRAY);

    return 0;
}
```

Kapitel 16

Vektoren

In den Übungen dieses Kapitels lernen Sie, Vektoren in Ihren Programmen einzusetzen. Sie werden

- eindimensionale Vektoren definieren und initialisieren

  Ein Vektor besteht aus mehreren Objekten gleichen Typs, die hintereinander im Speicher abgelegt sind. Die einzelnen Elemente im Vektor können über eine Nummer, den sog. Index, angesprochen werden, wobei das erste Vektorelement den Index 0, das zweite den Index 1 usw. besitzt. Die Definition eines Vektors legt seinen Namen, den Typ und die Anzahl Vektorelemente fest. Zur Initialisierung kann eine Liste mit Werten für die einzelnen Vektorelemente angegeben werden.

- C-Strings definieren und Operationen damit ausführen

  In der Programmiersprache C wird ein String als Zeichenfolge zusammen mit dem Stringende-Zeichen '\0' in einem char-Vektor gespeichert. Diese Darstellung wird auch als C-String bezeichnet. Bei der Definition eines C-Strings kann zur Initialisierung ein String-Literal angegeben werden. Da es sich bei C-Strings um reine char-Vektoren handelt, steht für sie nicht die Funktionalität der Klasse string zur Verfügung. Zur Bearbeitung von C-Strings gibt es stattdessen zahlreiche Standardfunktionen, wie z.B. strcpy(), strlen() usw., die in der Header-Datei cstring deklariert sind.

- Klassen-Arrays verwenden

  Vektorelemente können Objekte vom Typ einer Klasse sein. Man spricht dann von einem Klassen-Array. Zur Initialisierung eines Klassen-Arrays wird eine Initialisierungsliste angegeben., die für jedes Vektorelement einen Konstruktor-Aufruf enthält. Fehlt die Initialisierungsliste, so wird für jedes Vektorelement der Default-Konstruktor aufgerufen.

- Mehrdimensionale Vektoren definieren

  Bei der Definition eines mehrdimensionalen Vektors wird die Anzahl Elemente pro Dimension in eckigen Klammern angegeben. Beispielsweise definiert die Anweisung int num[3][5]; einen 2-dimensionalen Vektor, auch Matrix genannt, mit 3 Zeilen und 5 Spalten. In C++ ist ein n-dimensionaler Vektor stets ein 1-dimensionaler Vektor, dessen Elemente (n-1)-dimensionale Vektoren sind. Daher enthält z.B. die Initialisierungsliste einer Matrix 1-dimensionale Vektoren, nämlich die Zeilen der Matrix.

Verständnisfragen

16.1 Ein Vektor wird stets in einem zusammenhängenden Speicherbereich abgelegt.

☐ Richtig   ☐ Falsch

16.2 Gegeben sei folgende Definition

```
int arr[25];
```

Um die Anzahl der vom Vektor arr belegten Bytes zu bestimmen, kann der Operator sizeof() folgendermaßen verwendet werden:

_____.

16.3 In C++ ist der Index des ersten Vektorelements ____.

16.4 Für den Vektor

```
int v[25];
```

ist der Index des letzten Vektorelements _____.

16.5 Wenn zur Laufzeit des Programms der für einen Vektor verwendete Index den zulässigen Bereich verlässt, gibt der Kompiler eine Fehlermeldung aus.

☐ Richtig   ☐ Falsch

16.6 Im Vektor

```
int a[] = { 1, 2, 3 };
```

wird folgendes Vektorelement mit 2 initialisiert:

a) a[0]   **b)** a[1]   **c)** a[2]

16.7 Der Vektor v

```
int v[10] = { 1, 2, 3 };
```

besitzt _____ Elemente.

16.8 Ein Vektor kann einem anderen Vektor zugewiesen werden, wenn die Elemente beider Vektoren denselben elementaren Datentyp aufweisen.

☐ Richtig   ☐ Falsch

16.9 Strings, die in einem char-Vektor mit abschließendem Stringende-Zeichen '\0' gespeichert sind, heißen auch _____.

16.10 Die Definition

```
char s[] = "snow";
```

ist äquivalent mit:

a) `char s[4] = { 's', 'n', 'o', 'w' };`

b) `char s[5] = { 's', 'n', 'o', 'w', '\0' };`

c) `char s[6] = { 's', 'n', 'o', 'w', '\', '0' };`

16.11 Für C-Strings können die Vergleichs- und Zuweisungsoperatoren verwendet werden.

☐ Richtig   ☐ Falsch

16.12 Nennen Sie drei Standard-Funktionen, die für C-Strings zur Verfügung stehen.

16.13 Ist bei der Definition eines Klassen-Arrays keine Initialisierungsliste angegeben, so wird

a) jedes Vektorelement auf 0 gesetzt.

b) der Default-Konstruktor für jedes Vektorelement aufgerufen.

c) der Kopier-Konstruktor für jedes Vektorelement aufgerufen.

16.14 Wenn eine Klasse keine eigene Konstruktordefinition besitzt, können Sie ein Klassen-Array explizit mit bereits definierten Objekten dieser Klasse initialisieren.

☐ Richtig   ☐ Falsch

16.15 Angenommen ein Vektor `v` enthält 10 Elemente vom Typ der Klasse `Measure` und die Methode

```
void setMeasure(long n);
```

ist in der Klasse `Measure` als `public` deklariert. Wie lautet die Anweisung, um die Methode `setMeasure()` für das letzte Vektorelement aufzurufen und dabei den Wert 10 als Argument zu übergeben?

_____ .

16.16 Gegeben sei folgende Definition:

```
float matrix[3][5];
```

Dann ist `matrix[0]` ein eindimensionaler Vektor mit ___ Elementen vom Typ `float`.

16.17 Im Anschluss an die Definitionen

```
struct Entry { string name, adr; };
Entry myEntry[10];
```

kann das Datenelement name des ersten Vektorelements wie folgt angesprochen werden: _____ .

16.18 Die Initialisierungsliste einer Matrix enthält die Werte für die eindimensionalen

a) Spalten. b) Zeilen.

16.19 Gegeben sei eine Matrix net mit Elementen vom Typ double, die zwei Zeilen und drei Spalten besitzt. Geben Sie die Anweisung an, um dem letzten Element in der ersten Zeile den Wert 9.1 zuzuweisen:

_____

16.20 Gegeben sei eine Matrix mit Elementen vom Typ double. Um die Summe über alle Matrixelemente in der ersten Spalte zu bilden, muss eine geschachtelte Schleife verwendet werden.

☐ Richtig   ☐ Falsch

Aufgaben

16.1 Was gibt folgendes Programm auf dem Bildschirm aus?

```cpp
#include <iostream>
using namespace std;
int main()
{
    int arr[] = { 10, 20, 30, 40, 50, 60, 70};

    for( int i= 0; i < 7; i += 2)
      cout << arr[i] << " ";
    cout << endl;
    return 0;
}
```

16.2 Bestimmen Sie die Fehler in folgenden Vektordefinitionen:

a) double arr[];

b) int frequency[] = (12, 43, 67, 98);

c) short coins[5] = { 1 5 10 25 };

16.3 Definieren Sie einen Vektor, der

a) das Monatsgehalt von 20 Angestellten speichern kann. Die ersten beiden Vektorelemente werden mit 3000.0 initialisiert.

b) fünf Ganzzahlen speichern kann. Als Anfangswert erhält jedes Element das Doppelte seines Indexwertes.

c) eine Liste von Namen speichern kann. Die Namen sind: Jody Foster, Bon Jovi, Frank Zappa.

16.4 Gegeben seien die folgenden Definitionen:

```
int n = 1;
double tip[4] = { 262.42, 179.65, 229.0, 280.78 };
```

Welche der folgenden Ausdrücke sind zulässig? Geben sie eine Begründung an, wenn ein Ausdruck nicht zulässig ist.

a) `tip[3*n]`

b) `tip[n-3]`

c) `tip[n+3]`

d) `tip[n-1]`

16.5 Erstellen Sie ein C++-Programm, das im Dialog bis zu 50 Gleitpunktzahlen in einen Vektor mit Elementen vom Typ double einliest. Das Programm sucht anschließend den größten und kleinsten Wert und berechnet den Durchschnitt aller Vektorelemente. Die Ergebnisse werden auf dem Bildschirm ausgegeben.

16.6 Schreiben Sie die erforderlichen Anweisungen, um

a) einen C-String str1 zu definieren, der bis zu 80 Zeichen speichern kann. Initialisieren Sie str1 mit dem Vornamen eines Ihrer Freunde.

b) den Nachnamen Ihres Freundes an str1 anzuhängen. Verwenden Sie die Standardfunktion

```
char* strcat( char* s1, const char* s2);
```

die den C-String s2 an s1 anhängt.

c) einen C-String str2 zu definieren und den String str1 in str2 zu kopieren. Verwenden Sie folgende Standardfunktion:

```
char* strcpy( char* s1, const char* s2);
```

Diese kopiert den C-String s2 in s1.

Hinweis: Die Funktionen `strcat()` und `strcpy()` geben ihr erstes Argument als Return-Wert zurück. Normalerweise wird der Return-Wert ignoriert.

16.7 Gegeben sei folgende Klassendefinition:

```
#include <iostream>
#include <string>
using namespace std;


class Customer
{ private:
    long id;
    string name;
  public:
    Customer(long n = 0, const string& s = "")
    : id(n), name(s) {}
    void setId(long n){ id = n;}
    long getId() const { return id;}
    void setName( const string& s){ name = s; }
    const string& getName() const { return name; }
};
```

a) Definieren Sie einen Vektor `arrCustomer` für vier Objekte der Klasse `Customer`. Die ersten drei Elemente sollen mit Werten Ihrer Wahl initialisiert werden.

b) Schreiben Sie die erforderlichen Anweisungen, um dem vierten Vektorelement die Zahl 12345 und den Namen `Jim Croce` zuzuweisen.

c) Geben Sie in einer Schleife jedes Vektorelement auf dem Bildschirm aus.

16.8 Bestimmen Sie mögliche Fehler in folgenden Matrixdefinitionen:

a) `long frequency[5,10];`

b) `int score[2][] = {{25, 19, 21}, {20, 25, 17}};`

c) `double degree[][2] = {{9.5, 23.6}, {31.7, 18.2}};`

16.9 Gegeben sei folgende Matrixdefinition:

```
unsigned int score[3][4] = { {1},{2},{3} };
```

a) Welchen Wert enthält das erste Element in der zweiten Spalte?

b) Bestimmen Sie den Wert des zweiten Elements in der ersten Spalte.

c) Formulieren Sie eine Anweisung, die dem letzten Element in der ersten Spalte den Wert 7 zuweist.

d) Definieren Sie eine Variable vom Typ unsigned int, die mit dem ersten Element der letzten Zeile initialisiert wird.

16.10 Für ganze Zahlen n und k sind die *Binomialkoeffizienten* »n über k« wie folgt definiert:

$$\binom{n}{k} = \frac{n!}{k!(n-k)!} \qquad \text{für } 0 \Leftarrow k \Leftarrow n$$

Bei dem Binomialkoeffizient »n über k« handelt es sich um die Anzahl der Möglichkeiten (ohne Berücksichtigung der Reihenfolge), aus n Elementen k auszuwählen.

Ein einfaches Verfahren zur Berechnung der Binomialkoeffizienten bietet das *Pascalsche Dreieck*, das wie folgt aussieht:

n	Binomialkoeffizienten
0	1
1	1 1
2	1 2 1
3	1 3 3 1
4	1 4 6 4 1
5	1 5 10 10 5 1
6	1 6 15 20 15 6 1
...	....

Jeder Koeffizient ist die Summe der Koeffizienten links und rechts über ihm.

Schreiben Sie ein C++-Programm, in dem das Pascalsche Dreieck berechnet und bis zur Zeile mit der Nummer 16 gespeichert wird. Geben Sie dann das Dreieck wie folgt auf dem Bildschirm aus:

```
1
1    1
1    2    1
1    3    3    1
1    4    6    4    1
 . . .
```

16.11   Gegeben sei eine Folge von n verschieden großen Scheiben, die in der Mitte ein Loch haben. Das Ziel des Spiels *Türme von Hanoi* besteht darin, die n mit abnehmender Größe auf einen Stab gesteckten Scheiben auf einen anderen Stab zu legen, und zwar wieder mit abnehmender Größe. Ein dritter Stab darf verwendet werden, um Scheiben zwischenzuspeichern. Jede Scheibe wird einzeln transferiert und es darf niemals eine größere Scheibe auf eine kleinere Scheibe gelegt werden.

Die Graphik zeigt die Ausgangssituation des Spiels mit vier Scheiben:

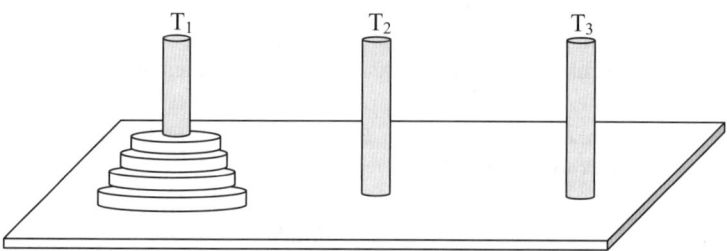

Zur Simulation des Spiels definieren Sie eine Klasse `TowersOfHanoi`, die den aktuellen Status des Spiels darstellt. Die Scheiben sind nach aufsteigender Größe durchnummeriert, d.h. die kleinste Scheibe wird durch die Zahl 1 gekennzeichnet, die zweitkleinste Scheibe durch 2 usw. Die drei Stäbe werden durch eine Matrix mit drei Zeilen dargestellt. Jede Matrixzeile speichert die Scheiben auf einem Stab. Die Anzahl der Matrixspalten ist festgelegt, also gleich der Gesamtzahl Scheiben, die im Spiel verwendet werden, z.B. 16. Vergessen Sie nicht, auch die aktuelle Anzahl Scheiben auf jedem Stab zu speichern. Definieren Sie

- einen Konstruktor, der als Argument die Gesamtzahl der Scheiben für ein Spiel erhält und die Ausgangssituation des Spiels herstellt. Insbesondere werden die Scheiben in abnehmender Größe auf den ersten Stab gesteckt.

- die Methode `display()`, die den aktuellen Spielstatus wie folgt anzeigt.

Beispielausgabe:(Ausgangssituation des Spiels mit vier Scheiben):

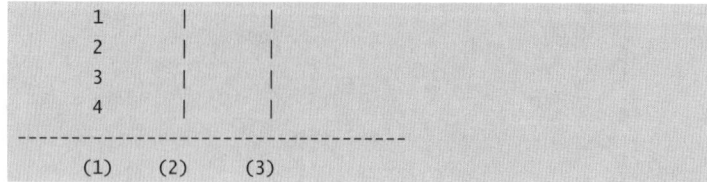

■ die Methode `move()`, die eine Scheibe von einem Stab auf einen anderen Stab legt. Die Methode erwartet als Argumente die Zeilenindizes der beiden Stäbe in der Matrix und überprüft die Indizes auf ihre Zulässigkeit. Die Methode berücksichtigt auch, dass keine Scheibe auf eine kleinere Scheibe gelegt werden darf. Sie liefert `true` zurück, wenn die Scheibe transferiert werden konnte, andernfalls `false`.

■ die Methode `isFinished()` zum Prüfen, ob das Spiel beendet ist. Dies trifft zu, sobald ein Stab, der beim Spielstart leer war, alle Scheiben aufweist.

Schreiben Sie ein Anwendungsprogramm, das dem Benutzer die Möglichkeit gibt, das Spiel auszuführen. Zu diesem Zweck gibt der Benutzer die Anzahl der im Spiel verwendeten Scheiben im Dialog ein. Bei jedem Spielzug wird der Benutzer aufgefordert, eine Scheibe von einem Stab auf einen anderen Stab zu legen, woraufhin der aktuelle Spielstatus angezeigt wird.

Bemerkung: Vor langer Zeit wurden Mönche eines Klosters im Fernen Osten vor die Aufgabe gestellt, dieses Spiel mit 64 Scheiben zu spielen. Die Scheiben waren damals aus Gold. Der Sage nach sollte nach dem Ende des Spiels die Welt untergehen.

16.12 Bei der Lösung des Spiels *Türme von Hanoi* handelt es sich um ein nichtnumerisches Standardbeispiel für die Rekursion. Die zugrunde liegende Idee ist folgende:

Um n Scheiben von einem Stab T1 auf einen anderen Stab T2 zu übertragen

■ lege n-1 Scheiben von T1 auf den Stab T3, der temporär Scheiben zwischenspeichert,

■ lege die größte Scheibe von T1 auf T2

■ und lege n-1 Scheiben von T3 auf T2.

Vervollständigen Sie die Definition der Klasse `TowersOfHanoi` um

■ die als `private` deklarierte rekursive Methode `moveTower()` vom Typ `void`, der die Anzahl der zu übertragenden Scheiben sowie die Indizes des Quell- und Zielstabs als Argumente übergeben werden.

Falls die Anzahl der zu bewegenden Scheiben größer als 0 ist, bestimmt die Methode den Index des Stabs, der zum Zwischenspeichern verwendet wird, und ruft sich wie oben beschrieben selbst auf. Nachdem die größte Scheibe auf den Zielstab gelegt wurde, wird der aktuelle Spielstatus angezeigt.

■ die als `public` deklarierte Methode `autoPlay()`, die keinen Parameter und keinen Return-Wert besitzt. Die Methode ruft die Methode `moveTower()` auf und übergibt die Gesamtzahl Scheiben und die Indizes des Quell- und Zielstabs als Argumente.

Vervollständigen Sie Ihr Anwendungsprogramm durch eine globale Funktion, die das nachfolgende Menü anzeigt und entsprechende Aktionen veranlasst.

```
           P = Spiel starten
           S = Loesung anzeigen
           Q = Spiel beenden
Ihre Wahl:
```

Lösungen zu den Verständnisfragen

16.1   Richtig

16.2   sizeof(arr) (oder: 25*sizeof(int))

16.3   0

16.4   24

16.5   Falsch

16.6   b)

16.7   10

16.8   Falsch

16.9   C-Strings

16.10 b)

16.11 Falsch

16.12 strcpy(), strlen(), strcmp()

16.13 b)

16.14 Richtig

16.15 v[9].setMeasure(10L);

16.16 5

16.17 myEntry[0].name

16.18 b)

16.19 net[0][2] = 9.1;

16.20 Falsch

Lösungen zu den Aufgaben

16.1
```
10   30   50   70
```

16.2 **a)** Die Anzahl der Vektorelemente fehlt: Die Anzahl ist innerhalb der eckigen Klammern anzugeben oder implizit durch eine Initialisierungsliste.

b) Die Anfangswerte müssen in geschweiften Klammern angegeben werden.

c) Die Anfangswerte müssen durch Kommas getrennt werden.

16.3 **a)**
```
double income[20] = { 3000.0, 3000.0 };
```

b)
```
int twice[5] = { 0, 2, 6, 8, 10};
```

c)
```
string name[] = { "Jody Foster", "Bon Jovi",
                  "Frank Zappa" };
```

16.4 **a)** Zulässig

b) Nicht korrekt, da der Index außerhalb des zulässigen Bereichs liegt (negativ).

c) Nicht korrekt, da der Index außerhalb des zulässigen Bereichs liegt (zu groß).

d) Zulässig

16.5
```
// ----------------------------------------------------
// ex16_05.cpp
// Liest Gleitpunktzahlen im Dialog ein und speichert sie
// in einem Vektor. Anschließend werden der größte und
// kleinste Wert gesucht u. der Durchschnitt aller Vektor-
// elemente berechnet. Die Ergebnisse werden ausgegeben.
// ----------------------------------------------------
#include <iostream>
using namespace std;

#define MAX 50
double arr[MAX];
```

```cpp
int main()
{
   int i, iMin = 0, iMax = 0, cnt = 0;   // Indizes, Zähler
   double sum = 0.0;                      // Summe

   cout << "Geben Sie bis zu 50 Gleitpunktzahlen ein \n"
        << "(Abbruch mit Buchstaben):" << endl;
   // Liest die Zahlen ein und berechnet die Summe:
   for( i=0; i < MAX && cin >> arr[i]; ++i)
      sum += arr[i];
   cnt = i;                               // Anzahl Vektorelemente

   // Berechnet das Minimum und das Maximum:
   for( i = 1; i < cnt; ++i)
   {
     if( arr[i] > arr[iMax])
         iMax = i;
     if( arr[i] < arr[iMin])
         iMin = i;
   }
                                          // Ausgabe der Ergebnisse:
   cout << "Anzahl Vektorelemente: " << cnt << endl;
   if( cnt > 0)
   {
      cout <<   "Kleinster Wert:  " << arr[iMin]
           << "\nGroesster Wert:  " << arr[iMax]
           << "\nDurchschnitt:    " << sum/cnt
           << endl;
   }
   return 0;
}
```

16.6   a)

```cpp
char str1[81] = "Alexa ";
```

b)

```cpp
strcat(str1, "Jones");
```

c)

```cpp
char str2[81];
strcpy(str2, str1);
```

16.7   a)

```
Customer arrCustomer[4] =
{  Customer(43210, "Tom Jones"),
   Customer(23456, "Chris Burg"),
   Customer(34567, "Neill Diamond") };
```

b)

```
arrCustomer[3].setId(12345);
arrCustomer[3].setName("Jim Croce");
```

c)

```
for( int i = 0;  i < 4;  ++i)
{
   cout <<"\nNummer: "<< arrCustomer[i].getId()
        <<"\nName:   "<< arrCustomer[i].getName()
        << endl;
}
```

16.8   a) Die Anzahl Zeilen und die Anzahl Spalten müssen separat in eckigen
           Klammern angegeben werden. Korrekt ist: `long frequency[5][10];`

       b)) Wenn eine Matrix initialisiert wird, darf nur die Anzahl der Zeilen wegge-
           lassen werden. Richtig ist:

```
int score[][3] = {{25, 19, 21}, {20, 25, 17}};
```

       c) Korrekt

16.9   a) 2

       b) 0

       c) `score[0][3] = 7;`

       d) `unsigned int m = score[2][0];`

16.10
```
// -----------------------------------------------------------
// ex16_10.cpp
// Berechnet das Pascalsche Dreieck.
// -----------------------------------------------------------
#include <iostream>
#include <iomanip>
using namespace std;
```

```
#define MAX 16

int main()
{
    unsigned matrix[MAX][MAX] = {0};
    int i,j;

    cout << "\t\t **** Pascalsches Dreieck ****\n" << endl;

    matrix[0][0] = matrix[1][0] = matrix[1][1] = 1;
    for(i = 2; i < MAX; ++i)      // Pascal's Dreieck berechnen:
    {
        matrix[i][0] = 1;
        for(j = 1; j <= i; ++j)
            matrix[i][j] = matrix[i-1][j-1] + matrix[i-1][j];
    }
                                  // Pascal's Dreieck ausgeben:
    for( i = 0; i < MAX; i++)
    {
        for(j = 0; j < i+1; j++)
        {
            cout << setw(5) << matrix[i][j];
        }
        cout << endl;
    }
    return 0;
}
```

16.11
```
// ---------------------------------------------------------
// towersOfHanoi.h
// Definiert die Klasse TowersOfHanoi.
// ---------------------------------------------------------
#ifndef _TOWERSOFHANOI_
#define _TOWERSOFHANOI_

#include <iostream>
using namespace std;

#define MAX_DISKS   64

class TowersOfHanoi
{
```

```cpp
  private:
    short tower[3][MAX_DISKS],   // Drei Türme,
          nDisks[3],             // aktuelle Anzahl Scheiben
                                 // pro Turm,
          nTotal;                // Gesamtzahl Scheiben.

  public:
    TowersOfHanoi( int n);
    bool isFinished()
    { return  nDisks[1] == nTotal || nDisks[2] == nTotal; }
    bool move( int from, int to);
    void display();
};
#endif   // _TOWERSOFHANOI_


// ---------------------------------------------------------
// towersOfHanoi.cpp
// Definition der Methoden der Klasse TowersOfHanoi.
// ---------------------------------------------------------
#include <iostream>
#include <iomanip>
#include "towersOfHanoi.h"
using namespace std;

TowersOfHanoi::TowersOfHanoi( int n )
{
    if( n > MAX_DISKS)  n = MAX_DISKS;
    nDisks[0] = nTotal = n;
    nDisks[1] = nDisks[2] = 0;

    for( int j = 0; j < n; ++j)  // tower[0] mit n Scheiben:
        tower[0][j] = n-j;       // n kennzeichnet die größte,
}                                // 1 die kleinste Scheibe.

bool TowersOfHanoi::move( int from, int to)
{
    if( from == to || from < 0 || from > 2
                   || to < 0   || to > 2)
        return false;

    if( nDisks[from] == 0)       // tower[from] ist leer
        return false;
```

```
    int jf = nDisks[from] - 1,    // Index der letzten Scheibe
                                  // auf tower[from].
        jt = nDisks[to] - 1;      // Index der letzten Scheibe
                                  // auf tower[to].

    if( nDisks[to] > 0  &&  tower[from][jf] > tower[to][jt])
        return false;
    else                          // Scheibe transferieren:
    {
        tower[to][jt+1] = tower[from][jf];
        --nDisks[from];
        ++nDisks[to];
        return true;
    }
}

void TowersOfHanoi::display()
{
    cout << endl;
    for( int j = nTotal-1;  j >= 0;  --j)
    {
        for( int i = 0; i < 3; ++i)
            if( j < nDisks[i])
                cout << setw(10) << tower[i][j];
            else
                cout << setw(10) << '|';
        cout << endl;
    }
    cout << "-------------------------------------------\n"
         << "          (1)        (2)        (3)" << endl;
}


// ---------------------------------------------------------
// ex16_11.cpp
// Testet die Klasse TowersOfHanoi.
// ---------------------------------------------------------
#include <iostream>
#include "towersOfHanoi.h"
using namespace std;

int main()
```

```
{
  cout << "\t\t  ****   Tuerme von Hanoi  ****\n" << endl;


  int nDisks = 0;
  cout << "Die Anzahl Scheiben fuer dieses Spiel: ";
  cin >> nDisks;


  TowersOfHanoi toh(nDisks);
  int from = 0, to = 0;


  toh.display();


  cout << "\nAbbruch des Spiels mit einem Buchstaben." << endl;
  while( ! toh.isFinished())
  {
    cout << "\nEine Schreibe uebertragen!  Vom Stab: ";
    if( !(cin >> from)) break;
    cout <<  "            zum Stab: ";
    if( !(cin >> to))  break;

    if( !toh.move( from-1, to-1))      // Indizes: 0, 1, 2
      cout << "Aktion unzulaessig!" << endl;
    else
      toh.display();
  }


  cout << "Das Spiel ist aus!" << endl;
  if( toh.isFinished())
    cout << "Sie haben gewonnen!" << endl;


  return 0;
}
```

16.12

```
// --------------------------------------------------------
// towersOfHanoi.h
// Definiert die Klasse TowersOfHanoi.
// --------------------------------------------------------
// ...

class TowersOfHanoi
{
  private:
```

```
    // ... Datenelemente wie zuvor
    void moveTower( int nDisks, int from, int to);

  public:
    // ... Methoden wie zuvor
    void autoPlay()  {  moveTower( nDisks[0], 0, 2); }
};


// --------------------------------------------------------
// towersOfHanoi.cpp
// Implementiert die Methoden der Klasse TowersOfHanoi.
// --------------------------------------------------------
// ...
// Konstruktor, Methoden move() und display() wie zuvor.

void TowersOfHanoi::moveTower( int nDisks, int from, int to)
{
    if( nDisks > 0)
    {
        int help = 0;              // Dritten Index bestimmen.
        while( help == from || help == to)
            ++help;
        moveTower( nDisks-1, from, help);
        move( from, to);           // Größte Scheibe --> Zielstab
        display();
        cout << "Weiter mit Return "; cin.get();
        moveTower( nDisks-1, help, to);
    }
}


// -----------------▄▄▄▄       ▄▄▄▄▄▄▄▄▄▄▄▄▄▄▄▄▄▄▄▄▄▄▄
// ex16_12.cpp
// Testet die Klasse TowersOfHanoi.
// --------------------------------------------------------
#include <iostream>
#include <cctype>
#include "towersOfHanoi.h"
using namespace std;


char menu();


inline void skipRestOfLine()  // Überspringt Zeichen im
```

```
{                                // Eingabepuffer incl. '\n'.
  char c;
  cin.clear();
  while( cin.get(c) && c != '\n')
    ;
}


int main()
{
  while( true)
  {
    char choice = menu();
    if( choice == 'Q') break;

    int nDisks = 0;
    cout << "Geben Sie die Anzahl der Scheiben ein: ";
    if( !(cin >> nDisks)) break;
    skipRestOfLine();

    TowersOfHanoi toh(nDisks);
    toh.display();

    switch( choice)
    {
      case 'P':                  // Der Benutzer spielt.
      {
        int from = 0, to = 0;

        cout << "\nSpielabbruch mit einem Buchstaben."
             << endl;
        while( ! toh.isFinished())
        {
          cout << "\nScheibe uebertragen! Vom Stab: ";
          if( !(cin >> from)) break;
          cout << "            zum Stab: ";
          if( !(cin >> to))  break;

          if( !toh.move( from-1, to-1)) // Indizes: 0, 1, 2
            cout << "Aktion unzulaessig!" << endl;
          else
            toh.display();
        }
```

```
            skipRestOfLine();

            cout << "Das Spiel ist aus!" << endl;
            if( toh.isFinished())
                cout << "Sie haben gewonnen!\n" << endl;
            }
            break;

            case 'S':                 // Zeigt eine Lösung des Spiels.
                toh.autoPlay();
                cout << "Das Spiel ist aus!" << endl;
                if( !toh.isFinished())
                    cout << "Fehler!\n" << endl;
                break;
        }
    }
    return 0;
}

char menu()
{
    cout << "\n\n\t\t  ****   Tuerme von Hanoi  ****\n"
        << endl;
    char choice = 0;
    cout << "\n                P = Spiel starten"
        << "\n                S = Loesung anzeigen"
        << "\n                Q = Spiel beenden"
        << "\nIhre Wahl: ";

    while( choice != 'P' && choice != 'S' && choice != 'Q')
    {
        if( !(cin >> choice)) choice = 'Q';
        choice = toupper(choice);
    }
    return choice;
}
```

Kapitel 17

Zeiger und Vektoren

In den Übungen dieses Kapitels lernen Sie den engen Zusammenhang von Zeigern und Vektoren zu nutzen, um effiziente Programme zu schreiben. Dazu gehören

- die Adressierung von Vektorelementen und der Einsatz von Zeigerarithmetik

  Ein Vektorname ist ein konstanter Zeiger, nämlich die Adresse des ersten Vektorelements, und kann deshalb einer Zeigervariablen zugewiesen werden. Es ist möglich, Zeiger durch Addition oder Subtraktion ganzzahliger Werte zu versetzen und die Differenz von zwei Zeigern gleichen Typs zu bilden (d.i. Zeigerarithmetik). Dabei wird die Größe der adressierten Objekte automatisch berücksichtigt. Auch die Verwendung von Vergleichsoperatoren sowie der Operatoren ++, --, += und -= ist für Zeigervariablen erlaubt.

- Zeigerversionen von Funktionen

  Eine Funktion, der beim Aufruf als Argument ein Vektorname übergeben wird, erhält die Adresse des ersten Vektorelements. Bei dem entsprechenden Parameter muss es sich um einen Zeiger handeln, der – sofern er nicht als const deklariert ist – alle Vektorelemente lesen und überschreiben kann. Werden für den Zugriff auf Vektorelemente Zeiger statt Indizes verwendet, spricht man von einer Zeigerversion der Funktion.

- Read-Only-Zeiger als Parameter und als Return-Wert

  Soll eine Funktion den übergebenen Vektor nicht verändern können, muss der entsprechende Parameter als const, d.h. als Read-Only-Zeiger deklariert werden. Ein Read-Only-Zeiger kann auf konstante Objekte zeigen, ist aber selbst keine Konstante, d.h. Zeigerarithmetik ist weiterhin möglich. Eine Funktion kann auch einen Zeiger als Return-Wert liefern. Soll dem Aufrufer nur das Lesen des adressierten Objekts erlaubt sein, ist der Return-Wert wieder als Read-Only-Zeiger zu deklarieren.

- Zeigervektoren und Argumente aus der Kommandozeile

  Zeigervektoren, d.h. Vektoren, deren Elemente Zeiger sind, erlauben den effizienten Umgang mit großen Datenmengen, z.B. wenn die Daten sortiert werden müssen. Nicht verwendete Zeiger werden stets auf 0 gesetzt.

  Ein Programm, das seine Kommandozeile lesen muss, deklariert die main-Funktion mit zwei Parametern: int main(int argc, char *argv) ...

  Dann enthält argc die Anzahl der Strings in der Kommandozeile und argv ist ein Zeigervektor, dessen Zeiger auf die einzelnen Strings zeigen. Der erste Zeiger, also argv[0], adressiert dabei stets den Programmnamen.

Verständnisfragen

17.1   Für einen Vektor v sind folgende Ausdrücke äquivalent:

   a) v   und   v[0]

   b) v   und   *v

   c) v   und   &v[0]

17.2   Für einen Vektor arr sind folgende Ausdrücke äquivalent:

   a) arr   und   arr[0]

   b) *arr   und   arr[0]

   c) *arr   und   &arr[0]

17.3   Ein String-Literal ist ein char-Vektor, der eine Zeichenfolge mit abschließendem Stringende-Zeichen speichert.

   ☐ Richtig   ☐ Falsch

17.4   Gegeben sei der folgende Vektor:

```
double vec[3] = { 0.0, 1.0, 2.0 };
```

   Dann adressiert der Ausdruck vec + 2

   a) das dritte Vektorelement.

   b) das zweite Vektorelement.

   c) die Speicherstelle, die sich 2 Bytes entfernt vom Anfang des Vektors
   befindet.

17.5   Gegeben seien die folgenden Definitionen:

```
int v[] = { 0, 10, 20 }, *ptr = v;
```

   Dann ist der Ausdruck *ptr++ äquivalent zu:

   a) *(ptr + 1)

   b) (*ptr)++

   c) *(ptr++)

17.6   Mit den Definitionen

```
short v[] = {0,10,20},
      *ptr1 = v, *ptr2 = v+2;
```

hat der Ausdruck

```
ptr1 - ptr2
```

den Wert ____.

17.7 Zwei Zeiger desselben Typs können addiert werden.

☐ Richtig ☐ Falsch

17.8 Im Programmausschnitt

```
double *pv, v[5] = {5.5, 4.4, 3.3, 2.2, 1.1};
for ( pv = v + 4; pv >= v; --pv)
    *pv *= 2;
```

wird der Schleifenrumpf ____-mal durchlaufen.

17.9 Wenn einer Funktion ein Vektorname als Argument übergeben wird, erhält die Funktion

a) eine Kopie des Vektors.

b) nur das erste Vektorelement.

c) die Adresse des ersten Vektorelements.

17.10 Die Funktion func(), die einen C-String als Argument erwartet und keinen Return-Wert liefert, weist den folgenden Prototyp auf:

a) void func(char* s[]);

b) void func(char s[]);

c) void func(char s);

17.11 Wenn ein Vektor mit Elementen vom Typ double einer Funktion als Argument übergeben wird, ist die Länge des Vektors

a) explizit mit einem zusätzlichen Argument zu übergeben.

b) in der Deklaration des Parameters für den Vektor angegeben.

c) aus der Position des Zeichens '\0' implizit bestimmbar.

17.12 Die Parameterdeklaration für eine Matrix enthält stets die Anzahl

a) Zeilen.

b) Spalten.

c) Vektorelemente.

17.13 Angenommen, es soll eine Funktion `strChar()` definiert werden, die das erste Auftreten eines Zeichens in einem C-String sucht und einen Zeiger auf das gefundene Zeichen zurückgibt. Dann kann die Funktion folgenden Prototyp aufweisen:

a) `char* strChar( const char *s, int c);`

b) `char[] strChar( char s[], int c);`

c) `char strChar(const char* s, int c);`

17.14 Ein Read-Only-Zeiger kann auf ein nicht konstantes Objekt zeigen.

☐ Richtig   ☐ Falsch

17.15 Angenommen, es soll eine Funktion definiert werden, die einen Zeiger auf ein Objekt als Return-Wert liefert. Um mithilfe des Return-Wertes einen Fehler anzuzeigen, kann der Wert _____ verwendet werden.

17.16 Gegeben sei eine Klasse `Measure`. Wie lautet die Definition des Vektors `arr` mit tausend Zeigern auf Objekte vom Typ `Measure`?

_____.

17.17 Gegeben seien die folgenden Definitionen:

```
struct Entry { string name, nr; };
Entry* ptrEntry[10];
```

Außerdem zeigt das 5. Vektorelement auf ein Objekt der Struktur `Entry`. Dann kann das Datenelement `name` in diesem Objekt wie folgt angesprochen werden: _____.

17.18 Es sei `X` eine Klasse. Um einen Vektor von Zeigern auf Objekte vom Typ `X` definieren zu können, muss die Klasse `X` einen Default-Konstruktor besitzen.

☐ Richtig   ☐ Falsch

17.19 Angenommen, ein C++-Programm enthält den folgenden Funktionskopf:

```
int main( int argc, char* argv[])
```

Dann zeigt das erste Vektorelement `argv[0]` des Vektors `argv` auf

a) den Programmnamen.

b) das erste Argument in der Kommandozeile hinter dem Programmnamen.

c) das letzte Argument in der Kommandozeile.

17.20 Angenommen, ein C++-Programm enthält den folgenden Funktionskopf:

```
int main( int argc, char* argv[])
```

Beim Aufruf der Funktion `main()` hat der erste Parameter `argc` mindestens den Wert _____.

Aufgaben

17.1 Gegeben sei der Vektor:

```
int v[] = { 0, 1, 2, 3 };
```

Was ist in folgenden Anweisungen falsch?

a) `int *p = v,  q = v + 3;`

b) `int *ptr = v;   v += 1;`

c) `int *pv = v;   pv *= 2;`

17.2 Gegeben sei der folgende Vektor:

	0	1	2	3	4	5	6	7	8
arr	'o'	'p'	'e'	'n'	' '	's'	'e'	'a'	'\0'

Was gibt folgendes Programm auf dem Bildschirm aus?

```
#include <iostream>
using namespace std;

char arr[] = "open sea";   // Wie oben illustriert.
int main()
{
    char *p = arr,
         *q = arr + 4;

    cout << q - p << *q;

    p = ++q;
    while( p < q+3)
        cout << *p++;

    cout << *q << *arr << *(q-2) << *q << endl;
    return 0;
}
```

17.3 Schreiben und testen Sie eine Funktion geoMean(), die das geometrische Mittel von positiven Gleitpunktzahlen berechnet und zurückgibt. Die Funktion erhält als Argumente einen Vektor mit Elementen vom Typ double und seine Länge. Wenn die Länge des Vektors 0 oder ein Vektorelement negativ oder o ist, liefert die Funktion 0 zurück.

Hinweis: Das geometrische Mittel von n positiven Zahlen x1, x2 ... xn (mit n>=1) ist die n-te Wurzel des Produkts x1 * x2 * ... * xn.

17.4 Bestimmen und korrigieren Sie die Fehler in folgenden Funktionsdefinitionen:

```
// Hängt den C-String s2 an den C-String s1.
// Es wird vorausgesetzt, dass der durch s1 adressierte
// Vektor groß genug ist, um die durch s2 adressierte
// Zeichenfolge aufzunehmen.
void strCat( const char* s1, char* s2)
{
    for( ; s1 != NULL; ++s1)
        ;

    for( ; s2 != NULL; ++s1, ++s2)
        s1 = s2;
    s1 = '\0';
}
```

17.5 Schreiben Sie eine Funktion rFind(), die die Position des letzten Vorkommens einer gesuchten Zahl in einem Vektor mit Elementen vom Typ long bestimmt. Die Funktion erwartet als Argumente den Vektor, seine Länge und die gesuchte Zahl. Sie liefert den Index des letzten Elements im Vektor, das mit der gesuchten Zahl übereinstimmt, bzw. –1, falls die Zahl im Vektor nicht vorkommt.

Verwenden Sie einen Zeiger, um durch den Vektor zu iterieren.

17.6 Schreiben Sie eine Funktion polynomial() zur Berechnung des folgenden Polynoms:

$$a_0 + a1 * x^I + ... + a_{n-1} * x^{n-I} + a_n * x^n$$

Die Funktion erwartet als Argumente den Wert von x, einen Vektor mit den Koeffizienten des Polynoms und den Grad des Polynoms.

Hinweis: Verwenden Sie das *Horner-Schema*, das in einem Polynom

$$an * x^n + an-1 * x^{n-I} + ... + a1 * x^I + a0 * x^0$$

die Potenzen wie folgt auflöst:

$$(...((an * x + an-1) * x + an-2) * x + ... + a0$$

Um die Funktion `polynomial()` zu testen, schreiben Sie eine `main()`-Funktion, die für verschiedene x-Werte die zugehörigen y-Werte eines Polynoms 4. Grades berechnet und die Ergebnisse ausgibt.

Beispielausgabe:

```
Das Polynom:
 y = 2.5 + -1.8*x^1 + 4.2*x^2 + -0.9*x^3 + 1.7*x^4


    x    |    y = P(x)
  --------------------------
   -2.00 |     57.30
   -1.50 |     26.29
   -1.00 |     11.10
   -0.50 |      4.67
    0.00 |      2.50
    0.50 |      2.64
    1.00 |      5.70
    1.50 |     14.82
    2.00 |     35.70
```

17.7 Erstellen Sie eine Funktion `merge()`, die zwei sortierte Vektoren zusammenführt und das sortierte Ergebnis in einem dritten Vektor ablegt. Die Vektorelemente weisen den Typ `int` auf und sind in aufsteigender Reihenfolge sortiert. Gehen Sie davon aus, dass der dritte Vektor groß genug ist, um alle Elemente beider Vektoren zu speichern.

Die Funktion erwartet als Argumente die beiden sortierten Vektoren, ihre Länge sowie den dritten Vektor. Sie liefert nach dem Mischen die Anzahl Elemente im dritten Vektor als Return-Wert bzw. –1, falls einer der beiden zu mischenden Vektoren nicht in aufsteigender Reihenfolge sortiert ist.

Zum *Mischen von zwei sortierten Vektoren* gehen Sie wie folgt vor: Sie vergleichen die beiden ersten Elemente und kopieren das kleinere in den dritten Vektor. Anschließend vergleichen Sie das zweite Element mit dem ersten Element im anderen Vektor und kopieren wieder das kleinere in den dritten Vektor. Dieser Vorgang wird solange wiederholt, bis das Ende eines Vektors erreicht ist. Die verbleibenden Elemente im anderen Vektor werden anschließend ans Ende des dritten Vektors gehängt.

Folgendes Beispiel illustriert den Mischvorgang:

	Erster Vektor	Zweiter Vektor	Ergebnisvektor
1.	<u>27</u> 33 39 45 51	<u>22</u> 30 42 48 54 58	22
2.	<u>27</u> 33 39 45 51	22 <u>30</u> 42 48 54 58	22 27
3.	27 <u>33</u> 39 45 51	22 <u>30</u> 42 48 54 58	22 27 30
etc.			

Verwenden Sie Zeiger, um die Vektoren zu durchlaufen.. Testen Sie die Funktion `merge()`, indem Sie zwei Vektoren mit sortierten Zahlen initialisieren. Geben Sie beide Vektoren zusammen mit dem Ergebnis des Mischens auf dem Bildschirm aus.

17.8   Erstellen Sie ein C++-Programm, in dem vier Objekte der Klasse `Mobile-Phone` und ein Vektor mit vier Zeigern auf diese Objekte definiert werden. Die Handys sollen nach den Namen des Besitzers in aufsteigender Reihenfolge sortiert und auf dem Bildschirm angezeigt werden.

Hinweis: 1. Verwenden Sie folgende Methoden der Klasse `MobilePhone`, die in der Header-Datei `mobilePhone.h` (s. Aufgabe 15.4) definiert sind:

```
MobilePhone( const string& dev,
             const string& own="Nobody",
             const string& num="0");
const string& getOwner() const;
void  display();
```

2. verwenden Sie einen Sortieralgorithmus Ihrer Wahl. Dabei sollen keine Handys sondern nur Zeiger im Vektor vertauscht werden. Zum Vergleichen von zwei Objekten der Klasse `string` können Sie den Operator < oder > verwenden.

17.9   Erstellen Sie ein C++-Programm, das einen C-String in eine Folge von Wörtern zerlegt. Gehen Sie davon aus, dass die Wörter im String durch Blanks, Tabulatoren, Newlines und/oder Interpunktionszeichen getrennt sind. Jedes gefundene Wort soll durch einen Zeiger adressiert werden. Die Zeiger sind in einem Vektor zu speichern.

Hinweis: Verwenden Sie folgende, in der Header-Datei `cstring` deklarierte Standardfunktion:

```
char* strtok(char* s, const char* delim);
```

Durch wiederholte Aufrufe von `strtok()` wird der String s in eine Folge von »Token« zerlegt, die durch Zeichen aus dem String `delim` begrenzt werden. Jeder Aufruf liefert einen Zeiger auf das nächste Token in s bzw. den NULL-Zeiger, falls kein weiteres Token gefunden wird.

Beim ersten Aufruf erwartet die Funktion den String s als erstes Argument. Bei nachfolgenden Aufrufen wird der NULL-Zeiger anstelle von s übergeben. Jeder Aufruf ändert den String s, indem das Zeichen hinter dem Token mit `'\0'` überschrieben wird.

17.10 Schreiben Sie ein C++-Programm, das Gleitpunktzahlen von der Kommandozeile einliest. Die Zahlen, ihre Summe und der Durchschnitt sollen auf dem Bildschirm ausgegeben werden.

Beispielaufruf des Programms: `sum 12.34  -7.5  6.9`

Hinweis: Verwenden Sie folgende Standardfunktion:

```
double atof(const char* s);
```

Diese wandelt führende Ziffern im String s in eine Zahl vom Typ `double` um. Die Funktion ist in der Header-Datei `cstdlib` deklariert.

Lösungen zu den Verständnisfragen

17.1   c)

17.2   b)

17.3   Richtig

17.4   a)

17.5   c)

17.6   2

17.7   Falsch

17.8   5

17.9   c)

17.10   b)

17.11   a)

17.12   b)

17.13   a)

17.14 Richtig

17.15 NULL (oder: 0)

17.16 `Measure* arr[1000];`

17.17 `ptrEntry[4]->name` (oder: `(*ptrEntry[4]).name`)

17.18 Falsch

17.19 a)

17.20 I

Lösungen zu den Aufgaben

17.1 **a)** Die Variable `q` hat den Typ `int`. Da ihr die Adresse eines Vektorelements zugewiesen wird, sollte sie einen Zeiger auf `int` darstellen.

b) Der Vektorname `v` ist eine Konstante und kann deshalb nicht inkrementiert werden.

c) Die Multiplikation ist für Zeiger nicht definiert.

17.2
```
4 seasons
```

17.3
```
// ---------- Die Funktion geoMean() ----------
//
#include <math.h>            // Prototyp von pow()

double geoMean( double arr[], int len)
{
    double product = 1.0;

    if( len <= 0)
        return 0.0;

    for( int i = 0; i < len; ++i)
        if( arr[i] <= 0.0)
            return 0.0;
        else
            product *= arr[i];

    return pow( product, 1.0/len);
}
```

17.4   1. Der Parameter s1 darf nicht als Read-Only-Zeiger deklariert werden. Stattdessen sollte der Parameter s2 einen Read-Only-Zeiger darstellen.

2. In beiden Schleifen wird die Zeigervariable mit dem NULL-Zeiger verglichen. Stattdessen muss das Zeichen, auf das der Zeiger zeigt, mit dem Stringende-Zeichen '\0' verglichen werden.

3. In den Zuweisungen muss der Operator * verwendet werden, damit die Zeichen - und keine Adressen - kopiert werden.

Eine richtige Version der Funktion lautet:

```
void strCat( char* s1, const char* s2)
{
  for( ; *s1 != '\0'; ++s1)
    ;

  for( ; *s2 != '\0'; ++s1, ++s2)
    *s1 = *s2;

  *s1 = '\0';
}
```

17.5

```
// ---------- Die Funktion rFind() ----------
//
int rFind( long arr[], int len, long target)
{
  long *ptr = arr + len -1;   // Letztes Element im Vektor

  for( ; ptr >= arr; --ptr)
    if( *ptr == target)
      return (ptr-arr);       // Index von *ptr.
  return -1;
}
```

17.6

```
// ---------- Die Funktion polynomial() ---------
double polynomial( double x, double coeff[], int n)
{
  double *p = coeff + n;      // p zeigt auf den letzten
                              // Koeffizient, also:
  double y = *p;              // *p = coeff[n]

  while( --p >= coeff)
  {
```

```
        y = y * x + *p;
    }
    return y;
}
```

17.7

```
// ----- Die Funktion isSorted() -----
// Prüft, ob ein Vektor in aufsteigender Reihenfolge
// sortiert ist.
//
bool isSorted( int arr[], int len)
{
    for( int *p = arr; p < arr + len-1;  ++p)
        if( *p > *(p+1) )
            return false;
    return true;
}


// ----- Die Funktion merge() -----
// Mischt zwei sortierte Vektoren.
// Return-Wert: Länge des Vektors mit dem Ergebnis oder
//              -1 falls ein Vektor unsortiert war.
//
int merge( int arr1[], int len1, int arr2[], int len2,
           int dest[])
{
    int *p1 = arr1, *p2 = arr2, *p3 = dest;

    if( !isSorted( arr1, len1) || !isSorted(arr2, len2))
        return -1;

    for(  ; p1 < arr1+len1 &&  p2 < arr2+len2; ++p3 )
    {
        if( *p1 <= *p2)
        { *p3 = *p1;  ++p1; }
        else
        { *p3 = *p2;  ++p2; }
    }

    // Kopiert die restlichen Elemente aus arr1 bzw. arr2:
    while( p1 < arr1+len1)
        *p3++ = *p1++;
```

```
    while( p2 < arr2+len2)
        *p3++ = *p1++;


    return (p3 - dest);
}
```

17.8

```
// ----------------------------------------------------------
// ex17_08.cpp
// Sortiert einen Vektor von Zeigern auf
// Objekte vom Typ MobilePhone.
// ----------------------------------------------------------
#include "mobilePhone.h"
#include <iostream>
using namespace std;

void sortMobiles( MobilePhone *arrM[], int len);

int main()
{
    MobilePhone
        mobile0("Nokia 6510", "Mary", "214-3658709"),
        mobile1("Motorola v70", "Bonny", "987-654321"),
        mobile2("Siemens C55 GPRS", "Clyde", "123-456789"),
        mobile3("Sony Ericsson T300", "Alex", "642-9753180");

    MobilePhone *arrMobiles[] =         // Vektor von Zeigern
    { &mobile0, &mobile1, &mobile2, &mobile3 };

    int i, len = sizeof(arrMobiles) / sizeof(MobilePhone *);

    cout << "Die Handys:" << endl;
    for( i = 0;  i < len;  ++i)
        arrMobiles[i]->display();

    cout <<"\nEs wird sortiert . . ."<< endl;

    sortMobiles( arrMobiles, len);

    cout << "Die sortierten Handys:" << endl;
    for( i = 0;  i < len;  ++i)
        arrMobiles[i]->display();
```

```
      return 0;
}

void sortMobiles( MobilePhone *arrM[], int len)
{
   MobilePhone *temp = NULL;
   int i, j, minj = 0;

   for( i = 0;  i < len-1;  ++i)
   {
     minj = i;
     for( j = i+1; j < len;  ++j)
        if( arrM[i]->getOwner() > arrM[j]->getOwner())
           minj = j;
     // Vektorelemente vertauschen:
     temp = arrM[i]; arrM[i] = arrM[minj]; arrM[minj] = temp;
   }
}
```

17.9

```
// ------------------------------------------------------------
// ex17_09.cpp
// Das Programm ruft die Standardfunktion strtok() auf,
// um einen Vektor mit Zeigern auf die in einem String
// enthaltenen Wörter zu erzeugen.
// ------------------------------------------------------------
#include <cstring>
#include <iostream>
using namespace std;

char text[] = "  Anything\t:takes,,?longer;?than \n"
              "you?? \tthink! ";
char delim[] = " \t\n,.:;!?";          // Wortbegrenzer
char *words[100];                      // Vektor mit Zeigern

int main()
{
   int count = 0;                      // Anzahl Wörter

   cout << "Der urspruengliche String:\n\n" << text << endl;

   // Das erste Wort:
   char *ptr = strtok( text, delim);
```

```
    while(ptr != NULL && count < 100) // Noch ein Wort?
    {
        words[count++] = ptr;
        // Das nächste Wort:
        ptr = strtok( NULL, delim );
    }

    cout << "\nDie im String enthaltenen Woerter:\n"
        << endl;
    for( int i=0; i < count; ++i)
        cout << words[i] << endl;
    cout << endl;

    return 0;
}
```

17.10

```
// -----------------------------------------------------------
// ex17_10.cpp
// Das Programm liest Gleitpunktzahlen von der
// Kommandozeile ein. Die Zahlen, ihre Summe und
// der Durchschnitt werden ausgegeben.
// -----------------------------------------------------------
#include <iostream>
#include <cstdlib>
using namespace std;

int main( int argc, char *argv[])
{
    int i=0;

    if( argc < 2 )
    {
        cerr << "Aufruf: sum Zahl1 [Zahl2 ... ]" << endl;
        return 0;
    }

    cout << "\nDie eingelesenen Zahlen:\n";
    for( i = 1; i < argc; i++)
        cout << argv[i] << "  ";
    cout << endl;
```

```
double sum = 0;                    // Summe berechnen.
for( int i = 1; i < argc; i++)
    sum += atof(argv[i]);

cout << "Summe:          " << sum << endl
    << "Durchschnitt: " << sum/(argc - 1) << endl;
return 0;
}
```

Kapitel 18

Grundlagen der Dateiverarbeitung

In diesem Kapitel verwenden Sie die Standardklassen von C++, um den Inhalt von Dateien zu verarbeiten und Objekte permanent auf der Festplatte zu speichern.

- Funktionalität der File-Stream-Klassen

  Zur Dateiverarbeitung stellt C++ die Standardklassen ifstream (Lesen aus einer Datei), ofstream (Schreiben in eine Datei) und fstream (Datei lesen und schreiben) zur Verfügung. Diese Klassen sind von den Stream-Klassen abgeleitet. Deshalb stehen für File-Streams die Operatoren >>, << und die Methoden get(), getline(), put(), read(), write() zum formatierten bzw. unformatierten Lesen und Schreiben zur Verfügung.

- Dateien öffnen und schließen

  Eine Datei wird direkt beim Anlegen eines File-Streams geöffnet, wenn dem Konstruktor der Dateiname übergeben wird. Andernfalls wird mit dem Default-Konstruktor ein Stream angelegt, der noch nicht mit einer Datei verbunden ist. Das Öffnen einer Datei erfolgt dann nachträglich mit der Methode open(). Beim Öffnen einer Datei wird stets auch der Eröffnungsmodus festgelegt. Dafür sind in der Basisklasse ios Flags definiert, wie z.B. ios::in, ios::out und ios::app, die mit dem Operator | kombiniert werden können. Falls der Eröffnungsmodus nicht explizit angegeben ist, werden Default-Werte verwendet. Eine Datei wird mit der Methode close() geschlossen oder spätestens bei der regulären Beendigung des Programms.

- Objekten Persistenz verleihen

  Um ein Objekt persistent zu speichern, werden seine Daten in einer Datei so abgelegt, dass beim Einlesen das ursprüngliche Objekt wieder rekonstruiert werden kann. Zu diesem Zweck werden die Daten einem Konstruktor der Klasse übergeben oder eigene Schreib-/Lese-Methoden in der Klasse definiert.

- Fehler beim Dateizugriff behandeln

  Ein Dateizugriff kann misslingen, z.B. wenn die notwendigen Zugriffsrechte nicht gegeben sind. In solchen Fällen wird das Status-Flag ios::failbit gesetzt, das mit der Methode fail() abgefragt werden kann. Auch mit dem Operator ! kann der Status eines Stream überprüft werden, z.B. if(!myfile) ....

  Das Status-Flag ios::eof zeigt an, dass beim Lesen der Datei das Dateiende erreicht wurde. Es kann mit der Methode eof() abgefragt werden.

Verständnisfragen

18.1 Eine Datei ist aus der Sicht eines C++-Programms eine Folge von

a) Bytes.

b) Datensätzen.

c) `int`-Werten.

18.2 Die aktuelle Dateiposition ist die Position des _____, das als nächstes gelesen oder geschrieben wird.

18.3 Beim sequentiellen Dateizugriff werden Daten

a) beginnend beim Anfang der Datei nacheinander verarbeitet.

b) an jeder beliebigen Position in der Datei gelesen oder geschrieben.

18.4 Die direkte Basisklasse der Klasse `ifstream` ist die Klasse _____.

18.5 Die File-Stream-Klassen sind in folgender Header-Datei deklariert:

a) `ios`

b) `fstream`

c) `iostream`

18.6 Ein Objekt einer File-Stream-Klasse heißt auch

a) Textdatei.

b) Zeichen-Stream.

c) File-Stream.

18.7 Die Methoden, Operatoren und Manipulatoren, die Sie im Zusammenhang mit `cin` and `cout` bereits verwendet haben, stehen auch für File-Streams zur Verfügung.

☐ Richtig   ☐ Falsch

18.8 Wenn eine Datei mit vorgegebenem Dateinamen ohne Pfadangabe geöffnet wird, muss sich die Datei im

a) aktuellen Verzeichnis befinden.

b) Hauptspeicher befinden.

c) Homeverzeichnis des Anwenders befinden.

18.9 Mit der Anweisung

```
ofstream ourFile("test.fle");
```

wird die Datei `test.fle`

a) nur zum Lesen geöffnet.

b) nur zum Schreiben geöffnet.

c) zum Lesen und Schreiben geöffnet.

18.10 Wenn eine Datei im Default-Modus, d.h. ohne explizite Angabe eines Eröffnungsmodus eröffnet wird, ist die aktuelle Dateiposition

a) nicht festgelegt.

b) der Dateianfang.

c) das Dateiende.

18.11 Der Konstruktor und die Methode `open()` der Klasse `fstream` verwenden als Default-Wert für den Eröffnungsmodus die Flags

_____.

18.12 Um eine bereits vorhandene Datei zum Schreiben zu öffnen ohne dabei den Inhalt zu löschen, kann folgender Eröffnungsmodus verwendet werden:

a) `ios::out`

b) `ios::out | ios::in`

c) `ios::out | ios::trunc`

18.13 Eine Datei, die im Modus `ios::in` geöffnet wird,

a) wird neu erzeugt, falls sie noch nicht vorhanden ist.

b) wird auf die Länge 0 gekürzt, falls sie schon vorhanden ist.

c) muss bereits vorhanden sein.

18.14 Im Anschluss an die Definition

```
fstream yourFile;
```

kann die sich im aktuellen Verzeichnis befindende Datei `"Cooky.txt"` mit folgender Anweisung zum Lesen und Schreiben geöffnet werden:

_____.

18.15 Zur Abfrage, ob beim Lesen das Dateiende bereits erreicht wurde, kann die Methode _____ aufgerufen werden.

18.16 Beim Lesen und Schreiben einer im Binärmodus geöffneten Datei werden

a) spezielle Steuerzeichen gesondert interpretiert und an das jeweilige Betriebssystem angepasst.

b) alle Bytes unverändert übertragen.

18.17   Ein regulär ablaufendes Programm schließt am Ende die geöffneten Dateien.

☐ Richtig   ☐ Falsch

18.18   Ein erfolgreich abgelaufenes Programm liefert normalerweise den Exit-Code ____.

18.19   Ein File-Stream kann mithilfe geeigneter Manipulatoren und dem Operator _____ formatiert gelesen werden.

18.20   Um eine vorgegebene Anzahl Bytes in einen File-Stream zu schreiben, können Sie folgende Methode verwenden:

a) `put()`

b) `putline()`

c) `write()`

Aufgaben

18.1   Formulieren Sie die erforderlichen Anweisungen, um

a) eine Textdatei `"letter.txt"` zum Schreiben ab Dateiende zu öffnen.

b) die Meldung

```
Fehler beim Oeffnen der Datei "letter.txt"
```

zur Standard-Fehlerausgabe zu schicken, falls die Datei nicht geöffnet werden konnte.

c) die Datei `"letter.txt"` zu schließen.

18.2   Was ist in folgenden Anweisungen falsch?

a)

```
fstream("students.dat", ios::out | ios::ate);
```

b)

```
ifstream infile("poems.txt", ios::in | ios::app);
```

c)

```
close("Demo.dat");
```

18.3   Erstellen Sie ein C++-Programm, das

- die Datei "memo.txt" zum Schreiben ab Dateiende öffnet.

- mehrere Textzeilen im Dialog von der Tastatur einliest und diese mit einem führenden Zeitstempel versehen in die Datei "memo.txt" schreibt. Der Anwender beendet seine Eingaben mit einem Punkt in einer neuen Zeile. Anschließend wird die Datei geschlossen.

- die Datei "memo.txt" zum Lesen öffnet, jede Textzeile aus der Datei einliest und mit einer Zeilennummer versehen auf dem Bildschirm ausgibt. Danach wird die Datei wieder geschlossen.

Falls ein Fehler beim Dateizugriff auftritt, wird eine entsprechende Fehlermeldung zusammen mit dem Dateinamen zur Standard-Fehlerausgabe geschickt.

Hinweis: Die aktuelle Zeit als String erhalten Sie durch den Aufruf der Standardfunktionen `time()` und `ctime()`.

18.4   Angenommen die Datei "employee.dat" enthält eine Identifikations-Nummer (kurz: ID), die in den ersten vier Bytes der Datei im binären Format gespeichert ist.

Schreiben Sie eine Funktion `readID()`, die die ID aus der Datei einliest. Die Funktion erwartet als Argumente den Dateinamen und eine Referenz auf `long`. Falls die Datei vorhanden ist, wird die ID in den Referenz-Parameter kopiert und die Funktion gibt `true` zurück. Anschließend wird die Datei geschlossen.

Falls die ID nicht eingelesen werden kann, gibt die Funktion `false` zurück. Ist die Datei nicht vorhanden, wird zusätzlich der Referenz-Parameter auf – 1 gesetzt.

18.5   **a)** Schreiben Sie ein C++-Programm, das Prüfungsergebnisse von Studenten/Schülern in eine Datei schreibt.

- Definieren Sie zu diesem Zweck eine Struktur `StudentScores` mit einer Komponente für die ID eines Studenten/Schülers und einem Vektor, der vier Prüfungsergebnisse als Zahlen zwischen 0 und 100 speichern kann. Definieren Sie außerdem inline-Funktionen, die eine Fehlermeldung an die Standard-Fehlerausgabe schicken und das Programm beenden, falls ein Fehler beim Dateizugriff auftritt. Geben Sie die Definitionen in einer Header-Datei an.

- Erstellen Sie in einer separaten Quelldatei eine `main`-Funktion, die

  - einen Vektor mit fünf Elementen vom Typ `StudentScores` definiert und initialisiert.

  - eine Textdatei "testScores.txt" öffnet, alle Vektor-elemente in die Datei schreibt und anschließend die Datei schließt.

■ die Anzahl der in die Datei geschriebenen Datensätze auf dem Bildschirm ausgibt.

b) Schreiben Sie ein zweites C++-Programm, in dem ein Vektor mit Elementen vom Typ StudentScores definiert wird. Anschließend soll der Inhalt der Datei "testScores.txt" in die Vektorelemente eingelesen und die Prüfungsergebnisse der Studenten sollen formatiert auf dem Bildschirm ausgegeben werden.

18.6 Implementieren und testen Sie eine Klasse Customer, die den Vor- und Nachnamen eines Kunden sowie dessen Kundennummer darstellt. Neben einem Konstruktor, Zugriffsmethoden und einer Methode zur Ausgabe der Datenelemente soll die Klasse auch folgende Methoden zur Verfügung stellen:

■ write()   erwartet als Argument eine Referenz auf einen Stream vom Typ ostream, der im Binärmodus geöffnet wurde, und schreibt die Daten des aktuellen Objekts in die Datei.

■ read()   erwartet als Argument eine Referenz auf einen Stream vom Typ istream, der im Binärmodus geöffnet wurde, und liest den Datensatz eines Kunden aus der Datei in die Datenelemente des aktuellen Objekts.

Beide Methoden liefern die als Argument übergebene Referenz auch als Return-Wert zurück. Definieren Sie jede Methode inline. Geben Sie die Klassendefinition in einer Header-Datei customer.h an.

Schreiben Sie ein Anwendungsprogramm, in dem ein Vektor mit einigen Objekten vom Typ Customer initialisiert wird. Jedes Vektorelement schreibt anschließend seine eigenen Daten in eine Datei. Anschließend wird die Datei geschlossen, zum Lesen erneut geöffnet und der Dateiinhalt auf dem Bildschirm ausgegeben.

18.7 Definieren Sie eine Klasse CustomerFile zur Darstellung einer Datei, die Kundendaten speichert (vgl. Aufgabe 18.6).

a) Geben Sie die Klassendefinition in der Header-Datei customer.h an. Als Datenelemente besitzt die Klasse einen char-Vektor für den Dateinamen, einen Stream vom Typ fstream und eine Variable für die aktuelle Anzahl Datensätze in der Datei. Deklarieren Sie folgende Methoden:

■ einen Konstruktor mit einem Parameter für den Dateinamen.

■ die Methode append(), der als Argument ein Objekt der Klasse Customer übergeben wird. Sie liefert true, wenn der Datensatz in die Datei geschrieben werden konnte, andernfalls false.

■ die Methode display() ohne Parameter und ohne Return-Wert.

Definieren Sie außerdem folgende `inline`-Methoden:

- `getCount()` liefert die Anzahl Datensätze in der Datei
- `error()` schickt eine als Argument übergebene Meldung zur Standard-Fehlerausgabe und verlässt das Programm mit einem Aufruf der Standardfunktion `exit()`. Nur die Methoden der Klasse sollen die Methode `error()` aufrufen können.

b) Implementieren Sie in einer separaten Quelldatei `customer.cpp`

- den Konstruktor der Klasse `Customerfile`, der den Dateinamen in das entsprechende Datenelement kopiert und die Datei zum Lesen im Binärmodus öffnet. Falls die Datei vorhanden ist, wird jeder Datensatz in der Datei gelesen, um die Anzahl Datensätze in der Datei zu bestimmen. Danach wird die Datei geschlossen. Falls die Datei nicht existiert, wird die Anzahl Datensätze auf o gesetzt. In beiden Fällen werden die Statusflags des Streams mit einem Aufruf der Stream-Methode `clear()` zurückgesetzt.

  Hinweis: Verwenden Sie folgende Standardfunktion:

  ```
  char* strncpy(char* dest, const char* src, int n);
  ```

  Diese kopiert die ersten `n` Zeichen des C-Strings `src` in den `char`-Vektor `dest`. Beachten Sie, dass die Funktion das Stringende-Zeichen `'\0'` nicht anhängt, wenn die Länge von `src` größer oder gleich `n` ist.

- die Methode `append()`, die die Datei im Binärmodus öffnet, um die Daten eines als Argument übergebenen Kunden in die Datei zu schreiben. Die Datei wird anschließend geschlossen und die Anzahl Datensätze inkrementiert.

- die Methode `display()`, die jeden Datensatz aus der Datei einliest und auf dem Bildschirm ausgibt. Die Datei wird anschließend geschlossen und das End-of-file-Flag durch einen Aufruf der Methode `clear()` zurückgesetzt.

18.8 Testen Sie die Klasse `CustomerFile` aus der letzten Aufgabe. Schreiben Sie dazu ein Anwendungsprogramm mit den folgenden Funktionen:

- Die Funktion `menu()` zeigt folgendes Menü auf dem Bildschirm an:

  ```
  E = Neuen Kunden einfuegen
  A = Alle Kunden anzeigen
  B = Programm beenden
  Ihre Wahl:
  ```

  Sie liefert die Wahl des Kunden als Return-Wert.

■ Die `main`-Funktion definiert ein Objekt der Klasse `CustomerFile` und ruft in einer Schleife die Funktion `menu()` auf. Gemäß der Auswahl des Benutzers werden die entsprechenden Aktionen ausgeführt.

18.9 Das Programm `customerFile` aus der letzten Übung soll auch die Suche nach einem Kunden ermöglichen. Zu diesem Zweck soll

■ die Methode `retrieve()` in die Klasse `CustomerFile` eingefügt werden. Die Parameter der Methode sind die Kundennummer und eine Referenz auf ein Objekt vom Typ `Customer`.

Die Methode sucht in der Datei nach der Kundennummer. Falls die Nummer gefunden wird, sollen die Daten des Kunden in den Referenzparameter kopiert werden und als Return-Wert ist `true`, andernfalls `false` zurückzugeben.

■ der folgende Menüpunkt in Ihr Anwendungsprogramm eingefügt werden:

```
S = Kunden suchen
```

■

■ die `main()` Funktion vervollständigt werden, damit auch der neue Menüpunkt entsprechend berücksichtigt wird.

18.10 Schreiben und testen Sie ein C++-Programm, das zwei sortierte Dateien in eine dritte Datei mischt. Zu diesem Zweck

■ verwenden Sie einen Editor zum Erstellen von zwei Dateien mit ganzen Zahlen, die in aufsteigender Reihenfolge sortiert sind.

■ schreiben Sie eine `main()`-Funktion, die zwei sortierte Dateien in eine dritte Datei mischt. Verwenden Sie zum Mischen den Algorithmus wie in Aufgabe 17.7 dargestellt.

■ verwenden Sie wieder einen Editor, um das Ergebnis in der dritten Datei anzuzeigen.

Lösungen zu den Verständnisfragen

18.1 a)

18.2 Bytes

18.3 a)

18.4 `istream`

18.5 b)

18.6 c)

18.7 Richtig

18.8   a)

18.9   b)

18.10   b)

18.11   ios::in | ios::out

18.12   b)

18.13   c)

18.14   yourFile.open("Cooky.txt");
        (oder: yourFile.open("Cooky.txt", ios::in | ios::out);)

18.15   eof()

18.16   b)

18.17   Richtig

18.18   o

18.19   >>

18.20   c)

Lösungen zu den Aufgaben

18.1   a)

```
#include <iostream>
#include <fstream>
using namespace std;
ofstream outfile("letter.txt", ios::out | ios::app);
```

b)

```
if(!outfile)
    cerr << "Fehler beim Oeffnen der Datei \"letter.txt\""
        << endl;
```

c)

```
outfile.close();
```

18.2   a) Der Name des Streams fehlt. Deshalb wird ein temporäres Objekt erzeugt, auf das zum Schreiben nicht zugegriffen werden kann. Die Datei wird durch den Destruktor wieder geschlossen.

b) Das Flag ios::app ist nur zusammen mit ios::out sinnvoll und zuläs-sig.

c) Die Methode close() muss für ein Stream-Objekt aufgerufen werden. Eine globale Funktion close() für File-Streams existiert nicht.

18.3

```cpp
// ------------------------------------------------------------
// ex18_03.cpp
// Liest einige Textzeilen im Dialog ein und schreibt sie
// mit einem Zeitstempel versehen in die Datei "memo.txt".
// Anschließend werden die Textzeilen aus der Datei gelesen
// und mit Zeilennummern versehen ausgegeben.
// ------------------------------------------------------------

#include <iostream>
#include <fstream>
#include <ctime>
using namespace std;

char filename[] = "memo.txt";

inline void openError( const char* s)
{  cerr << "Fehler beim Oeffnen von " << s << endl; exit(1);}

inline void writeError( const char* s)
{ cerr << "Fehler beim Schreiben in " << s << endl; exit(2);}

inline void readError( const char* s)
{ cerr << "Fehler beim Lesen aus " << s << endl; exit(3);}

int main()
{
    char line[100];
    const int size = sizeof(line);
    int number = 0;

    fstream memoFile( filename, ios::out | ios::app);
    if( !memoFile)
        openError(filename);

    time_t sec = time(NULL);
    memoFile << ctime( &sec );              // Zeitstempel
```

```
cout << "Geben Sie Ihre Anmerkungen ein:\n"
     << "(Ende mit einem Punkt in einer neuen Zeile)"
     << endl;


while(cin.getline( line, size))   // Textzeilen im Dialog
{                                 // einlesen und in die
   if( line[0] == '.')            // Datei schreiben.
      break;
   if( !(memoFile << line << endl) )
      writeError(filename);
}
memoFile.close() ;                // Datei schließen


memoFile.open( filename, ios::in);  // u. wieder öffnen.
if( !memoFile)
   openError(filename);


while(memoFile.getline(line, size))  // Textzeile lesen
{                                    // u. mit Zeilen-
   cout.width(5);                    // nummer ausgeben.
   cout << ++number << ": " << line << endl;
}
if( !memoFile.eof())
   readError(filename);


return 0;
}
```

18.4

```
// -------------------------------------------------------
// ex18_04.cpp
// Die Funktion readId() liest die ID aus einer Datei.
// -------------------------------------------------------
#include <iostream>
#include <fstream>
using namespace std;


bool readID( const char file[], long& id)
{
   bool ok = true;

   // Öffnet die Datei zum Lesen im Binärmodus:
   fstream infile( file, ios::in | ios::binary);
```

```
if(infile.fail())      // Falls die Datei nicht existiert
{                      // oder falls ein Fehler beim
   id = -1;            // Öffnen auftritt.
   ok = false;
}
else
{                      // ID einlesen.
   if( !infile.read((char*)&id, sizeof(long)) )
       ok = false;     // Fehler beim Lesen.
   infile.close();
}
return ok;
}
```

18.5

```
// ------------------------------------------------------------
// studentScores.h
// Definiert die Struktur StudentScores und
// einige inline-Funktionen.
// ------------------------------------------------------------
#ifndef _STUDENTSCORES_
#define _STUDENTSCORES_

#include <iostream>
#include <cstdlib>
using namespace std;

#define STUD_NUM 5    // Anzahl Studenten

struct StudentScores { long id;  short testScores[4]; };

inline void openError( const char* s)
{ cerr << "Fehler beim Oeffnen der Datei" << s << endl;
   exit(1);
}
inline void writeError( const char* s)
{ cerr << "Fehler beim Schreiben in die Datei "<< s << endl;
   exit(2);
}
inline void readError( const char* s)
{ cerr << "Fehler beim Lesen der Datei " << s << endl;
   exit(3);
```

```
}
inline void closeError( const char* s)
{  cerr << "Fehler beim Schließen der Datei" << s << endl;
   exit(4);
}
#endif    // _STUDENTSCORES_


// -----------------------------------------------------------
// ex18_05W.cpp
// Schreibt Prüfungsergebnisse in die Datei "testScores.txt"
// -----------------------------------------------------------
#include <iostream>
#include <fstream>
#include "studentScores.h"
using namespace std;

char filename[] = "testScores.txt";

int main()
{
    int count = 0;
    // IDs von Studenten und die Prüfungsergebnisse:
    StudentScores students[STUD_NUM] = {
        { 12345, 82, 56, 67, 95},
        { 54321, 92, 69, 85, 59},
        { 23456, 92, 97, 89, 96},
        { 65432, 58, 62, 70, 59},
        { 34567, 91, 69, 84, 69}
    };

    ofstream ofile(filename);          // Öffnet die Datei
    if( !ofile)                        // zum Schreiben.
        openError(filename);

    for(int i = 0; i < 5; i++)         // Daten in die Datei
    {                                  // schreiben.
        ofile << students[i].id;
        for( int j = 0; j < 4; j++)
        {
            if( !(ofile << '\t' << students[i].testScores[j]) )
                writeError(filename);
        }
```

```
      ofile << endl;
      ++count;
   }
   ofile.close();                    // Datei schließen.
   if( !ofile)
      closeError(filename);

   cout << "\nAnzahl Datensaetze, die in die Datei "
      << filename << " geschrieben wurden: " << count
      << endl;
   return 0;
}


// ------------------------------------------------------------
// ex18_05R.cpp
// Liest Prüfungsergebnisse aus der Datei "testScores.txt"
// ------------------------------------------------------------
#include <iostream>
#include <iomanip>
#include <fstream>
#include "studentScores.h"
using namespace std;

char filename[] = "testScores.txt";

int main()
{
   int i=0, j=0;
   // IDs von Studenten und ihre Prüfungsergebnisse:
   StudentScores students[STUD_NUM];

   ifstream ifile(filename);         // Datei zum Lesen
   if( !ifile)                       // öffnen.
      openError(filename);

   for(i = 0; i < STUD_NUM; i++)     // Daten aus der
   {                                 // Datei einlesen.
      ifile >> students[i].id;
      for( j = 0; j < 4; j++)
      {
         if( !(ifile >> students[i].testScores[j]) )
            break;
```

```
        }
    }
    if( i < 5)
        readError(filename);

    ifile.close();                          // Datei schließen.
    if( !ifile)
        closeError(filename);

    // Daten ausgeben:
    cout << "\n Nr | Studenten ID |     Pruefungsergebnisse"
            "\n---------------------------------------------"
         << endl;
    for(i = 0; i < STUD_NUM; i++)
    {
        cout << setw(3)  << i << " | "
             << setw(12) << students[i].id << " | ";      // ID
        for( j = 0; j < 4; j++)                 // Testergebnisse
            cout << setw(5) << students[i].testScores[j];
        cout << endl;
    }

    return 0;
}
```

18.6
```
// ----------------------------------------------------------
// customer.h
// Definiert die Klasse Customer.
// ----------------------------------------------------------
#include <iostream>
#include <iomanip>
#include <string>
using namespace std;

class Customer
{
    private:
        unsigned long pin;
        string name;

    public:
        Customer( unsigned long id = 0, const string& n = "")
```

```
        : pin(id), name(n) {}

    // Zugriffsmethoden
    const string& getName() const { return name; }
    void   setName( const string& n) { name = n; }

    unsigned long getPIN() const { return pin; }
    void setPIN( unsigned long id) { pin = id;}

    // Gibt die Datenelemente aus
    void display() const { cout << setw(10) << pin
                            << "    " << name << endl; }

    // Schreibt die Datenelemente in die Datei
    ostream& write( ostream& os) const
    {
        os.write((char*)&pin, sizeof(pin));
        os << name << '\0';
        return os;
    }
    // Liest einen Datensatz in die Datenelemente
    istream& read( istream& is)
    {
        is.read((char*)&pin, sizeof(pin));
        getline( is, name, '\0');
        return is;
    }
};
```

18.7
```
// -----------------------------------------------------------
// customer.h
// Definiert die Klassen Customer und CustomerFile.
// -----------------------------------------------------------
#ifndef _CUSTOMER_
#define _CUSTOMER_

#include <iostream>
#include <fstream>
#include <iomanip>
#include <string>
#include <cstdlib>
using namespace std;
```

```
class Customer
{
    // wie zuvor.
};

class CustomerFile
{
    private:
      char  filename[128];   // Dateiname
      fstream  file;         // Datei-Stream
      unsigned long count;   // Aktuelle Anzahl Datensätze

      void error( const char *reason)
      { cerr << "CustomerFile: Fehler "<< reason
             <<" der Datei " << filename << endl;
        exit(1);
      }

    public:
      CustomerFile( const char* s);
      unsigned long getCount() const { return count; }
      void append( const Customer& cust);
      void display();
};
#endif  // _CUSTOMER_


// ------------------------------------------------------------
// customer.cpp
// Definiert die Methoden der Klassen Customer und
// CustomerFile, die nicht inline definiert sind.
// ------------------------------------------------------------
#include "customer.h"
#include <cstring>

// --- Class CustomerFile --------------------------------
// Konstruktor:
CustomerFile::CustomerFile( const char* s)
{
    strncpy(filename, s, 127);  filename[127] = '\0';
    count = 0;
    // Öffnet die Datei zum Lesen:
```

```
    file.open(filename, ios::in | ios::binary);
    if( !file.fail())              // Falls die Datei existiert:
    {                              // Anzahl Datensätze in der
        Customer buffer;           // Datei zählen.
        while( buffer.read(file))
            ++count;
        if( !file.eof())
            error("beim Lesen");

        file.close();
    }
    file.clear();                  // Fehlerflags zurücksetzen.
}


void CustomerFile::append( const Customer& cust)
{
    file.open(filename, ios::out | ios::app | ios::binary);
    if(!file)
        error("beim Oeffnen");

    if( !cust.write(file))
        error("beim Schreiben");

    ++count;
    file.close();
}


void CustomerFile::display()
{
    if( count == 0)
        cout << " Kein Kunde vorhanden!" << endl;
    else
    {
        Customer buffer;

        file.open(filename, ios::in | ios::binary);
        if(!file)
            error("beim Oeffnen");

        while( buffer.read(file))
            buffer.display();
```

```
      if( !file.eof())
        error("beim Lesen");

      file.clear();                  // EOF-Flag zurücksetzen.
      file.close();
    }
}
```

18.8
```
// ------------------------------------------------------------
// ex18_08.cpp
// Testet die Klassen Customer und CustomerFile.
// ------------------------------------------------------------
#include <iostream>
#include "customer.h"
using namespace std;

int menu();

inline void skipRestOfLine()  // Verwirft restliche Zeichen
{                             // im Eingabepuffer incl. '\n'.
  char c;
  while( cin.get(c) && c != '\n')
     ;
}

char filename[] = "customer.dat";

char header[] = "\n\n\t   ***** Kundendatei ****** \n\n";

int main()
{
   int action = 0;          // Wahl des Benutzers
   char name[128];          // Name des Kunden
   unsigned pin;            // Kundennummer

   CustomerFile file(filename);

   while( action != 'B')
   {
      action = menu();
      switch(action)
      {
```

```
            case 'E':                        // Anhängen:
               cout << "\n Kundennummer eingeben:    ";
               if( !(cin >> pin))
                  break;
               else
                  skipRestOfLine();
               cout << " Name des Kunden eingeben: ";
               if( !cin.getline(name, 127))
                   break;
               file.append( Customer(pin, name));
               break;

            case 'A':             // Ausgabe auf dem Bildschirm:
               cout << "\n Die Kunden in der Datei "
                    << filename << " : \n" << endl;
               file.display();
               break;

            case 'B':                        // Programm beenden:
               cout << " Bye, bye!" << endl;
               break;
         }
      }
      return 0;
}

int menu()
{
   char choice;

   static char menuStr[] =
      "\n\n              E = Neuen Kunden einfuegen "
      "\n\n              A = Alle Kunden anzeigen"
      "\n\n              B = Programm beenden"
      "\n\n Your choice: ";

   cout << header << menuStr;
   do
   {
      if (!cin.get(choice))
         choice = 'B';
      else
```

```
        choice = toupper(choice);
    } while( choice != 'E' && choice != 'A' && choice != 'B');


    skipRestOfLine();
    return choice;
}
```

18.9

```
// Die Methode retrieve() in der Quelldatei customer.cpp

bool CustomerFile::retrieve( unsigned long pin,
                             Customer& cust)
{
    bool found = false;
    if( count != 0)
    {
        Customer buffer;

        file.open(filename, ios::in | ios::binary);
        if(!file)
            error("opening");

        while( found == false && buffer.read(file))
            if( buffer.getPIN() == pin)
                found = true;

        if( found == true)
            cust = buffer;
        else if(!file.eof())
            error("reading");

        file.clear();                   // EOF-Flag zurücksetzen.
        file.close();
    }
    return found;
}
```

18.10

```
// ------------------------------------------------------------
// ex18_10.cpp
// Mischt zwei sortierte Dateien.
// ------------------------------------------------------------
#include <iostream>
#include <fstream>
```

```cpp
#include <iomanip>
#include <cstdlib>
using namespace std;

char inFile1[] = "SortedNum1.txt",
    inFile2[] = "SortedNum2.txt",
    outFile[] = "Merged.txt";

inline void openError( const char* s)
{   cerr << " Fehler beim Oeffnen der Datei " << s << endl;
    exit(1);
}

inline void writeError( const char* s)
{   cerr << " Fehler beim Schreiben in die Datei " << s
        << endl;  exit(2);
}

inline void readError( const char* s)
{   cerr << " Fehler beim Lesen der Datei " << s << endl;
    exit(3);
}

int main()
{
    cout << "Mischt die Dateien " << inFile1
        << " und " << inFile2 << endl;

    ifstream inf1( inFile1),          // Zum Lesen öffnen
            inf2( inFile2);
    if( !inf1)
      openError( inFile1);
    if( !inf2)
      openError( inFile2);

    ofstream outf( outFile);          // Zum Schreiben öffnen
    if( !outf)
      openError( outFile);

    // Das Mischen starten:
    int num1, num2, min;
```

```
if( !(inf1 >> num1))
   readError( inFile1);


if( !(inf2 >> num2))
   readError( inFile2);


do
{
   if( num1 <= num2)
   {
      min = num1;
      inf1 >> num1;
   }
   else
   {
      min = num2;
      inf2 >> num2;
   }
   outf << min << endl;      // Schreibt die kleinere
   if( !outf)                // Zahl in die dritte Datei.
      writeError( outFile);
}
while( !inf1.fail() && !inf2.fail());


if( inf1.eof())      // Ende der ersten Datei erreicht.
{                    // Restliche Zahlen aus der zweiten
   do                // Datei anhängen.
   {
      outf << num2 << endl;
      if( !outf)
         writeError( outFile);
   }
   while( inf2 >> num2);
   if( !inf2.eof())
      readError( inFile2);
}
else if( inf2.eof()) // Ende der zweiten Datei erreicht.
{                    // Restliche Zahlen aus der ersten
   do                // Datei anhängen.
   {
      outf << num1 << endl;
      if( !outf)
```

```
            writeError( outFile);
    }
    while( inf1 >> num1);
    if( !inf1.eof())
        readError( inFile1);
}


cout << "\nMischen beendet!"
     << "\nDas Ergebnis steht in der Datei " << outFile
     << endl;

// Die Dateien werden am Ende des Programms geschlossen.
return 0;
}
```

Kapitel 19

Operatoren überladen

In C++ ist es möglich, Operatoren für Klassen zu überladen, d.h. festzulegen, welche Bedeutung ein Operator für Objekte einer bestimmten Klasse haben soll. Beispielsweise können zwei Objekte x1 und x2 einer Klasse X mit x1 < x2 verglichen werden, wenn der Operator < für diese Klasse überladen wurde.

Überladbar sind alle in C++ vorhandenen Operatoren mit Ausnahme des sizeof-Operators, des Auswahloperators ?: , der Operatoren . .* :: und der Cast-Operatoren. Die Anzahl der Operanden und der Vorrang eines Operators bleiben bei einer Überladung unverändert.

Ein Operator wird überladen, indem eine entsprechende Operatorfunktion definiert wird. Die Operatorfunktion legt die Aktionen fest, die der Operator ausführt. Der Name einer Operatorfunktion beginnt mit dem Schlüsselwort operator, gefolgt vom Operatorsymbol, z.B operator< . In diesem Kapitel werden Sie

- Operatorfunktionen als Methoden einer Klasse definieren

  Falls möglich, werden Operatorfunktionen als Methoden definiert. Die Operatorfunktion eines unären Operators besitzt dann keinen Parameter und der Operand ist das Objekt, für das der Operator aufgerufen wird. Bei einem binären Operator besitzt die Operatorfunktion einen Parameter für den rechten Operanden. Der linke Operand ist wieder ein Objekt der Klasse. Es gibt vier Operatoren, die als Methoden überladen werden müssen, nämlich die Operatoren = () [] und ->.

- globale Operatorfunktionen definieren

  Wenn ein binärer Operator in beiden Operanden »symmetrisch« ist (z.B. ist a+b äquivalent zu b+a), muss eine globale Operatorfunktionen definiert werden. Dies ist auch der Fall, wenn ein Operator für eine andere Klasse, die nicht verändert werden kann, überladen werden soll. Einer globalen Operatorfunktion werden alle Operanden als Argumente übergeben. Sie kann allerdings nicht direkt auf die privaten Elemente der Klasse zugreifen.

- friend-Funktionen und friend-Klassen einsetzen

  Wenn eine Klasse X eng mit einer globalen Funktion oder mit Methoden einer anderen Klasse zusammenarbeitet, kann die Klasse X den Zugriff auf ihre privaten Elemente erlauben. Dies geschieht durch eine friend-Deklaration innerhalb der Klasse X. Die friend-Technik weicht das Konzept der Datenkapselung auf und sollte nur mit Vorsicht verwendet werden.

Verständnisfragen

19.1   Wenn ein Operator für verschiedene Datentypen definiert ist, wird er als
_____ bezeichnet.

19.2   Bei der Überladung eines Operators kann sein Vorrang geändert werden.

☐ Richtig   ☐ Falsch

19.3   Sie können

a) einen Operator, der für elementare Datentypen noch nicht besteht, neu definieren.

b) bereits vorhandene Operatoren für Klassen überladen.

c) einen Operator für elementare Daten redefinieren.

19.4   Wenn Sie einen binären Operator als Methode der Klasse überladen, ist ein Objekt, für das die Methode aufgerufen wird, der

a) rechte Operand des Operators.

b) linke Operand des Operators.

19.5   Wenn Sie einen unären Operator als Methode der Klasse überladen, weist die entsprechende Operatorfunktion nur einen Parameter auf.

☐ Richtig   ☐ Falsch

19.6   Angenommen, der unäre Operator – soll für eine Klasse `Fraction` als Methode überladen werden. Dann lautet die Deklaration der Operatorfunktion innerhalb der Klasse _____.

19.7   Wenn der binäre Operator + für eine Klasse überladen wurde, ist auch automatisch der Operator += überladen.

☐ Richtig   ☐ Falsch

19.8   Eine Operatorfunktion, die eine Referenz auf das aktuelle Objekt zurückgibt, enthält folgende `return`-Anweisung:

a) `return *this;`

b) `return this;`

19.9   Der Operator += ist für die Klasse `string` als Methode überladen. Nach der Definition

```
string s("Just walking in ");
```

ist deshalb folgende Anweisung zulässig:

a) s.operator+= "the rain";

b) operator+=(s, "the rain");

c) s.operator+=("the rain");

19.10 Angenommen, der binäre Operator + ist als globale Operatorfunktion mit zwei Parametern vom Typ const Test& überladen und es liegt keine weitere Überladung dieses Operators vor. Für ein Objekt myTest der Klasse Test ist dann der Ausdruck

```
myTest + 5.5;
```

zulässig, falls die Klasse Test einen

a) Defaultkonstruktor besitzt.

b) Kopier-Konstruktor besitzt.

c) Konstruktor mit einem Parameter vom Typ double besitzt.

19.11 Gegeben sei eine Klasse Test mit einem Konstruktor, der einen Parameter vom Typ int besitzt. Außerdem ist der Operator / mithilfe einer Methode für zwei Objekte der Klasse Test überladen. Für ein Objekt a der Klasse Test ist dann

a) 10 / a

b) a / 10

ein zulässiger Ausdruck vom Typ Test

19.12 Wenn ein binärer Operator als linken Operand einen L-Wert benötigt, sollte die Operatorfunktion als _____ definiert werden.

19.13 Um einen binären Operator so zu überladen, dass dessen Operanden in einem Ausdruck austauschbar sind, sollte eine globale Operatorfunktion definiert werden.

☐ Richtig   ☐ Falsch

19.14 Angenommen, eine Klasse ist bereits vorhanden und soll nicht mehr geändert werden, wie z.B. eine Klasse der C++-Standardbibliothek. Dann ist es nicht möglich, einen Operator für diese Klasse zu überladen.

☐ Richtig   ☐ Falsch

19.15 Um einer globalen Funktion den Zugriff auf die privaten Elemente einer Klasse zu ermöglichen, kann die Funktion in der Klasse als _____ deklariert werden.

19.16 Wenn eine globale Funktion in einer Klasse als `friend` deklariert ist, steht ihr der `this`-Zeiger zur Verfügung.

☐ Richtig ☐ Falsch

19.17 Angenommen, eine Klasse X soll einer Klasse Y den Zugriff auf ihre privaten Elemente erlauben. Dann ist folgender Ausschnitt aus der Definition korrekt:

a) `class X { ... friend class Y; ... };`

b) `friend class Y { ... class X; ... };`

c) `class Y { ... friend class X; ... };`

19.18 Die Operatorfunktion zur Überladung des Indexoperators muss eine

a) globale Funktion sein.

b) statische Methode sein.

c) nicht-statische Methode sein.

19.19 Bei der Überladung des Indexoperators muss der rechte Operand einen ganzzahligen Typ aufweisen.

☐ Richtig ☐ Falsch

19.20 Angenommen, der Operator `<<` wird für eine Klasse zur Ausgabe auf einen Stream überladen. Dann sollte es sich bei dem Return-Typ der entsprechenden Operatorfunktion um eine Referenz auf _____ handeln.

Aufgaben

19.1 Angenommen, der Präfix-Operator `++` und die binären Operatoren `+=` und `-` sind als Methoden in der Klasse `Test` überladen. Außerdem sind a und b Objekte der Klasse `Test`. Ersetzen Sie folgende Ausdrücke mit den direkten Aufrufen der Operatorfunktionen:

a) `a += b`

b) `b - a`

c) `++a`

19.2 Eine Klasse `Wallet` stellt einen Betrag von Münzen und Geldscheinen in einer Geldbörse dar. Die Klasse besitzt das Datenelement `amount` vom Typ `long`, das den Geldbetrag in Cent speichert.

Der binäre Operators `+=` soll als `inline`-Methoden überladen werden. Bestimmen Sie die Fehler in den folgenden Definitionen:

a)

```
Wallet& operator+=( const Wallet& w, long cents)
{                               // Cents hinzufügen.
    w.amount = w.amount + cents;
    return *this;
}
```

b)

```
Wallet& operator+=( Wallet& w)  // Inhalt einer anderen
{                               // Börse hinzufügen.
    Wallet* this;
    this->amount += w.amount;
    w.amount = 0L;
    return *this;
}
```

19.3   Die Vergleichsoperatoren == und < sollen für die Klasse Wallet (vgl. Aufgabe 19.2) überladen werden. Zu diesem Zweck sind globale Operatorfunktionen als friend-Funktionen der Klasse zu deklarieren.

Finden Sie die Fehler in folgenden friend-Deklarationen:

a)

```
friend bool operator==( const Wallet& w) const;
```

b)

```
friend Wallet::operator<(const Wallet& w1,
                         const Wallet& w2);
```

19.4   Angenommen, die globalen Operatorfunktionen operator==() und operator<() sind in der Klasse Wallet (vgl. Aufgabe 19.3) als friend-Funktionen deklariert und außerhalb der Klasse wie folgt definiert:

a)

```
inline bool operator==( const Wallet& w1,
                        const Wallet& w2)
{
    return (this.amount == w2.amount);
}
```

b)

```
friend bool operator<(const Wallet& w1,
                       const Wallet& w2)
{
    return (w1.amount < w2.amount);
}
```

Bestimmen Sie die Fehler in den Definitionen.

19.5 Im dreidimensionalen Raum ist jeder Punkt P eindeutig durch kartesische Koordinaten (x, y, z) bestimmt, wobei es sich bei x, y und z um reelle Zahlen handelt.

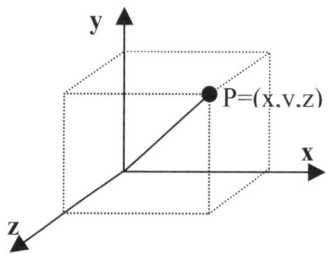

Definieren Sie die Klasse `Point3D` zur Darstellung eines Punktes im dreidimensionalen Raum. Die Klasse besitzt drei Datenelemente vom Typ `double` und soll außerdem folgende Methoden zur Verfügung stellen:

■ einen Konstruktor, der jedes Vektorelement initialisiert.

■ eine Operatorfunktion, die den unären Operator – überlädt.

Hinweis: Für einen Punkt (x, y, z) ist sein negativer Wert -(x, y, z) definiert durch (x, y, z)

■ Operatorfunktionen zum Überladen der binären Operatoren += und -=.

Hinweis: Die Summe von zwei Punkten (x1, y1, z1) und (x2, y2, z2) ist definiert durch (x1 + x2, y1 + y2, z1 + z2). Die Differenz der beiden Punkte ist definiert durch (x1 - x2, y1 - y2, z1 - z2).

■ eine Methode `toString()`, die die Koordinaten eines Punktes in einen String im Format (x, y, z) umwandelt.

Hinweis: Definieren Sie einen Stream der Klasse `stringstream`, die in der Header-Datei `sstream` definiert ist. Schreiben Sie die entsprechenden Zeichen und Koordinaten mit dem Operator `<<` in den Stream. Ein Aufruf der Methode `str()` der Klasse `stringstream` liefert dann den String.

Überladen Sie für die Klasse `Point3D` auch den Operator <<, der mithilfe der Methode `toString()` einen Punkt am Bildschirm anzeigt. Definieren Sie die Methoden und die globale Operatorfunktion `inline`. Geben Sie die Definitionen in der Header-Datei `point3D.h` an.

Testen Sie die Klasse `Point3D` mit einem Anwendungsprogramm, das mit zwei Objekten der Klasse `Point3D` die oben definierten arithmetischen Operationen ausführt und die Ergebnisse auf dem Bildschirm anzeigt.

19.6 Vervollständigen Sie die Definition der Klasse `Point3D` aus Aufgabe 19.5 wie folgt:

Definieren Sie Methoden zum Überladen

- des binären Operators *=, der das Skalarprodukt P = P * c für einen Punkt P und eine Gleitpunktzahl c berechnet.

  Hinweis: Das Skalarprodukt P * c eines drei-dimensionalen Punktes P = (x, y, z) und einer Gleitpunktzahl c ist definiert als: (c*x, c*y, c*z)

- des Indexoperators [] in einer konstanten und nicht-konstanten Version. Für einen Punkt P = (x,y,z) speichert P[0] die x-Koordinate, P[1] die y-Koordinate und P[2] die z-Koordinate. Bei Angabe eines anderen Indexes wird eine Fehlermeldung ausgegeben und das Programm beendet.

Schreiben Sie globale Operatorfunktionen zum Überladen

- der binären Operatoren + und −, die die Summe und Differenz von zwei drei-dimensionalen Punkten berechnen.

  Hinweis: Verwenden Sie den Operator += bzw. −= .

- des binären Operators *, der die Skalarprodukte c * P und P * c für einen Punkt P und eine Gleitpunktzahl c berechnet.

  Hinweis: Verwenden Sie den Operator *= .

- des binären Operators * zum Berechnen des inneren Produkts von zwei Punkten.

  Hinweis: Das innere Produkt von zwei Punkten (x1, y1, z1) und (x2, y2, z2) ist definiert als x1*x2 + y1*y2 + z1*z2. Das Ergebnis ist also eine Gleitpunktzahl.

Erweitern Sie Ihr Anwendungsprogramm, um die zusätzlichen Operatoren zu testen.

19.7 Eine Textdatei `"studentsScores.txt"` speichert Prüfungsergebnisse von Studenten, die wie folgt dargestellt werden:

```
#define N_SCORES  4        // Anzahl Prüfungsergebnisse.
struct StudentScores
{
```

```
    long id;
    short testScores[N_SCORES];
};
```

Jede Zeile in der Textdatei speichert einen Datensatz. Innerhalb einer Zeile sind die Zahlen durch Tabulatoren getrennt.

■ Überladen Sie den Operator << für die Klasse `ostream`, um einen Datensatz mit den Prüfungsergebnissen eines Studenten in einen Stream zu schreiben.

■ Überladen Sie den Operator >> für die Klasse `istream`, um einen Datensatz mit den Prüfungsergebnissen eines Studenten aus einem Stream einzulesen.

■ Erstellen Sie eine `main`-Funktion, die alle Datensätze aus der Datei `"studentsScores.txt"` einliest und am Bildschirm anzeigt. Verwenden Sie die zuvor definierten Operatoren >> und <<.

19.8 Bei den *komplexen Zahlen* handelt es sich um eine Erweiterung der reellen Zahlen. Mit komplexen Zahlen können Gleichungen, wie z.B.

$x^2 + 1 = 0$ // Es gibt keine reelle Lösung.

gelöst werden.

Jede komplexe Zahl z kann wie folgt dargestellt werden:

$z = x + y*i$

Dabei sind x und y reelle Zahlen und i ist die sogenannte imaginäre Einheit, die den Wert $\sqrt{-1}$ aufweist. Die Zahl x ist der sogenannte *Realteil* und y der *Imaginärteil* der komplexen Zahl z.

Um eine komplexe Zahl darzustellen und typische arithmetische Operationen in einem C++-Programm auszuführen, definieren Sie eine Klasse `Complex` mit zwei Datenelementen vom Typ `double`, die den Real- und Imaginärteil einer komplexen Zahl speichern. Definieren Sie außerdem als `inline`

■ einen Konstruktor, der beide Datenelemente mit den als Argument übergebenen Werten initialisiert.

■ die Methoden `real()` und `imag()`, die den Real- bzw. Imaginärteil einer komplexen Zahl liefern.

■ eine Operatorfunktion, die den unären Operator – überlädt.

Hinweis: Der negative Wert –z einer komplexen Zahl z = x + y*i ist definiert durch –x + (-y)*i.

■ Operatorfunktionen für die binären Operatoren =, += und -=.

Hinweis: Die Summe und Differenz komplexer Zahlen z1 = x1 + y1*i und z2 = x2 + y2*i ist wie folgt definiert:

$$z_1 + z_2 = (x_1 + x_2) + (y_1 + y_2) * i$$
$$z_1 - z_2 = (x_1 - x_2) + (y_1 - y_2) * i$$

Überladen Sie außerdem global und inline

- die binären Operatoren + und -.
- den Operator << , der eine komplexe Zahl formatiert als x + yi ausgibt.

Speichern Sie die Klassendefinition und die globalen inline-Funktionen in der Header-Datei myComplex.h.

Erstellen Sie dann eine separate Quelldatei mit der main-Funktion, die die überladenen Operatoren aufruft und die Ergebnisse ausgibt.

Beispielausgabe:

```
      ***** Die Klasse Complex testen *****
Erste Zahl:  -1.1 + 2.2i
Zweite Zahl: 3.3 + 0i
Summe:       2.2 + 2.2i
Differenz:   -4.4 + 2.2i
... und noch einige arithmetische Operationen:
-(z2 + Complex(0.0, -4.4)):   -3.3 + 4.4i
```

19.9   Fügen Sie der Klasse Complex aus Aufgabe 19.8 folgende Methoden hinzu:

- conj() liefert die konjugiert komplexe Zahl. Für eine komplexe Zahl $x + y*i$ lautet die konjugiert komplexe Zahl $x - y*i$.
- norm() liefert die Norm einer komplexen Zahl. Für eine komplexe Zahl $x + *y*i$ ist die Norm definiert durch $x*x + y*y$.
- abs() liefert den Absolutbetrag einer komplexen Zahl, d.i. die Quadratwurzel aus der Norm der Zahl.
- die Operatorfunktion für die binären Operatoren *= und /=.

   Hinweis: Das *Produkt* von zwei komplexen Zahlen $z_1 = x_1 + y_1*i$ und $z_2 = x_2 + y_2*i$ ist folgendermaßen definiert:

$$z_1 * z_2 = x_1 * x_2 - y_1 * y_2 + (x_1 * y_2 + y_1 * x_2) * i$$

   Sichern Sie den ursprünglichen Realteil der komplexen Zahl, um den Imaginärteil des Produkt richtig berechnen zu können.

   Der *Quotient* von zwei komplexen Zahlen ist folgender:

$$z_1 / z_2 = z_1 * z_2.conj() / z_2.norm()$$

Überladen Sie anschließend global die Operatoren * und /, sowie die Vergleichsoperatoren == und !=.

Erweitern Sie Ihre main-Funktion aus Aufgabe 19.8, um die neuen Operatoren zu testen.

Beispielausgabe:

```
        ***** Die Klasse Complex testen *****
Erste Zahl:  0.5 + 1i     Absolutbetrag: 1.11803
Zweite Zahl: 2 + 1.5i     Absolutbetrag: 2.5
Produkt:    -0.5 + 2.75i
Quotient:   0.4 + 0.2i
z1 * z2 / z1 : 2 + 1.5i        OK!!
... und noch einige arithmetische Operationen:
(z1/Complex(1,1) - z2) * z1 :  0.625 + -1.875i
```

19.10 **a)** Ein *assoziativer Vektor* ist ein Vektor, auf dessen Elemente mit Strings als Indizes zugegriffen werden kann. Hier soll ein assoziativer Vektor definiert werden, der Paare bestehend aus einem Namen und einem Wert speichert. Auf ein Paar soll mit dem Namen als Index zugegriffen werden können.

Zur Darstellung der Vektorelemente definieren Sie eine Struktur `Name-Value` mit zwei Komponenten vom Typ `string` für einen Namen und einen Wert. Definieren Sie einen Default-Konstruktor und einen Konstruktor mit zwei Parametern, der beide Datenelemente initialisiert. Definieren Sie außerdem `inline` eine Methode `toString()`, die ein Name-Wert-Paar in einen String der Form `Name=Wert` konvertiert.

Der assoziative Vektor wird durch eine Klasse `NameValueArr` dargestellt, die einen Vektor mit einer festen Anzahl Elemente vom Typ `NameValue` enthält. Die aktuelle Anzahl Elemente im Vektor wird in einem zweiten Datenelement gespeichert. Als Methoden sind ein Default-Konstruktor und eine get-Methode für die aktuelle Anzahl Vektorelemente zu definieren. Außerdem sollen folgende Operatoren überladen werden:

■ der Operator += mit einer Methode, die als Argument ein Objekt vom Typ `NameValue` erwartet und es am Ende in den Vektor einfügt. Eine zweite Version der Operatorfunktion erwartet als Argument einen String formatiert als `name=value`. Die Methode extrahiert den Namen und den Wert und initialisiert damit ein Objekt vom Typ `NameValue`, das im Vektor angehängt wird.

■ der Indexoperator [] in einer konstanten und einer nicht-konstanten Version, um auf Vektorelemente mithilfe von ganzzahligen Indizes zugreifen zu können. Eine dritte Version der Operatorfunktion erlaubt den Zugriff auf ein Vektorelement über seinen Namen. Die Methode erhält als Argument einen Namen, sucht nach dem Vektorelement mit diesem Namen und gibt den entsprechenden Wert als String zurück. Falls der Name nicht gefunden wird, liefert sie einen leeren String.

■ die Operatoren << und >> zur Ein-/Ausgabe von Vektorelementen im Format `name=value`. Der Operator << schreibt die Vektorelemente zeilenweise in einen Ausgabe-Stream. Der Operator >> liest eine Zeile mit einem Name-Wert-Paar aus dem Eingabe-Stream und fügt es in den Vektor ein.

b) Schreiben Sie ein Anwendungsprogramm, in dem die sog. *Umgebungsvariablen* Ihres Programms in ein Objekt vom Typ `NameValueArr` eingelesen werden. Eine Umgebungsvariable weist folgendes Format auf:

```
name=value      // Zum Beispiel: PATH= . . .
```

Zu diesem Zweck wird das Kommando

```
set > myEnviron.txt
```

ausgeführt, das die aktuell gesetzten Umgebungsvariablen in die Datei `myEnviron.txt` umlenkt. Der Inhalt der Datei soll dann in ein Objekt vom Typ `NameValueArr` eingelesen werden, das auf dem Bildschirm ausgegeben wird. Anschließend sollen wiederholt Vektorelemente über Namen angesprochen werden, die der Benutzer im Dialog eingibt. Die zugehörigen Werte sollen auf dem Bildschirm angezeigt werden.

Hinweis: Zur Ausführung eines Betriebssystembefehls aus einem C++-Programm rufen Sie folgende Standardfunktion auf:

```
int system( const char* command);
```

Lösungen zu den Verständnisfragen

19.1   überladen

19.2   Falsch

19.3   b)

19.4   b)

19.5   Falsch

19.6   `Fraction operator-() const;`

19.7   Falsch

19.8   a)

19.9   c)

19.10   c)

19.11 b)

19.12 Methode

19.13 Richtig

19.14 Falsch

19.15 friend

19.16 Falsch

19.17 a)

19.18 c)

19.19 Falsch

19.20 ostream

Lösungen zu den Aufgaben

19.1 a) a.operator+=(b)

b) b.operator-(a)

c) a.operator++()

19.2 a) Die Methode zum Überladen des binären Operators += hat nur einen Parameter.

b) Die Definition des Zeigers this innerhalb des Funktionsrumpfs ist nicht korrekt. Der this-Zeiger wird beim Aufruf der Methode implizit als Argument übergeben.

19.3 a) Eine globale Operatorfunktion zum Überladen eines binären Operators muss zwei Parameter aufweisen. Außerdem kann eine globale Funktion nicht als read-only deklariert werden.

b) Eine globale Operatorfunktion kann nicht als Methode der Klasse deklariert werden. Deshalb ist der Klassenname mit dem Bereichsoperator nicht korrekt. Außerdem fehlt der Return-Typ der Operatorfunktion.

19.4 a) In einer globalen Operatorfunktion gibt es keinen this-Zeiger. Außerdem müssen die Geldbeträge der Objekte w1 und w2 verglichen werden.

b) Das Schlüsselwort friend im Funktionskopf ist nicht korrekt.

19.5
```
// -----------------------------------------------------------
// point3D.h
// Definiert die Klasse Point3D.
```

```
// ------------------------------------------------------------
#ifndef _POINT3D_
#define _POINT3D_

#include <iostream>
#include <iomanip>
#include <sstream>
using namespace std;

class Point3D
{
  private:
    double x, y, z;

  public:
    // Konstruktor:
    Point3D( double _x=0.0, double _y=0.0, double _z=0.0)
    : x(_x), y(_y), z(_z) {}

    string toString() const;
    Point3D operator-() const { return Point3D(-x, -y, -z); }

    Point3D& operator+=( const Point3D& p)
    {
      x += p.x;  y += p.y;  z += p.z;
      return *this;
    }

    Point3D& operator-=( const Point3D& p)
    {
      x -= p.x;  y -= p.y;  z -= p.z;
      return *this;
    }
};

inline string Point3D::toString() const
{
    stringstream sstream;
    sstream << '(' << x << ", " << y << ", " << z << ')';
    return sstream.str();
}
```

```cpp
inline ostream& operator<<(ostream& os, const Point3D& p)
{
    os << p.toString();
    return os;
}
#endif  // _POINT3D_

// --------------------------------------------------------------
// ex19_05.cpp
// Testet die Klasse Point3D.
// --------------------------------------------------------------
#include <iostream>
#include <string>
#include "point3D.h"
using namespace std;

int main()
{
    cout << "\n\t***** Die Klasse Point3D testen  *****" << endl;

    Point3D p1, p2(1,2,3);

    cout << "\nErster Punkt:  " + p1.toString()
         << "\nZweiter Punkt: " + p2.toString() << endl;

    p1 = Point3D(0.5, 0.7, 1.1);
    p2 += p1;
    cout << "\nErster Punkt:  " << p1.toString()
         << "\nZweiter Punkt: " << p2.toString() << endl;

    p1 = -p1;
    p2 -= p1;
    cout << "\nErster Punkt:  " << p1
         << "\nZweiter Punkt: " << p2 << endl;

    return 0;
}
```

19.6

```cpp
// --------------------------------------------------------------
// point3D.h
// Die Klasse Point3D mit Indexoperator, Skalarprodukt
// und innerem Produkt.
```

```
// ------------------------------------------------------------
#ifndef _POINT3D_
#define _POINT3D_

#include <iostream>
#include <iomanip>
#include <sstream>
using namespace std;

class Point3D
{
  private:
    double x, y, z;

  public:
    // ... wie zuvor
    // Außerdem folgende Methoden:
    double& operator[]( int i);        // Zugriff auf x, y, z.

    double operator[]( int i) const  // Für konstante Objekte
    {
        return ((Point3D)(*this))[i]; // "const" entfernen.
    }
    Point3D& operator*=( double a)
    {
        x *= a;  y *= a;  z *= a;
        return *this;
    }

    friend double operator*( const Point3D& p1,
                             const Point3D& p2);
};

// Explizite inline-Methoden:
// Point3D::toString() wie zuvor

inline double& Point3D::operator[]( int i)
{
    switch(i)
    {
        case 0: return x;
        case 1: return y;
```

```
      case 2: return z;
      default:
         cerr << "Point3D: Unzulaessiger Index!" << endl;
         exit(1);
   }
}


// Globale Operatorfunktionen:
inline ostream& operator<<(ostream& os, const Point3D& p)
{
   os << p.toString();
   return os;
}

inline Point3D operator+( const Point3D& p1,
                          const Point3D& p2)
{
   Point3D p(p1);    return p += p2;
}


inline Point3D operator-( const Point3D& p1,
                          const Point3D& p2)
{
   Point3D p(p1);    return p -= p2;
}


inline Point3D operator*( double c, const Point3D& p)
{
   Point3D pnt(p);    return pnt *= c;
}


inline Point3D operator*( const Point3D& p, double c)
{
   return c * p;
}


inline double operator*(const Point3D& p1, const Point3D& p2)
{
   return p1.x * p2.x +  p1.y * p2.y +  p1.z * p2.z;
}
#endif  // _POINT3D_
```

```
// ------------------------------------------------------------
// ex19_06.cpp
// Testet die neuen Operatoren der Klasse Point3D.
// ------------------------------------------------------------
#include <iostream>
#include <string>
#include <cmath>
#include "point3D.h"
using namespace std;

int main()
{
    cout << "\n\t***** Die Klasse Point3D testen *****"
        << endl;
    Point3D p1(0,2,3);
    const Point3D p2(1.7, -0.7, 2.3);

    p1[0] = p2[0] + p2[1];
    cout << "\nErster Punkt:  " << p1
        << "\nZweiter Punkt: " << p2 << endl;

    cout << "\nSumme:         " << p1 + p2
        << "\nDifferenz:     " << p1 - p2 << endl;

    p1 *= 1.5;
    cout << "\nErster Punkt * 1.5 :  " << p1
        << "\n-0.5 * zweiter Punkt: " << -0.5 * p2 << endl;

    cout << "\nDer Absolutbetrag von     " << p1
        << " ist " << sqrt(p1*p1) << endl;

    cout << "\nDas innere Produkt von    " << p1 << " und "
        << -p2 << " ist " << p1 * -p2 << endl;

    p1 = Point3D(1,1,0);
    const Point3D p3(-1,1,0);
    cout << "\nDas innere Produkt von    " << p1 << " und "
        << p3 << " ist " << p1 * p3 << endl;
    return 0;
}
```

19.7

```cpp
// ------------------------------------------------------------
// ex19_07.cpp
// Liest Prüfungsergebnisse von Studenten aus einer Datei
// und zeigt sie auf dem Bildschirm an. Es werden die
// überladenen Operatoren << und >> verwendet.
// ------------------------------------------------------------
#include <iostream>
#include <fstream>
#include <cstdlib>
using namespace std;


#define N_SCORES   4        // Anzahl Prüfungsergebnisse.
struct StudentScores { long id;
                       short testScores[N_SCORES]; };

// Operatorfunktionen:
istream& operator>>(istream& is, StudentScores& s)
{
    is >> s.id;
    for( int i = 0; i < N_SCORES; ++i)
    {
        if( !(is >> s.testScores[i]) )
            break;
    }
    return is;
}


ostream& operator<<(ostream& os, const StudentScores& s)
{
    os << s.id;
    for( int i = 0; i < N_SCORES; ++i)
    {
        if( !(os << '\t' << s.testScores[i]) )
            break;
    }
    return os;
}


// inline-Funktionen:
inline void openError( const char* s)
{ cerr << "Fehler beim Oeffnen der Datei " << s << endl;
    exit(1);
}
```

```
inline void readError( const char* s)
{  cerr << "Fehler beim Lesen der Datei " << s << endl;
   exit(3);
}


char filename[] = "testScores.txt";

int main()
{
    // ID und Prüfungsergebnisse eines Studenten:
    StudentScores student;

    ifstream ifile(filename);           // Öffnet die Datei
    if( !ifile)                         // zum Lesen.
        openError(filename);

    cout << "\nID           Pruefungsergebnisse\n"
            "-----------------------------------------------"
         << endl;
    while( ifile >> student)            // Liest die Daten ein
        cout << student << endl;        // und gibt sie aus.

    cout << "-----------------------------------------------"
         << endl;

    if( !ifile.eof())
        readError(filename);

    ifile.close();                      // Schließt die Datei.
    return 0;
}
```

19.8
```
// -----------------------------------------------------------
// myComplex.h
// Definiert die Klasse Complex.
// -----------------------------------------------------------
#include <iostream>
using namespace std;

class Complex
{
  private:
    double re, im;
```

```cpp
public:
    // Konstruktor:
    Complex( double r=0.0, double i=0.0) : re(r), im(i)
    { }

    double real() const { return re; }
    double imag() const { return im; }

    Complex operator-() const
    {
        return Complex(-re, -im);
    }

    Complex& operator+=(const Complex& z)
    {
        re += z.re;                 // this->re += z.re;
        im += z.im;
        return *this;
    }
    Complex& operator-=(const Complex& z)
    {
        re -= z.re;                 // this->re -= z.re;
        im -= z.im;
        return *this;
    }
};

inline ostream& operator<< ( ostream& os, const Complex& z)
{
    os << z.real() << " + " << z.imag() << "i";
    return os;
}

inline Complex operator+( const Complex& z1,
                          const Complex& z2)
{
    Complex z(z1);              // Kopie von z1.
    return z += z2;
}

inline Complex operator-( const Complex& z1,
                          const Complex& z2)
```

```
{
    Complex z(z1);          // Kopie von z1.
    return z -= z2;
}
```

19.9
```
// ----------------------------------------------------------
// myComplex.h
// Definiert die Klasse Complex.
// ----------------------------------------------------------
#include <iostream>
#include <cmath>
using namespace std;

class Complex
{
  private:
     double re, im;

  public:
     // ... wie zuvor
     // und außerdem folgende Methoden:

     Complex conj() const { return Complex(re, -im); }
     double  norm() const { return re*re + im*im; }
     double  abs()  const { return sqrt( norm()); }

     Complex& operator*=(const Complex& z)
     {
        double r = re;          // Ursprünglicher Realteil.
        re = re * z.re - im * z.im;
        im = r  * z.im + im * z.re;
        return *this;
     }
     Complex& operator/=(const Complex& z)
     {
        double n = z.norm();
        Complex temp( z.re/n, -z.im/n);  // z.conj() / z.norm()
        return *this *= temp;
     }
};

// Und die globalen Operatorfunktionen:
```

```
inline Complex operator*( const Complex& z1,
                          const Complex& z2)
{
    Complex z(z1);              // Eine Kopie von z1
    return z *= z2;
}


inline Complex operator/( const Complex& z1,
                          const Complex& z2)
{
    Complex z(z1);              // Eine Kopie von z1
    return z /= z2;
}


inline bool operator==( const Complex& z1, const Complex& z2)
{
    return z1.real() == z2.real() && z1.imag() == z2.imag();
}


inline bool operator!=( const Complex& z1, const Complex& z2)
{
    return !(z1 == z2);
}
```

19.10
```
// ---------------------------------------------------------
// nameValueArr.h
// Definiert die Struktur NameValue
// und die Klasse NameValueArr.
// ---------------------------------------------------------
#include <string>
using namespace std;

struct NameValue
{
    string name, value;

    NameValue() {}
    NameValue(const string& n, const string& v)
    : name(n), value(v) {}
    string toString() const {  return name + "=" + value; }
};
```

```
#define ARR_SIZE 100

class NameValueArr
{
  private:
    NameValue pairs[ARR_SIZE];
    int count;

  public:
    NameValueArr() : count(0) {}
    int getCount() const { return count; }

    NameValueArr& operator+=( const NameValue& nv)
    {
       if( count < ARR_SIZE-1)
          pairs[count++] = nv;
       return *this;
    }
    NameValueArr& operator+=( const string& str);

    NameValue& operator[]( int i);
    const NameValue& operator[]( int i) const;
    string operator[]( const string& name) const;
};

// Prototypen von globalen Operatorfunktionen:
ostream& operator<<(ostream& os, const NameValueArr& nvArr);
istream& operator>>(istream& is, NameValueArr& nvArr);

// ----------------------------------------------------------
// nameValue.cpp
// Definiert die Methoden der Klasse NameValueArr.
// ----------------------------------------------------------
#include <iostream>
#include "nameValue.h"
using namespace std;

// --- Die Methoden der Klasse NameValueArr: ---

NameValueArr& NameValueArr::operator+=( const string& str)
{
    int pos = str.find("=");
```

```
    if( pos != string::npos && pos > 0)
    {
        int len = str.length();
        NameValue nv;
        nv.name = string( str, 0, pos);
        ++pos;
        nv.value = string( str, pos, len-pos);
        *this += nv;
    }
    return *this;
}


NameValue& NameValueArr::operator[]( int i)
{
    static NameValue empty;
    if( i < count)
        return pairs[i];
    else
        return empty;
}

const NameValue& NameValueArr::operator[]( int i) const
{
    static NameValue empty;
    if( i < count)
        return pairs[i];
    else
        return empty;
}

string NameValueArr::operator[]( const string& name) const
{
    for( int i=0; i < count; ++i)
        if( pairs[i].name == name)
            return pairs[i].value;

    return string();
}

// -- Überladen der Operatoren << und >> zur Stream-I/O E/A (Eingabe/Ausgabe)?--

ostream& operator<<(ostream& os, const NameValueArr& nvArr)
```

```
{
    for( int i=0; i < nvArr.getCount(); ++i)
        cout << nvArr[i].toString() << endl;
    return os;
}


istream& operator>>(istream& is, NameValueArr& nvArr)
{
    string line;
    if( getline( is, line))
        nvArr += line;
    return is;
}


// --------------------------------------------------------------
// ex19_10.cpp
// Testet die Klasse NameValueArr wie folgt:
// Das Kommando "set > file" wird ausgeführt, um die
// Umgebungsvariablen in eine Datei umzulenken. Die Datei
// wird dann in ein Objekt vom Typ NameValueArr eingelesen
// und angezeigt. Danach wird wiederholt nach einem Namen
// gesucht, den der Benutzer eingibt, und der zugehörige
// Wert wird ausgegeben.
// --------------------------------------------------------------
#include <iostream>
#include <fstream>
#include <string>
#include "nameValue.h"
using namespace std;

char filename[] = "myEnviron.txt";

inline void openError( char* s)
{ cerr << " Fehler beim Oeffnen der Datei " << s << endl;
    exit(1);
}


inline void readError(char* s)
{ cerr << " Fehler beim Lesen der Datei " << s << endl;
    exit(2);
}
```

```
int main()
{
    NameValueArr myEnvironment;

    cout << "\n\t ***** Tabelle der Umgebungsvariablen"
         << "*****\n" << endl;

    // Erzeugt die Datei mit den Umgebungsvariablen:
    char cmd[80] = "set > ";
    strcat( cmd, filename);
    system( cmd);       // Führt das Kommando "set > file" aus

    // Liest den Inhalt der Datei
    // in das Objekt myEnvironment:
    ifstream infile(filename);
    if( !infile)
        openError(filename);

    while( infile >> myEnvironment)
        ;
    if( !infile.eof())
        readError(filename);
    infile.close();

    // Gibt die Umgebungsvariablen-Tabelle aus:
    cout << myEnvironment;

    // Sucht in der Tabelle der Umgebungsvariablen
    // nach bestimmten Einträgen:
    string name;
    while( true)
    {
        cout << "\nGeben Sie den Namen eines Eintrags ein:"
                "\n(Abbruch mit Leerzeile)\n";
        if( !getline( cin, name) || name == "")
            break;

        cout << name << ": " << myEnvironment[name] << endl;
    }

    return 0;
}
```

Kapitel 20

Typumwandlung für Klassen

Implizite und explizite Typumwandlungen werden auch für Klassen durchgeführt. Welche Konvertierungen möglich sind, legt der Programmierer durch die Definition von Konvertierungskonstruktoren und Konvertierungsfunktionen fest. Es können Konvertierungen zwischen verschiedenen Klassen oder zwischen Klassen und Standardtypen definiert werden.

■ Konvertierungskonstruktoren definieren und einsetzen

Mit Ausnahme des Kopierkonstruktors ist jeder Konstruktor mit einem Parameter ein Konvertierungskonstruktor: Er erzeugt aus einem Objekt eines anderen Typs ein neues Objekt der Klasse. Der Kompiler verwendet Konvertierungskonstruktoren zur impliziten Typumwandlung: In einem Ausdruck, der ein Objekt der Klasse erwartet, kann dann auch ein Objekt mit einem anderen Typ eingesetzt werden. Dabei wird ein temporäres Objekt vom Typ der Klasse angelegt.

Eine implizite Typumwandlung ist aber nicht immer erwünscht. Um sie zu verhindern, kann ein Konvertierungskonstruktor als explicit deklariert werden. In diesem Fall ist nur noch eine explizite Typumwandlung möglich, die entweder durch einen expliziten Aufruf des Konstruktors oder durch einen entsprechenden Cast-Ausdruck erfolgt.

■ Konvertierungsfunktionen implementieren und aufrufen

Zur Konvertierung eines Objekts der Klasse in einen anderen Typ muss eine entsprechende Konvertierungsfunktion definiert sein. Dabei handelt es sich um eine spezielle Operatorfunktion ohne Parameter, die immer als Read-Only-Methode definiert ist und aus dem aktuellen Objekt ein neues Objekt mit dem gewünschten Zieltyp konstruiert. Der Name der Methode besteht aus dem Schlüsselwort operator gefolgt vom Zieltyp. Da der Typ des Return-Wertes schon feststeht, wird die Operatorfunktion ohne Return-Typ deklariert.

■ Mehrdeutigkeiten bei Typumwandlungen verhindern

Der Kompiler führt nur dann implizite Typumwandlungen durch, wenn sie eindeutig sind. Um Mehrdeutigkeiten auszuschließen, sollten notwendige Konvertierungen möglichst explizit erfolgen. Um dies zu erzwingen, wird ein Konvertierungskonstruktor als explicit deklariert und statt einer Konvertierungsfunktion eine normale Methode, wie z.B. toString(), definiert.

Verständnisfragen

20.1 Bei der Entwicklung von Klassen legt der Programmierer mögliche Typumwandlungen zwischen verschiedenen Klassen oder zwischen Klassen und elementaren Datentypen selbst fest.

☐ Richtig   ☐ Falsch

20.2 Eine Typumwandlung, bei der eine Klasse beteiligt ist, kann der Kompiler nur durchführen, wenn entweder ein Konvertierungskonstruktor oder eine Konvertierungsfunktion definiert ist.

☐ Richtig   ☐ Falsch

20.3 Bei der Entwicklung einer Klasse soll die implizite Typumwandlung von Objekten der Klasse in einen anderen Typ ermöglicht werden. Dazu muss _____ definiert werden.

20.4 Angenommen, eine Klasse enthält mehrere Datenelemente. Dann ist es nicht möglich, einen Wert mit elementarem Datentyp in ein Objekt dieser Klasse zu konvertieren.

☐ Richtig   ☐ Falsch

20.5 Ein Konstruktor, der nur einen Parameter aufweist, aber nicht der Kopierkonstruktor ist, heißt auch _____.

20.6 Folgender Konstruktor der Klasse `Test`

```
Test(long x);
```

a) erzeugt aus einem `Test`-Objekt eine Variable vom Typ `long`.

b) erzeugt aus einem Wert vom Typ `long` ein Objekt der Klasse `Test`.

20.7 Angenommen, die Klasse `X` besitzt einen Konstruktor mit genau einem Parameter vom Typ `Y`. Dann kann einer Funktion, die ein Objekt vom Typ `X` als Argument erwartet, ein Objekt vom Typ `Y` übergeben werden.

☐ Richtig   ☐ Falsch

20.8 Angenommen, die Klasse `Measure` enthält den Konvertierungskonstruktor

```
Measure(double x);
```

und es wurde bereits ein Objekt `msr` der Klasse `Measure` definiert. Dann bewirkt die Anweisung

```
msr = 7.2;
```

a) eine Fehlermeldung des Kompilers.

b) den Aufruf des Konvertierungskonstruktors, um ein temporäres Objekt der Klasse Measure zu erzeugen.

c) die Zuweisung von 7.2 an msr ohne die Erzeugung eines temporären Objekts der Klasse Measure.

20.9 Eine Konvertierungsfunktion wird mit dem Schlüsselwort ＿＿＿＿＿＿ definiert.

20.10 Eine Konvertierungsfunktion wird stets definiert als

a) globale Operatorfunktion.

b) Methode der Quelltyp-Klasse.

c) Methode der Zieltyp-Klasse.

20.11 Die Konvertierungsfunktion

```
operator double(void) const;
```

einer Klasse X konvertiert ein Objekt vom Typ

a) double in void.

b) double in den Typ der Klasse X.

c) der Klasse X in double.

20.12 Bei der Deklaration einer Konvertierungsfunktion wird kein Return-Typ angegeben. Dieser ist aber implizit mit dem Zieltyp, in den umgewandelt wird, festgelegt.

☐ Richtig   ☐ Falsch

20.13 In einer Klasse Test wird eine Konvertierungsfunktion, die ein Objekt in den Zieltyp Measure umwandelt, wie folgt deklariert:

＿＿＿＿＿＿＿＿＿＿＿＿＿＿＿＿＿＿＿＿＿

20.14 Zulässig als Zieltyp einer Konvertierungsfunktion ist

a) ein elementarer Datentyp.

b) eine Standardklasse.

c) eine selbst-definierte Klasse.

20.15 Angenommen, die Klasse X besitzt einen Konstruktor mit einem Parameter vom Typ double und eine Konvertierungsfunktion mit dem Zieltyp double. Außerdem ist die Funktion operator+() mit zwei Parametern vom Typ X global definiert. Dann bewirkt der Ausdruck

```
x + 12.5        // x ist vom Typ der Klasse X
```

a) die Konvertierung von 12.5 in den Typ X.

b) die Konvertierung von x in den Typ double.

c) eine Fehlermeldung des Kompilers.

20.16 Um sicherzustellen, dass ein Konstruktor mit einem Parameter nicht für implizite Typkonvertierungen eingesetzt wird, kann der Konstruktor als _____ deklariert werden.

20.17 Gegeben sei folgender Ausschnitt aus einer Klassendefinition:

```
class Test
{  . . .
   public:
   explicit Test(long n);
. .operator long() const;
   friend Test operator*(const Test&,const Test&);
      . . .
};
```

Für ein Objekt test vom Typ Test hat dann der Ausdruck

```
10000L * test
```

a) den Typ long.

b) den Typ Test.

c) keinen eindeutigen Typ, was zu einer Fehlermeldung des Kompilers führt.

20.18 Mehrdeutigkeiten bei Typumwandlungen können vermieden werden, wenn gewünschte Konvertierungen immer explizit angegeben werden.

☐ Richtig   ☐ Falsch

20.19 Angenommen, eine Klasse Measurement besitzt die Methode

```
long toLong() const;
```

zur Konvertierung eines Objekts in den Typ long. Dann kann ein Objekt start der Klasse Measurement wie folgt in den Typ long konvertiert werden: _____.

20.20 Angenommen, eine Klasse Test besitzt nur die Konvertierungsfunktion

```
operator long() const;
```

und aTestObj ist ein Objekt vom Typ Test. Bei der Zuweisung

```
double x = aTestObj;
```

a) wird der Kompiler eine Fehlermeldung ausgeben.

b) wird die Minimalversion einer Konvertierungsfunktion zur Umwandlung in den Typ double generiert und aufgerufen.

c) wird das Objekt aTestObj zunächst in den Typ long und dann in den Typ double konvertiert.

Aufgaben

20.1 Angenommen, eine Klasse Pair stellt Paare (key, name) dar, wobei key ein Schlüssel vom Typ long und name ein Name vom Typ string ist. Die Klasse besitzt folgenden Konstruktor:

```
Pair::Pair(long k, const string& s);
```

Außerdem ist ein Konvertierungskonstruktor

```
Pair::Pair(long k);
```

definiert, der aus einem Schlüssel k das Paar (k, "") erzeugt. Welche Konstruktoren werden bei Ausführung der folgenden Anweisungen aufgerufen?

a) Pair p1 = 1234L;

b) Pair p2 = Pair(4321L);

c) Pair p3(1);

d) Pair p4(4,"");

20.2 Gehen Sie davon aus, dass die Klasse Pair nur einen Konstruktor besitzt, der wie folgt deklariert ist:

```
Pair::Pair(long k = 0L, const string& s="");
```

Bestimmen Sie mögliche Fehler in den Definition der folgenden Objekte:

a) Pair p;

b) Pair p();

c) Pair p = "Robert de Niro";

20.3 Gegeben sei der Konstruktor der Klasse Point3D:

```
Point3D( double x=0.0, double y=0.0, double z=0.0);
```

Gehen Sie davon aus, dass der Operator + zum Addieren von zwei Punkten der Klasse `Point3D` überladen ist und keine Konvertierungsfunktion in der Klasse definiert wurde.

Außerdem handelt es sich bei x und y um Variablen vom Typ `double`, und p, q sind Punkte vom Typ `Point3D`. Was passiert, wenn folgende Anweisungen ausgeführt werden?

a) `q = p + x;`

b) `Point3D  pnt1 = x + y;`

c) `Point3D  pnt2 = x + Point3D(1.1);`

20.4   Angenommen, die Klasse `Point2D` stellt einen Punkt im zweidimensionalen Raum dar und ist in der Header-Datei `point2D.h` definiert. Zum Speichern der Koordinaten eines Punktes besitzt die Klasse zwei Datenelemente x und y vom Typ `double`. Daneben ist die Klasse `Point3D` zur Darstellung eines Punktes im dreidimensionalen Raum definiert und weist drei Datenelemente x, y und z vom Typ `double` auf.

Beide Klassen stellen Zugriffsmethoden (`getX()` usw.) zur Verfügung und überladen den Operator << zur Ausgabe der Koordinaten eines Punktes.

Erweitern Sie die Definition der Klasse `Point3D` um einen Konvertierungskonstruktor, der einen zweidimensionalen Punkt (x,y) in einen dreidimensionalen Punkt (x, y, 0) umwandelt.

Schreiben Sie die erforderlichen Anweisungen, um aus einem Punkt der Klasse `Point2D` einen Punkt der Klasse `Point3D` zu erzeugen und beide Punkte auf dem Bildschirm auszugeben.

20.5   Gegeben sei folgende Klassendefinition:

```
#include <iostream>
#include <string>
using namespace std;
class Person
{
    unsigned long pin;      // Persönliche ID
    string name;            // Name
  public:
    Person( unsigned long id = 0, const string& n = "")
        : pin(id), name(n) {}
    void display() const
    { cout << pin << "    " << name << endl; }
};
```

Definieren Sie für diese Klasse zwei Konvertierungsfunktionen, die ein Objekt der Klasse Person in ein Objekt vom Typ string bzw. in einen Wert vom Typ long umwandeln. Die eine Methode gibt den Namen der Person und die andere die ID der Person zurück.

Um die Konvertierungsfunktionen zu testen, schreiben Sie eine main-Funktion, die zwei Objekte der Klasse Person und zwei Objekte der Klasse string definiert und initialisiert. An jeden der beiden Strings wird mithilfe des Operators += ein Objekt der Klasse Person angehängt und das Ergebnis am Bildschirm angezeigt.

Als Nächstes werden die Personen nach Ihrem Namen und anschließend nach Ihrer ID sortiert auf dem Bildschirm aufgelistet. Verwenden Sie dabei den Cast-Operator.

20.6 Gegeben sei folgende Klassendefinition:

```
class DayTime
{
    private:
        short hour, minute, second;
    public:
        // Konstruktor, Zugriffsmethoden etc.
};
```

Definieren Sie inline eine Konvertierungsfunktion, die ein Objekt der Klasse Daytime in ein Objekt der Klasse string umwandelt, und zwar formatiert als hour:minute:second.

Hinweis: Definieren Sie einen Stream der Klasse stringstream, die in der Header-Datei sstream definiert ist. Schreiben Sie die Zahlen und Doppelpunkte mit dem Operator << in den Stream. Ein Aufruf der Methode str() der Klasse stringstream liefert dann den Ergebnisstring.

20.7 Gegeben seien folgende Definitionen:

```
#define N_SCORES  4        // Anzahl Prüfungsergebnisse.

struct StudentScores
{  long id;    short testScores[N_SCORES]; };
```

Überladen Sie den Operator <<, der die ID eines Studenten und die Prüfungsergebnisse ausgibt. Definieren Sie außerdem eine Konvertierungsfunktion, die ein Objekt vom Typ StudentScores in einen double-Wert konvertiert, indem sie den Durchschnitt der Prüfungsergebnisse berechnet und zurückgibt.

Schreiben Sie eine `main()`-Funktion, die die Prüfungsergebnisse von Studenten auswertet, indem sie entscheidet, welcher Student den Test »mit Bravour« oder »mit Erfolg« oder nicht bestanden hat. Zu dem Zweck werden einige Objekte der Klasse `StudentScores` definiert und - wie das Beispiel unten zeigt - auf dem Bildschirm ausgegeben.

Beispielausgabe:

```
ID          Pruefungsergebnisse     Durchschnitt
-------------------------------------------------
13456 :    91   97   89   96         93.25
25132 :    41   62    0   59         40.5
-------------------------------------------------


Auswertung:
Student 13456 hat die Pruefung mit Bravour bestanden!
Student 25132 hat die Pruefung nicht bestanden!
```

20.8 Angenommen, der Operator `<` ist für eine Klasse `Test` überladen, `t` ist ein Objekt vom Typ `Test` und `x` ist eine Variable vom Typ `double`.

Bestimmen Sie den Operator, der im Ausdruck

```
t < x
```

aufgerufen wird, vorausgesetzt die Klasse `Test` besitzt

a) keine Konvertierungsfunktion aber folgenden Konvertierungskonstruktor:

```
Test(double);
```

b) den Konvertierungskonstruktor aus Teil **a)** und folgende Konvertierungsfunktion:

```
operator double() const;
```

c) den Konvertierungskonstruktor

```
explicit Test(double);
```

und die Konvertierungsfunktion aus Teil **b)**.

20.9 Definieren Sie zum Testen von Mehrdeutigkeiten bei Typumwandlungen eine Klasse `Pair` mit den Datenelementen `key` vom Typ `long` und `name` vom Typ `string`. Außerdem

■ definieren Sie einen Konstruktor, der beide Datenelemente initialisiert, und einen Konvertierungskonstruktor, der einen Schlüssel `k` in das Objekt (`k`, `""`) vom Typ `Pair` umwandelt. Überladen Sie den Operator < zum Vergleichen der Schlüssel von zwei Paaren und den Operator <<, der ein Objekt der Klasse `Pair` formatiert als (key,»name«) auf dem Bildschirm ausgibt. Deklarieren Sie beide Operatorfunktionen als `friend`-Funktionen der Klasse `Pair`.

■ erstellen Sie eine `main`-Funktion, die ein Objekt der Klasse `Pair` definiert und initialisiert. Das Objekt wird dann mit einem `long`-Wert verglichen und eine entsprechende Nachricht auf dem Bildschirm angezeigt.

Beispielausgabe:

```
Das Paar (123,"Jim") ist kleiner als das Paar (321,"")
```

■ Fügen Sie nun zur Klasse `Pair` eine Konvertierungsfunktion hinzu, die ein Objekt der Klasse in einen Wert vom `long` umwandelt. Testen Sie das modifizierte Programm. Wie können Sie verhindern, dass der Kompiler eine Fehlermeldung ausgibt?

Lassen Sie sich durch eine Testausgabe in den Operatorfunktionen der Klasse anzeigen, welcher Vergleich und welche Konvertierung vorgenommen wurde.

20.10 Die in der Header-Datei `myComplex.h` (vgl. Aufgaben 19.8, 19.9) definierte Klasse `Complex` stellt einen Konstruktor

```
Complex(double r=0.0, double i=0.0) : re(r),im(i){}
```

und die arithmetischen Operatoren +, -, *, / sowie den Operator << zur Verfügung.

Um arithmetische Operationen für reelle und komplexe Zahlen auszuführen und Mehrdeutigkeiten bei Typumwandlungen zu testen

a) schreiben Sie ein C++-Programm, das die Summe, die Differenz, das Produkt und den Quotienten einer `double`-Variablen und eines Objekts der Klasse `Complex` ausgibt.

b) erweitern Sie anschließend die Klasse `Complex` durch eine Konvertierungsfunktion, die eine komplexe Zahl in einen `double`-Wert umwandelt. Das heißt, z = x + i*y wird in x konvertiert, wobei der Imaginärteil von z ignoriert wird.

Der Kompiler gibt eine Fehlermeldung aus. Warum?

c) deklarieren Sie den Konstruktor der Klasse `Complex` als `explicit`. Ihr Programm wird jetzt lauffähig sein. Warum haben die Ergebnisse den Typ `double`?

d) ändern Sie die arithmetischen Ausdrücke durch explizite Typumwandlung jedes `double`-Werts in den Typ `Complex`, damit rein komplexe Operationen in Ihrem Programm ermöglicht werden.

Lösungen zu den Verständnisfragen

20.1   Richtig

20.2   Richtig

20.3   eine Konvertierungsfunktion

20.4   Falsch

20.5   Konvertierungskonstruktor

20.6   **b)**

20.7   Richtig

20.8   **b)**

20.9   `operator`

20.10   **b)**

20.11   **c)**

20.12   Richtig

20.13   `operator Measure() const;`

20.14   **a)**, **b)** und **c)**

20.15   **c)**

20.16   `explicit`

20.17   **a)**

20.18   Richtig

20.19   `start.toLong()`

20.20   **c)**

Lösungen zu den Aufgaben

20.1   **a)** Der Konvertierungskonstruktor wird aufgerufen, um das Objekt p1 der Klasse `Pair` zu erzeugen.

b) Zunächst wird ein temporäres Objekt der Klasse `Pair` mit dem Konvertierungskonstruktor angelegt. Danach wird der Kopierkonstruktor aufgerufen, der ein Objekt `p2` erzeugt und mit dem temporären Objekt initialisiert.

c) Es wird eine implizite Typumwandlung von `int` zu `long` vorgenommen, bevor der Konvertierungskonstruktor aufgerufen wird, der das Objekt `p3` erzeugt.

d) Der Konstruktor mit zwei Parametern wird aufgerufen.

20.2 **a)** Korrekt, da ein Default-Konstruktor definiert ist.

b) Nicht korrekt, wenn ein Objekt `p` der Klasse `Pair` definiert werden soll. Stattdessen wird eine Funktion `p()` deklariert, die keine Parameter besitzt und ein Objekt der Klasse `Pair` als Return-Wert zurückgibt.

c) Nicht korrekt, da ein Konvertierungskonstruktor mit einem Parameter vom Typ `string` in der Klasse nicht definiert ist.

20.3 **a)** Die Variable x wird in ein Objekt der Klasse `Point3D` umgewandelt, und zwar durch einen Aufruf des Konvertierungskonstruktors, der mit dem Konstruktor in der Klasse implizit definiert ist.

b) Zunächst werden die Variablen x und y vom Typ `double` addiert. Das Ergebnis wird vom Konvertierungskonstruktor verwendet, um ein Objekt der Klasse `Point3D` zu erzeugen.

c) Der Konvertierungskonstruktor legt mit dem Wert `1.1` ein temporäres Objekt vom Typ `Point3D` an. Der Wert von x wird ebenfalls in ein Objekt vom Typ `Point3D` konvertiert. Dann werden beide Punkte addiert und der Kopier-Konstruktor erzeugt aus der Summe das Objekt `pnt2` vom Typ `Point3D`.

20.4
```
#include "point2D.h"
// ...
class Point3D
{
    double x, y, z;
    public:
    // ...
    // Definition des Konvertierungskonstruktors:
    Point3D(const Point2D& p2d) : x(p2d.getX()),
                                  y(p2d.getY()), z(0.0) { }
    // oder auch:
    // Point3D(const Point2D& p2d)
    // { x = p2d.getX();   y = p2d.getY();   z = 0.0; }
```

```
};

// In einer Funktion:
   Point2D p2(1.1, 2.2);
   Point3D p3(p2);
   cout << "\n2-dimensionaler Punkt: " << p2 << endl;
   cout << "\n3-dimensionaler Punkt: " << p3 << endl;
```

20.5
```
// -----------------------------------------------------------
// person.h
// Definiert die Klasse Person.
// -----------------------------------------------------------
// ...
class Person
{
    unsigned long pin;    // Persönliche ID
    string name;          // Name
    public:
    // ... Konstruktor und Methode display() wie gehabt.
    // Die Konvertierungsfunktionen:
    operator long() const { return pin; }
    operator string() const { return name; }
};


// -----------------------------------------------------------
// ex20_05.cpp
// Testet die Konvertierungsfunktionen der Klasse Person.
// -----------------------------------------------------------
#include <iostream>
#include <string>
#include "person.h"
using namespace std;

int main()
{
    Person pers1( 178997L, "Washington, George"),
           pers2( 186165L, "Lincoln, Abraham");

    string s1(" 1. Praesident: "),
           s2("16. Praesident: ");

    s1 += (string)pers1;  // oder implizit:  s1 += pers1;
```

```
      s2 += (string)pers2;  //                  s2 += pers2;
      cout << s1 << endl << s2 << endl;

      cout << "\nNach Namen sortiert:" << endl;
      if( (string)pers1 < (string)pers2)
           pers1.display(), pers2.display();
      else
           pers2.display(), pers1.display();

      cout << "\nNach ID sortiert:" << endl;
      if( (long)pers1 <  (long)pers2)
           pers1.display(), pers2.display();
      else
           pers2.display(), pers1.display();

      return 0;
}
```

20.6
```
#include <sstream>
#include <iomanip>
using namespace std;

class DayTime
{
  private:
    short hour, minute, second;
  public:
    // ... Konstruktor, Zugriffsmethoden etc.
    operator string() const     // Konvertierung in String.
    {
        stringstream strstream;
        strstream << setfill('0')
                  << setw(2) << hour   << ':'
                  << setw(2) << minute << ':'
                  << setw(2) << second;
        return strstream.str();
    }
};
```

20.7
```
// ----------------------------------------------------------
// ex20_07.cpp
// Verwendet die Konvertierungsfunktion und den überladenen
```

```cpp
// Operator <<, um Prüfungsergebnisse und den Durchschnitt
// auszugeben.
// -----------------------------------------------------------
#include <iostream>
#include <iomanip>
using namespace std;

#define N_SCORES   4              // Anzahl Prüfungsergebnisse.

struct StudentScores
{   long id;
    short testScores[N_SCORES];
    operator double() const;    // Konvertierungsfunktion
};

StudentScores::operator double() const
{
    double sum = 0.0;
    for( int i=0; i < N_SCORES; ++i)
        sum += testScores[i];
    return sum / N_SCORES;
}

// Ausgabe in einen Stream:
ostream& operator<<(ostream& os, const StudentScores& s)
{
    os << s.id << " :     ";
    for( int i = 0; i < N_SCORES; ++i)
    {
        if( !(os << setw(5) << s.testScores[i]) )
            break;
    }
    return os;
}

void evaluation( const StudentScores& ss)
{
    double average = ss;              // = (double)ss
    cout << "Student " << ss.id;
    if( average > 90.0)
        cout << " hat die Pruefung mit Bravour bestanden!"
             << endl;
```

```
      else if( average > 50.0)
         cout << " hat die Pruefung bestanden!" << endl;
      else
         cout << " hat die Pruefung nicht bestanden!" << endl;
}

int main()
{
   // ID und Prüfungsergebnisse von zwei Studenten:
   StudentScores student1 = { 13456, 91, 97, 89, 96},
                  student2 = { 25132, 41, 62,  0, 59};

   cout << "\nID    Pruefungsergebnisse      Durchschnitt\n"
           "------------------------------------------------"
        << endl;
   cout << student1 << "       " << (double)student1
        << endl;
   cout << student2 << "       " << (double)student2
        << endl;
   cout << "------------------------------------------------"
        << endl;

   cout << "\nAuswertung:" << endl;
   evaluation( student1);
   evaluation( student2);

   return 0;
}
```

20.8 a) Der für die Klasse Test überladene Operator < wird aufgerufen.

b) Es wird kein Operator aufgerufen. Stattdessen liefert der Kompiler eine Fehlermeldung.

c) Der für den Typ double definierte Operator < wird aufgerufen.

20.9

```
// ------------------------------------------------------------
// ex20_09.cpp
// Testet Mehrdeutigkeiten bei Typumwandlungen für Klassen
// ------------------------------------------------------------
#include <iostream>
#include <string>
using namespace std;
```

```
class Pair
{
  private:
  long key;    string name;

  public:
  Pair( long k, string s) : key(k), name(s) {}
  // Zur Vermeidung von Mehrdeutigkeiten:
  explicit Pair( long k) : key(k) {}

  friend ostream& operator <<(ostream& os, const Pair& p)
  {
     os << '(' << p.key << ",\"" << p.name << "\")";
     return os;
  }

  friend bool operator<(const Pair& p1, const Pair& p2)
  {
     cout << "\n-- Operator < der Klasse Pair! --"<< endl;
     return (p1.key < p2.key);
  }

  operator long() const
  {
     cout << "\n-- Konvertierung: Pair in long! --" << endl;
     return key;
  }
};

int main()
{
  Pair p(1234, "Jim");
  long n  = 4321L;

  cout << "\nDas Paar " << p;
  if( p < n)
     cout << " ist kleiner als " << Pair(n) << endl;
  else
     cout << " ist groesser oder gleich " << Pair(n)
             << endl;

  return 0;
```

```
}
// Bemerkung:
// Vergleich von Ganzzahlen:   if( (long)p < n )
//              von Paaren:    if( p < Pair(n) )
```

20.10 a)

```
// ----------------------------------------------------------
// ex20_10.cpp
// Arithmetische Operationen mit komplexen u. reellen Zahlen
// ----------------------------------------------------------
#include <iostream>
#include "myComplex.h"
using namespace std;

int main()
{
    cout << "\n\t***** Testet die Klasse Complex *****"
         << endl;

    Complex  z(0.5, 1);
    double   x(2.7);

    cout << "\nKomplexe Zahl: " << z
         << "\nReelle Zahl:   " << x << endl;

    cout << "\nSumme:          " << z + x
         << "\nDifferenz:      " << z - x
         << "\nProdukt:        " << z * x
         << "\nQuotient z/x:   " << z / x
         << "\nQuotient x/z:   " << x / z << endl;

    return 0;
}
```

b)

```
// ----------------------------------------------------------
// myComplex.h
// Definiert die Klasse Complex.
// ----------------------------------------------------------
// ...
```

```
class Complex
{
  private:
    double re, im;
  public:
    // ... Methoden wie zuvor
    // Konvertierungsfunktion:
    operator double() const { return re; }
};
// ... Globale Operatorfunktionen wie zuvor
```

Antwort auf die Frage: Die Konvertierungsfunktion verursacht Mehrdeutigkeiten bei Typumwandlungen. So kann im Ausdruck `z + x` sowohl der Wert von `x` in den Typ `Complex` als auch das Objekt `z` in den Typ `double` konvertiert werden.

c)

```
// ..
class Complex
{
  // ...
  public:
    // Konstruktor:
    explicit Complex( double r=0.0, double i=0.0)
                : re(r), im(i) { }
    // ... wie zuvor
};
```

Antwort auf die Frage: Die Ergebnisse haben den Typ `double`, da jede komplexe Zahl in den Typ `double` konvertiert wird.

d)

```
// ...
int main()
{
// ...
    cout << "\nSumme:       " << z + (Complex)x
         << "\nDifferenz:   " << z - (Complex)x
         << "\nProdukt:     " << z * (Complex)x
         << "\nQuotient z/x: " << z / (Complex)x
         << "\nQuotient x/z: " << (Complex)x / z << endl;
    return 0;
}
```

Kapitel 21

Speicherreservierung zur Laufzeit

Zur Zeit der Kompilierung ist oft noch nicht bekannt, wie viele Daten ein Programm bearbeiten wird. In diesem Fall ist es notwendig, Speicher dynamisch, d.h. zur Laufzeit des Programms zu reservieren und wieder freizugeben. Der reservierte Speicher kann so flexibel dem aktuellen Bedarf angepasst werden, z.B. zur Darstellung dynamischer Datenstrukturen wie »verkettete Listen« und »Bäume«.

- Objekte dynamisch mit new erzeugen

  Der Operator new erhält als Operand den Typ des anzulegenden Objekts und liefert als Ergebnis einen Zeiger auf ein neues Objekt dieses Typs. Beispielsweise stellt der Ausdruck new long einen Zeiger auf eine neu angelegte Variable vom Typ long dar. Zur Initialisierung kann zusätzlich eine Liste von Anfangswerten in runden Klammern angegeben werden, wie z.B in der folgenden Anweisung:

```
string *pStr = new string( 20, 'X');
```

  Dann wird ein der Initialisierungsliste entsprechender Konstruktor aufgerufen. Ohne explizite Initialisierung wird das Objekt mit dem Default-Konstruktor erzeugt.

  Mit dem Operator new[] wird dynamisch ein Vektor angelegt. Er gibt einen Zeiger auf das erste Vektorelement zurück. Innerhalb der eckigen Klammern ist die Anzahl Vektorelemente anzugeben, wie im folgenden Beispiel gezeigt:

```
string *pStr = new string[100];
```

  Die Angabe einer Initialisierungsliste für die einzelnen Vektorelemente ist nicht möglich. Haben die Elemente den Typ einer Klasse, so muss diese einen Default-Konstruktor besitzen.

- Speicher für dynamisch reservierte Objekte freigeben

  Ohne explizite Freigabe besteht ein dynamisch erzeugtes Objekt bis zum Programmende. C++ verfügt nicht über einen »Garbarge Collector«, der nicht mehr verwendete Objekte entfernt. Um die Resourcen des Rechners zu schonen, sollte daher ein Programm nicht mehr benötigte Objekte selbst zerstören. Dafür stehen die Operatoren delete und delete[] zur Verfügung, denen beim Aufruf die Adresse des dynamisch reservierten Objekts bzw. Vektors übergeben wird. Der Vorteil liegt darin, dass der Programmierer bestimmt, wann ein Objekt zerstört wird.

  Zur Vertiefung werden Sie in diesem Kapitel z.B. dynamische Arrays, Queues und den Algorithmus von Boyer-Moore für Suchmuster implementieren.

Verständnisfragen

21.1 In C++ stehen zur dynamischen Speicherreservierung die Operatoren _____ und _____ zur Verfügung.

21.2 Der Operator new erwartet als Operand

a) den Namen des Objekts, das dynamisch erzeugt werden soll.

b) den Typ des anzulegenden Objekts.

c) die Größe des Objekts in Anzahl Bytes.

21.3 Mit der Definition

```
long* ptr = new int;
```

a) wird ein Objekt vom Typ long erzeugt.

b) wird ein Objekt vom Typ int angelegt und implizit in long konvertiert.

c) wird vom Kompiler eine Fehlermeldung ausgegeben.

21.4 Mit der Anweisung

```
long *ptr = new long(2000);
```

a) werden 2000 Objekte vom Typ long dynamisch erzeugt.

b) wird ein Objekt vom Typ long dynamisch erzeugt und initialisiert.

c) wird eine Fehlermeldung ausgegeben.

21.5 Mit new reservierter Speicher wird mit dem Operator _____ wieder freigegeben.

a) delete

b) dispose

c) free

21.6 Im Anschluss an die Definitionen

```
long double z = 1.1, *ptr = &z;
```

kann der von z belegte Speicher wie folgt freigegeben werden:

```
delete ptr;
```

☐ Richtig   ☐ Falsch

21.7 Wird für ein dynamisch reserviertes Objekt der delete-Operator nicht aufgerufen, so wird der dynamisch reservierte Speicher

a) nie freigegeben.

b) automatisch freigegeben, wenn er nicht mehr verwendet wird.

c) erst freigegeben, wenn das Programm beendet wird.

21.8 Nach dem Aufruf des delete-Operators kann nicht überprüft werden, ob der dynamisch reservierte Speicher erfolgreich freigegeben wurde.

☐ Richtig   ☐ Falsch

21.9 Ein New-Handler ist eine Funktion, die automatisch aufgerufen wird, wenn beim Aufruf von new nicht genug Speicher verfügbar ist. Der New-Handler führt eine zentrale Fehlerbehandlung durch.

☐ Richtig   ☐ Falsch

21.10 In C++ wird jedes Objekt einer Klasse mit dem Operator new erzeugt.

☐ Richtig   ☐ Falsch

21.11 Angenommen, der Operator new reserviert dynamisch den Speicher für ein Objekt einer Klasse. Dann sorgt er auch dafür, dass

a) alle von diesem Objekt belegten Bytes mit 0 initialisiert werden.

b) ein passender Konstruktor für das Objekt aufgerufen wird.

c) der New-Handler aufgerufen wird, wenn kein Speicher verfügbar ist.

21.12 Ohne explizite Initialisierung wird für ein mit new erzeugtes Objekt der _____ aufgerufen.

21.13 Angenommen, ein Objekt einer Klasse wird dynamisch mit new erzeugt und dabei werden zur Initialisierung Anfangswerte angegeben. Dann werden diese Werte als Argumente einem passenden _____ der Klasse übergeben.

21.14 Gegeben sei eine Klasse Measure mit einer public-Methode display(). Nach der Definition

```
Measure* ptr = new Measure(1190.9);
```

kann dann die Methode display() wie folgt aufgerufen werden:

a) new->display();

b) ptr->display();

c) ptr.display();

21.15 Angenommen, der Operator new wird mit einer Liste von Anfangswerten aufgerufen, um ein Objekt einer Klasse dynamisch anzulegen. Falls dann der Kompiler keinen passenden Konstruktor findet, wird

a) eine Fehlermeldung ausgegeben.

b) der Default-Konstruktor aufgerufen.

c) eine Minimal-Version eines passenden Konstruktors erzeugt.

21.16 Beim Zerstören eines dynamisch reservierten Objekts wird der Destruktor für das Objekt aufgerufen.

☐ Richtig   ☐ Falsch

21.17 Um mit der Anweisung

```
Test* ptr = new Test[512];
```

ein Vektor dynamisch definieren zu können, muss die Klasse Test einen _____-Konstruktor besitzen.

21.18 Gegeben sei folgender dynamischer Array:

```
Test* pTest = new Test[1024];
```

Dann kann das erste Vektorelement wie folgt angesprochen werden:

a) Test[0]

b) pTest[0]

c) *pTest;

21.19 Nach der Definition

```
Test* pTest = new Test[1024];
```

wird der dynamisch belegte Speicher wie folgt wieder freigegeben.

a) delete pTest[]

b) delete pTest[1024]

c) delete[] pTest

21.20 Beim Einfügen und Löschen eines Elements in einer verketteten Liste werden keine Elemente verschoben, sondern lediglich _____ versetzt.

Aufgaben

21.1   Was ist in den folgenden Anweisungen falsch?

a)

```
float* p = new float = 1.0F;
```

b)

```
int* p = new int*;  *p = 100;
```

c)

```
short p = new short(10);
```

d)

```
long *p = new long, *q = new long(1000L);
p = q;
```

e)

```
double *p, *q = new double(9.5);
*p = *q;
```

21.2   Bestimmen und korrigieren Sie die Fehler in den folgenden Anweisungen:

a)

```
int x = 7.0, *px = new int(x);
delete x;
```

b)

```
float *p = new float(10.0);
cout << *p << endl;
delete *p;
```

c)

```
double *p1, *p2 = new double(32.1);
p1 = p2;
delete p1;
delete p2;
```

21.3 Angenommen, die Klasse Test enthält zwei private Datenelemente vom Typ long und string. Zur Initialisierung erwartet der Konstruktor einen Wert vom Typ long und einen String. Außerdem besitzt die Klasse Test eine public Methode diplay(), die keinen Parameter hat.

Schreiben Sie die erforderlichen Anweisungen, um

a) den Speicher für ein Objekt der Klasse Test dynamisch zu reservieren.

b) die Methode display() für dieses Objekt aufzurufen.

c) den für das Objekt reservierten Speicher wieder freizugeben.

21.4 Was ist in folgenden Anweisungen falsch?

a)

```
long *vp = new long(255); // Vektor der Länge 255
```

b)

```
int *ip = new int[3] = { 4, 6, 8 };
```

c)

```
float *fp = new float[100];
// Sobald der Vektor nicht mehr gebraucht wird:
delete fp[];
```

21.5 Schreiben Sie die erforderlichen Anweisungen, um

a) eine positive Ganzzahl von der Tastatur in eine Variable n einzulesen und einen Vektor mit n Elementen vom Typ double dynamisch zu definieren.

b) jedem Vektorelement eine zufällige Zahl zwischen 0.0 und 1.0 zuzuweisen, ohne einen Index zu verwenden.

Hinweis: Die größte Zufallszahl, die die rand() Funktion liefert, ist RAND_MAX. Diese Konstante ist in stdlib.h definiert.

c) den durch den Vektor belegten Speicher wieder freizugeben.

21.6 Schreiben Sie eine Funktion sumUp(), die elementweise die Summe zweier gleich langer Vektoren in einem dynamisch reservierten Vektor speichert und einen Zeiger auf den neuen Vektor zurückgibt. Der Typ der Vektorelemente ist double.

Der Funktion werden die beiden Vektoren und ihre gemeinsame Länge übergeben. Testen Sie die Funktion, indem Sie zwei Vektoren mit Werten Ihrer Wahl initialisieren und die Summe der Vektoren anzeigen. Geben Sie danach den Speicherplatz des neuen Vektors explizit frei.

21.7 Die folgende Klasse `IntArr` repräsentiert einen Vektor mit Elementen vom Typ `int`, der dynamisch vom Konstruktor erzeugt wird. Die Länge des Vektors erhält der Konstruktor als Argument. Der Destruktor gibt den vom Konstruktor reservierten Speicherbereich wieder frei.

```cpp
class IntArr
{
  private:
    int *ptrArr;        // Zeiger auf den Vektor
    int len;            // Länge des Vektors
  public:
    IntArr( int len);
    ~IntArr();
    int length() const { return len; }
    int& operator[](int i);      // Indexoperator
};
```

Die Definition der Klasse befindet sich in der Header-Datei `intArr.h`. Schreiben Sie die noch fehlenden Definitionen des Konstruktors, des Destruktors und des Indexoperators in eine separate Quelldatei `intArr.cpp`.

Der Konstruktor erzeugt den Vektor und setzt dann alle Vektorelemente auf 0. Der Indexoperator führt eine Bereichsprüfung für den übergebenen Index `i` durch. Bei einem ungültigen Index soll das Programm mit einer entsprechenden Fehlermeldung beendet werden. Andernfalls liefert der Operator eine Referenz auf das i-te Vektorelement.

21.8 Schreiben Sie für die Klasse `IntArr` der vorhergehenden Aufgabe eine Methode `compress()`, die den Vektor verkürzt, indem sie alle Elemente entfernt, die den Wert 0 haben. Die Methode hat keinen Parameter und keinen Return-Wert.

Kopieren Sie zu diesem Zweck alle Elemente, die nicht den Wert 0 haben, in einen neuen dynamisch erzeugten Vektor. Geben Sie dann den Speicherplatz für den ursprünglichen Vektor wieder frei und aktualisieren Sie die Datenelemente mit der Adresse und der Länge des neuen Vektors.

Testen Sie die neue Methode mit einem `IntArr`-Objekt, dem Sie Zufallszahlen zwischen 0 und 9 zuweisen.

21.9 Die folgende Klasse `Job` ist in der Header-Datei `jobList.h` definiert.

```cpp
class Job
{
  private:
    long id;                  // Auftragsnummer
    string description;       // Beschreibung
```

```
static long curID;          // Letzte Auftragsnummer
public:
Job( const string& todo)
  : id(++curID), description(todo) {}
// Zugriffsmethoden:
unsigned long getID() const { return id; }
const string& getDescription() const
{ return description; }
void  setDescription( const string& d)
{ description = d; }
};
```

Erstellen Sie ein Programm, das Aufträge vom Typ Job in einer einfach verketteten Liste speichert. Die Liste soll als *Queue* (deutsch: Warteschlange)
verwaltet werden, d.h. Elemente werden am Ende in die Liste eingefügt und
am Anfang der Liste entnommen.

■ Vervollständigen Sie zunächst die Klasse Job: Definieren und initialisieren Sie das statische Element curID (z.B. mit dem Wert 1000) in der
   neuen Datei jobList.cpp und überladen Sie den Operator << für die
   Ausgabe eines Job-Objekts auf einen Stream.

■ Definieren Sie dann die Klasse JobList, die als private Daten Zeiger auf
   das erste und letzte Listenelement besitzt, sowie einen Zähler für die Listenelemente.

Zur Darstellung der Listenelemente wird die Klasse ListEl privat innerhalb der Klasse JobList definiert. Der Konstruktor kopiert den übergebenen Auftrag in das neue Listenelement und setzt den Zeiger auf den
Nachfolger auf NULL. Alle Elemente von ListEl sind public, da ein
Zugriff darauf nur innerhalb der Klasse JobList möglich ist.

Das öffentliche Interface der Klasse JobList soll neben dem Konstruktor, der eine leere Liste erzeugt, und dem Destruktor aus folgenden
Methoden bestehen:

```
void pushBack( const Job& job);
```

erzeugt dynamisch mit dem übergeben Auftrag ein neues Listenelement
und hängt dieses am Ende der Liste an.

```
bool popFront( Job& job);
```

gibt false zurück, falls die Liste leer ist. Andernfalls entnimmt sie das
erste Element der Liste, kopiert den Auftrag in den Parameter job und
liefert als Return-Wert true.

Außerdem soll die Methode `getCount()` die aktuelle Anzahl der Aufträge in der Liste liefern. Die Methode `print()` zeigt alle Aufträge der Liste auf dem Bildschirm an.

Geben Sie die Definitionen der Methoden, die nicht `inline` sind, in der Datei `jobList.cpp` an.

■ Testen Sie die Klasse `JobList`, indem Sie dynamisch ein Objekt dieser Klasse erzeugen und jede Methode mindestens einmal aufrufen.

21.10 Ein schneller Algorithmus zur Suche eines Teilstrings in einem String wurde 1977 von R.S. Boyer und J.S. Moore veröffentlicht. Er verwendet eine Tabelle, die für jedes Zeichen im zugrunde liegenden Zeichencode eine ganze Zahl speichert, nämlich

■ für Zeichen, die nicht im Suchstring vorkommen:
Die Länge des Suchstrings.

■ für die Zeichen im Suchstring, die vom letzten Zeichen verschieden sind:
Die Entfernung des letzten Auftretens des Zeichens vom Ende des Suchstrings.

■ für das letzte Zeichen im Suchstring:
Die Länge des Suchstrings, wenn das Zeichen im Suchstring nur einmal vorkommt, sonst die Entfernung des vorletzten Auftretens des Zeichens vom Ende des Suchstrings.

Ist beispielsweise `"here and there"` der gesuchte String, so enthält die Tabelle für das Zeichen `'e'` den Wert 2, für `'r'` den Wert 1, für `'h'` den Wert 3 usw., aber z.B. für `'b'` den Wert 14, da das Zeichen nicht im Suchstring vorkommt.

Definieren Sie die Klasse `StringMatching`, die als `public`-Elemente zunächst nur einen Konstruktor, einen Destruktor und eine Methode `print()` besitzt.

Der Konstruktor speichert den Suchstring, der als Argument übergeben wird, in einem privaten Element vom Typ `string` und erzeugt dazu dynamisch die oben beschriebene Entfernungstabelle. Der Destruktor gibt den vom Konstruktor reservierten Speicher wieder frei.

Die Methode `print()` gibt zu Testzwecken den Suchstring und die Zeichen mit ihrem Wert in der Entfernungstabelle aus, sofern der gespeicherte Wert kleiner als die Länge des Suchstrings ist.

Hinweise: 1. Die in der Header-Datei `climits` definierte Konstante `UCHAR_MAX` ist der größte Zeichencode vom Typ `unsigned char`. Die Entfernungstabelle hat also `UCHAR_MAX+1` Elemente.

2. Wenn der Wert eines Zeichens vom Typ `char` als Ganzzahl verwendet wird, sollte er zuvor in den Typ `unsigned char` gecastet werden. Damit ist sichergestellt, dass der Wert ohne Vorzeichen interpretiert wird.

Testen Sie die Klasse `StringMatching`, indem Sie für ein Objekt der Klasse die Methode `print()` aufrufen.

21.11 Die Klasse `StringMatching` aus der vorhergehenden Übung soll jetzt durch Implementierung eines Suchalgorithmus vervollständigt werden.

Der Boyer-Moore Algorithmus vergleicht die Zeichen des Suchstrings mit den entsprechenden Zeichen im Text von hinten nach vorne! Hier soll nur eine stark vereinfachte Version implementiert werden. Betrachten Sie dazu folgendes Beispiel:

```
easy as
Nothing is as easy as it looks
```

Das letzte Zeichen `'s'` im Suchstring `"easy as"` stimmt nicht mit dem Zeichen `'g'` im Text überein. Das Zeichen `'g'` kommt im Suchstring auch nicht vor. Deshalb können wir den Suchstring komplett über das `'g'` hinausschieben:

```
        easy as
Nothing is as_easy as it looks
```

Auch hier stimmt schon beim ersten Vergleich das Zeichen `'s'` nicht mit dem Blank `' '` überein. Da aber das Blank noch mal im Suchstring vorkommt, kann der Suchstring jetzt nur um zwei Positionen (= Abstand vom Stringende) weitergeschoben werden.

Solange das Ende des Textes noch nicht erreicht und das Suchmuster nicht gefunden ist, wird dieses Verfahren fortgesetzt, d.h das Suchmuster wird stets um so viele Stellen verschoben, wie es das Zeichen im Text unterhalb des letzten Zeichens im Suchstring erlaubt.

Schreiben Sie eine Methode `findIn()`, die diesen Algorithmus implementiert. Die Methode erhält zwei Argumente, nämlich den zu durchsuchenden Text und die Startposition im Text. Verwenden Sie 0 als Default-Wert für die Startposition. Der Return-Wert ist der Index des ersten Zeichens des Suchstrings im Text bzw. –1, falls der Suchstring im Text nicht enthalten ist.

Hinweis: Verwenden Sie die Entfernungstabelle aus Aufgabe 21.10

Testen Sie die Klasse mit der neuen Methode! Geben Sie zu Testzwecken innerhalb der Methode `findIn()` vor jeder Verschiebung den Suchstring gemäß seiner aktuellen Position und den Text aus.

21.12 Die Klasse `StringMatching` der vorhergehenden Aufgabe soll nun mit dem vollständigen Boyer-Moore-Suchalgorithmus implementiert werden.

Beim Vergleich der Zeichen von hinten nach vorne wird häufig eine Übereinstimmung für einige Zeichen am Ende des Suchstrings festgestellt. Ist dieses Suffix weiter vorne im Suchstring noch mal enthalten, so kann der Suchstring so weit nach rechts verschoben werden, bis diese Zeichen wieder mit dem Text übereinstimmen. Ein Beispiel:

```
is as easy as
Nothing is as easy as it looks
```

Der Vergleich ergibt, dass das Suffix " as" mit den Zeichen im Text übereinstimmt. Da dieses Suffix noch mal im String vorkommt, ist eine Verschiebung möglich, die dem Abstand des Suffixes von seinem Vorgänger entspricht:

```
        is as easy as
Nothing is as easy as it looks
```

Diese Verschiebung, auch *good-suffix shift* genannt, verwendet der Boyer-Moore-Algorithmus zusätzlich zum *bad-character shift* gemäß der vorhergehenden Aufgabe. Daher wird zu Beginn eine zweite Tabelle angelegt, die zu jeder Position i im Suchstring den Abstand des Vorgängers zu dem Suffix enthält, das aus den Zeichen ab der Position i+1 besteht. Die Tabelle hat also die Länge des Suchstrings und enthält zu jeder Position die mögliche Verschiebung gemäß dem *good-suffix shift*.

Beim *bad-character shift* verwendet der Boyer-Moore-Algorithmus das Zeichen im Text, beim dem die Ungleichheit festgestellt wurde (im obigen 1. Beispiel 's' und nicht wie in der vereinfachten Version von Aufgabe 21.11 das Zeichen unterhalb des letzten Zeichens im Suchstring!). Die mögliche Verschiebung ist daher der Tabelleneintrag minus die Anzahl schon verglichener Zeichen (im obigen Beispiel 4 – 3 = 1). Dieser Wert kann auch negativ sein!

Die tatsächliche Verschiebung ist das Maximum der beiden möglichen Verschiebungen. Ergänzen Sie zuerst den Konstruktor, den Destruktor und die Methode print(), die zu Testzwecken auch den Inhalt der zweiten Tabelle anzeigt. Ändern und testen Sie dann die Methode findIn().

Hinweise und Details zur zweiten Entfernungstabelle:

1. Für die letzte Position, die ja kein Suffix aufweist, wird der Wert 1 zugewiesen. Wenn es zu einem Suffix keinen Vorgänger gibt, ist der zugehörige Wert die Länge des Suchstrings (dann kann der Suchstring um die gesamte Länge verschoben werden). Ansonsten wird für eine Position der Abstand des Suffixes zum Vorgänger gespeichert. Dabei handelt es sich um den Abstand des letzten Zeichens im Vorgänger vom Ende des Suchmusters. Das Suffix und der Vorgänger können sich überlappen.

2. Ein gültiger Vorgänger liegt vor, wenn das Suffix noch mal innerhalb des Suchstrings enthalten ist und ihm ein anderes Zeichen als dem Suffix vorangeht. Im Beispiel

```
as easy as
0123456789
```

hat das Suffix "as" den Vorgänger "as" ab der Position 4, da das Zeichen ' ' in der Position 7 ungleich dem Zeichen 'e' in der Position 3 ist. In der Tabelle wird also für die Position 7 der Wert 9 - 5 = 4 eingetragen.

Ein gültiger Vorgänger liegt auch vor, wenn am Anfang des Suchstrings nur ein Teil des Suffixes wieder vorkommt. So hat im Beispiel

```
as easy as
0123456789
```

das Suffix " as" den Vorgänger "as" ab der Position 0. In der Tabelle wird also für die Position 6 der Wert 9 - 1 = 8 eingetragen. Die vollständige Tabelle für den Suchstring "as easy as" hat den Inhalt:

```
8 8 8 8 8 8 8 4 10 1
```

Lösungen zu den Verständnisfragen

21.1   new und new[]

21.2   b)

21.3   c)

21.4   b)

21.5   a)

21.6   Falsch

21.7   c)

21.8   Richtig

21.9   Richtig

21.10   Falsch

21.11   b) und c)

21.12   Default-Konstruktor

21.13   Konstruktor

21.14 b)

21.15 a)

21.16 Richtig

21.17 Default

21.18 b) und c)

21.19 c)

21.20 Zeiger

Lösungen zu den Aufgaben

21.1 **a)** Der Anfangswert zur Initialisierung muss in runden Klammern hinter dem Typ angegeben werden.

b) Eine int-Variable wird dynamisch mit new int angelegt. Der Ausdruck new int* erzeugt einen Zeiger auf int.

c) Die Variable p muss ein short-Zeiger sein, also short* p.

d) Durch die Zuweisung p = q; geht der Verweis auf die Speicherstelle, auf die p zuvor gezeigt hat, verloren. Dieser Speicher kann z.B. nicht mehr mit delete freigegeben werden.

e) Der Zeiger p adressiert kein Objekt im Speicher. Deshalb existiert kein Objekt *p, dem ein Wert zugewiesen werden kann.

21.2 **a)** Der von der Variablen x belegte Speicher wurde nicht dynamisch reserviert und kann deshalb auch nicht freigegeben werden.

b) Dem Operator delete muss die Adresse des freizugebenden Speichers übergeben werden. Richtig wäre: delete p;

c) Nach der Zuweisung p1 = p2; adressieren beide Zeiger denselben dynamisch reservierten Speicherbereich. Dieser darf aber nur einmal freigegeben werden. Die Anweisung delete p1; (oder delete p2;) muss daher aus dem Quellcode entfernt werden.

21.3 **a)** Test *pTest = new Test(55555L, "Norah Jones");

b) pTest->display();

c) delete pTest;

21.4 **a)** Die Anzahl Vektorelemente muss in eckigen Klammern angegeben werden. Mit den runden Klammern wird nur Platz für einen long-Wert reserviert und initialisiert.

b) Beim Aufruf des Operators new[] kann keine Initialisierungsliste angegeben werden.

c) Der Aufruf delete fp[]; ist nicht korrekt. Richtig wäre: delete [] fp;

21.5   **a)**

```
int n; cin >> n;
double *pv = new double[n];
```

b)

```
#include <stdlib.h>
// ...
for( int *p = ; p < pv+n;  ++p)
   *p = (double)rand()/Rand_MAX;
```

c)

```
delete[] p;
```

21.6

```
// ------------------------------------------------------------
// ex21_06.cpp
// Definiert und testet die Funktion sumUp().
// ------------------------------------------------------------

double* sumUp(double* v, double* w, int n)
// Die Vektoren v und w elementweise addieren.
{
   double* sum = new double[n];

   for(int i=0; i < n; ++i)
     sum[i]  = v[i] + w[i];

   return sum;
}

#include <iostream>
#include <iomanip>
using namespace std;

int main()                   // Die Funktion sumUp() testen
{
   double v1[] = { -1.1,  0.2,  1.3, 2.4},
          v2[] = { 10.1, 20.2, 30.3, 40.4};
```

```
    int len = sizeof(v1)/ sizeof(double);


    double *sum = sumUp( v1, v2, len);


    cout << "\n   *** Test der Funktion sumUp() *** \n"
         << "\nDie Summe der zwei Vektoren:" << endl;
    for( int i = 0; i < len;  ++i)
        cout << setw(8) << sum[i];
    cout << endl;
    delete sum;


    return 0;
}
```

21.7

```
// -------------------------------------------------------
// intArr.cpp
// Implementierung der Klassen IntArr.
// -------------------------------------------------------
#include <iostream>
#include <cstdlib>
#include "intArr.h"
using namespace std;

IntArr::IntArr( int len)
{
    this->len = len;
    ptrArr = new int[len];
    for( int i=0; i < len; ++i)
       ptrArr[i] = 0;
}


IntArr::~IntArr()
{
    delete [] ptrArr;
}


int& IntArr::operator[](int i)     // Indexoperator
{
    if( i < 0 || i >= len)
    {
       cerr << "IntArr: " << i << " out of range!" << endl;
       exit(1);
```

```
    }
    return ptrArr[i];
}
```

21.8

```
// ----------------------------------------------------------
// intArr.h
// ...
class IntArr
{
    // ... wie zuvor und die public-Methode:
    void compress();
};


// ----------------------------------------------------------
// intArr.cpp
// ... wie zuvor und die folgende Methode:

void IntArr::compress()
{
    int i, j, count = 0;

    for( i = 0; i < len; ++i)              // Anzahl Elemente != 0
        if( ptrArr[i] != 0) ++count;

    int *newArr = new int[count];

    for( i = 0, j = 0;  i < len; ++i)
        if( ptrArr[i] != 0)
            newArr[j++] = ptrArr[i];

    delete [] ptrArr;
    ptrArr = newArr;
    len = count;
}


// ----------------------------------------------------------
// ex21_08.cpp
// Test der Klasse IntArr mit der Methode compress().
// ----------------------------------------------------------
#include <iostream>
#include <iomanip>
#include <ctime>
```

```
#include <cstdlib>
#include "intArr.h"
using namespace std;

int main()
{
    cout << "\n   *** Test der Klasse IntArr *** \n"
        << endl;

    IntArr arr(100);              // Ein int-Array der Länge 100
    int i = 0;

    // Initialisierung des Zufallszahlengenerators:
    srand( (unsigned int)time(NULL));

    // Den Vektor-Elementen Zufallszahlen zuweisen:
    for( i = 0; i < arr.length();  ++i)
        arr[i] = rand() % 10;

    cout << "\nDer Inhalt des Vektors:" << endl;
    for( i = 0; i < arr.length();  ++i)
        cout << setw(8) << arr[i];

    arr.compress();              // Vektor komprimieren.

    cout << "\nDer komprimierte Vektor:" << endl;
    for( i = 0; i < arr.length();  ++i)
        cout << setw(8) << arr[i];

    cout << "\nDie Laenge des komprimierten Vektors: "
        << arr.length() << endl;
    return 0;
}
```

21.9

```
// -----------------------------------------------------------
// jobList.h
// Definition der Klassen Job und JobList.
// -----------------------------------------------------------
#ifndef _JOBLIST_
#define _JOBLIST_

#include <iostream>
#include <iomanip>
```

```cpp
#include <string>
using namespace std;

// ----------------------------------------------------------
// Definition der Klasse Job
class Job
{
  // ... wie in der Aufgabenstellung
};


// Deklaration der Operatorfunktion:
ostream& operator<<( ostream& os, const Job& job);


// ----------------------------------------------------------
// Definition der Klasse JobList
class JobList
{
  private:
    struct ListEl                // Typ der Listenelemente
    {
      Job job;
      ListEl *next;
      ListEl(const Job& j) : job(j), next(NULL) {}
    };
    // Zeiger auf das erste und das letzte Listenelement:
    ListEl *first, *last;
    int count;                   // Anzahl Listenelemente.

  public:
    JobList() : first(NULL), last(NULL), count(0) {}
    ~JobList();

    void pushBack( const Job& job);   // Auftrag anhängen.
    bool popFront( Job& job);         // Auftrag entnehmen.

    int getCount() const { return count; };
    void print() const;               // Liste anzeigen.
};
#endif   // _JOBLIST_


// ----------------------------------------------------------
// jobList.cpp
```

```
// Implementierung der Klassen Job und JobList.
// ----------------------------------------------------------
#include "JobList.h"


// ----------------------------------------------------------
// Klasse Job

long Job::curID = 10000;

// Der Operator << zur Ausgabe:
ostream& operator<<( ostream& os, const Job& job)
{
    cout << setw(10) << job.getID() << " : "
        << job.getDescription();
    return os;
}


// ----------------------------------------------------------
// Klasse JobList

JobList::~JobList()
{
    ListEl *ptr = first, *next;
    for( ; ptr!= NULL; ptr = next)
    {
        next = ptr->next;
        delete ptr;
    }
}

void JobList::pushBack( const Job& job)
{
    ListEl *pEl = new ListEl(job);

    if( count == 0)
        first = last = pEl;
    else
        last->next = pEl,  last = pEl;
    ++count;
}

bool JobList::popFront( Job& job)
```

```cpp
{
   if( count > 0)                      // Falls nicht leer
   {
      ListEl *pEl = first;             // Zeiger sichern.
      job = first->job;
      first = first->next;             // first versetzen.
      delete pEl;                      // 1. Element löschen.
      --count;
      if( first == NULL)               // Jetzt leer?
        last = NULL;
      return true;
   }
   else
      return false;
}

void JobList::print() const
{
   for( ListEl *p = first;  p != NULL; p = p->next)
      cout << p->job << endl;
}

// ------------------------------------------------------------
// ex21_09.cpp
// Verwendet die Klasse JobList.
// ------------------------------------------------------------
#include <iostream>
#include "JobList.h"
using namespace std;

int main()
{
   JobList* pMyJobs = new JobList;

   const Job aJob("Mails beantworten.");

   // Jobs einfügen;
   pMyJobs->pushBack( aJob);
   pMyJobs->pushBack( Job("Chef zurueckrufen!"));
   pMyJobs->pushBack( Job("Meeting vorbereiten."));

   cout << "\n\t ***** Auftragsliste *****\n" << endl;
```

```
pMyJobs->print();        // Alle Aufträge anzeigen.

// Das erste Element entnehmen und noch mal anzeigen:
Job job("");
pMyJobs->popFront( job);
cout << "\nDer Auftrag\n" << aJob
     << "\nist erledigt!" << endl;
cout << "\nEs gibt in der Liste noch "
     << pMyJobs->getCount() << " Auftraege.\n" << endl;

delete pMyJobs;
return 0;
}
```

21.10

```
// ------------------------------------------------------------
// stringMatching.h
// Definition der Klasse StringMatching.
// ------------------------------------------------------------
#ifndef _STRINGMATCHING_
#define _STRINGMATCHING_

#include <string>
using namespace std;

class StringMatching
{
  private:
    string pattern;          // Suchstring
    int *deltaTable;         // Entfernungstabelle
  public:
    StringMatching( const string& pat);
    ~StringMatching() { delete [] deltaTable; }
    void print() const;
};
#endif    // _STRINGMATCHING_


// ------------------------------------------------------------
// stringMatching.cpp
// Implementiert die Methoden der Klasse StringMatching.
// ------------------------------------------------------------
#include "stringMatching.h"
```

```cpp
#include <iostream>
#include <climits>                       // Für  UCHAR_MAX
using namespace std;


StringMatching::StringMatching( const string& pat)
: pattern(pat)
{
    int len = pattern.length(),      // Länge des Suchstrings
        i, code;                     // Index und Zeichencode;
    deltaTable = new int[UCHAR_MAX+1];

    for( code = 0; code <= UCHAR_MAX; ++code)  // Vorbelegung
        deltaTable[code] = len;              // für alle Zeichen.

    for( i = 0; i < len-1; ++i)      // Abstand der Zeichen vom
    {                                // Stringende (ohne das
        code = (unsigned char)pattern[i]; // letzte Zeichen).
        deltaTable[code] = len-i-1;
    }
}


void StringMatching::print() const
{
    int len = pattern.length();

    cout << pattern << "\n---------------------" << endl;
    for( int i = 0; i <= UCHAR_MAX; ++i)
        if( deltaTable[i] != len)
            cout << (char)i << " : " << deltaTable[i] << endl;
}

// ---------------------------------------==  ----------------------
// ex21_10.cpp
// Verwendet ein Objekt der Klasse StringMatching.
// -------------------------------------------------------------
#include "stringMatching.h"
int main()
{
    StringMatching strMatching("as easy as");
    strMatching.print();
    return 0;
}
```

21.11

```
// ------------------------------------------------------------
// In der Datei stringMatching.h
//
class StringMatching
{
    // ... Zusätzlich die public-Methode:
    int findIn( const string& str, int start=0) const;
};


// ------------------------------------------------------------
// In der Datei stringMatching.cpp
//
int StringMatching::findIn( const string& text,
                            int start) const
{
    int  i, j, shift, code, len = pattern.length();

    if( len == 0) return 0;

    for( i = start;  i <= text.length() - len;  i += shift)
    {
//      cout.width(i+len);                 // Nur zu Testzwecken.
//      cout << pattern << endl;           //
//      cout << text << endl;              //

        j = len-1;          // Vergleicht letztes Zeichen zuerst.
        while( j >= 0 && text[i+j] == pattern[j])
            --j;

        if( j == -1)            // Suchstring gefunden!
            return i;
        else                    // Falls nicht gefunden, "schiebe"
        {                       // den Suchstring nach rechts.
            code = (unsigned char)text[i+len-1]; // Zeichencode
            shift = deltaTable[code];
        }
    }
    return -1;              // Nicht gefunden!
}


// ------------------------------------------------------------
// ex21_11.cpp
```

```
// Sucht einen Teilstring mithilfe der Klasse StringMatching.
// -----------------------------------------------------------
#include "stringMatching.h"
#include <iostream>
using namespace std;

int main()
{
    StringMatching strMatching("easy as");
    int pos =
        strMatching.findIn("Nothing is as easy as it looks");
    if( pos >= 0)
        cout << "Position des Suchstrings: " << pos+1 << endl;
    return 0;
}
```

21.12
```
// -----------------------------------------------------------
// In der Datei stringMatching.h
// Definition der Klasse StringMatching, die den Boyer-Moore-
// Algorithmus implementiert.
// -----------------------------------------------------------
// ...
class StringMatching
{
  private:
    // ... Zusätzlich die zweite Entfernungstabelle:
    int *deltaTable2;    // Wird vom Konstruktor erzeugt
                         // und vom Destruktor zerstört.
    // ...
};


// -----------------------------------------------------------
// stringMatching.cpp
// Implementiert die Methoden der Klasse StringMatching
// -----------------------------------------------------------
// ...

StringMatching::StringMatching( const string& pat)
: pattern(pat)
{
    int len = pattern.length(),     // Länge des Suchstrings
        i, code;                     // Index und Zeichencode;
    // 1. Entfernungstabelle für die Zeichen:
    // ... wie zuvor.
```

```
// 2. Entfernungstabelle für die Vorgänger der Suffixe:
deltaTable2 = new int[len];
int last = len-1;              // Index des letzten Zeichens.
deltaTable2[last] = 1;


for( i = last-1; i >= 0; --i) // Suffix ab i+1
{                             // Letzten Vorgänger suchen.
   int j = last-1;            // Index des letzten
                             // Zeichens im Vorgänger.
   for( ; j >= 0; --j)
   {
      int ki = last, kj = j;              // Vergleich
      while( ki > i && kj >= 0
            && pattern[ki] == pattern[kj] )
         --ki, --kj;

      if( kj < 0 || (ki == i && pattern[kj] != pattern[i]))
         break;               // gefunden! ( => j >= 0 )
   }
   deltaTable2[i] = (j>=0) ? last-j : len; // Abstand des
}                             // Vorgängers.
}


void StringMatching::print() const    // Suchstring und
{                                      // Entfernungstabellen
   int i, len = pattern.length();      // anzeigen.

   cout << pattern << "\n---------------------" << endl;
   for( i = 0; i <= UCHAR_MAX; ++i)
      if( deltaTable1[i] != len)
         cout << (char)i << " : " << deltaTable1[i] << endl;
   cout << "\n---------------------" << endl;
   for( i = 0; i < len; ++i)
      cout << deltaTable2[i] << ' ';
   cout << endl;
}


int StringMatching::findIn( const string& text,
                            int start) const
{
   int i, j, code, shift1, shift2, shift,
       len = pattern.length();

   if( len == 0) return 0;
```

```
for( i = start;  i <= text.length() - len;  i += shift)
{
  cout.width(i+len);                  // Nur zu Testzwecken!
  cout << pattern << endl;        //
  cout << text << endl;             //

  j = len-1;        // Vergleicht das letzte Zeichen zuerst.
  while( j >= 0 && text[i+j] == pattern[j])
    --j;

  if( j == -1)            // Suchstring gefunden!
      return i;
  else                    // Falls nicht gefunden, "schiebe"
  {                       // den Suchstring nach rechts.
     code = (unsigned char)text[i+j];      // Zeichencode
     shift1 = deltaTable1[code] - (len-1-j);
     shift2 = deltaTable2[j];
     shift = shift1 > shift2 ? shift1 : shift2;
  }
 }
 return -1;               // Nicht gefunden!
}


// --------------------------------------------------------
// ex21_12.cpp
// Sucht einen Teilstring mithilfe der Klasse StringMatching.
// --------------------------------------------------------
#include "stringMatching.h"
#include <iostream>
using namespace std;

int main()
{
    StringMatching strMatching("is as easy as");
    strMatching.print();

    int pos
    = strMatching.findIn("Nothing is as easy as it looks\n");
    if( pos >= 0)
        cout << "Position des Suchstrings: " << pos+1
            << endl;

    return 0;
}
```

Kapitel 22

Dynamische Elemente

Dynamisch reservierter Speicher wird von Klassen eingesetzt, um flexibel den benötigten Speicherplatz für Datenelemente zu verwalten. Ein Beispiel dafür ist die Standardklasse `string`. Eine derartige Klasse besitzt als Datenelement einen Zeiger auf den dynamisch verwalteten Speicher, der die eigentlichen Daten enthält. Ein solcher Zeiger wird deshalb auch als dynamisches Element der Klasse bezeichnet.

Objekte einer Klasse mit dynamischen Elementen verwalten den dynamischen Speicher vollständig selbst, so dass sie wie Objekte anderer Klassen verwendet werden können. Beispielsweise soll es generell möglich sein, solche Objekte zuzuweisen oder per »Call by Value« an Funktionen zu übergeben. Bei der Entwicklung sind daher einige Besonderheiten zu beachten:

- Speicherverwaltung in Methoden der Klasse

  Der Konstruktor einer Klasse mit einem dynamischen Element reserviert den dynamischen Speicher und initialisiert ihn ggfs. mit Anfangswerten. Der Destruktor gibt den reservierten Speicher wieder frei. Weitere Methoden, die z.b. Daten einfügen oder löschen, vergrößern oder verkleinern den dynamisch reservierten Speicher nach Bedarf.

- Definition eines eigenen Kopierkonstruktors

  Der Standardkopierkonstruktor kopiert die Datenelemente in das neu anzulegende Objekt. Dies genügt für Klassen mit dynamischen Elementen nicht, da dann die Zeiger verschiedener Objekte auf denselben Speicher verweisen. Deshalb muss der Kopierkonstruktor selbst definiert werden und zwar so, dass eine Kopie des dynamischen Speichers incl. der dort gespeicherten Daten angelegt wird.

- Überladung des Zuweisungsoperators

  Auch die Zuweisung der einzelnen Datenelemente, wie sie die Standardzuweisung vornimmt, ist für Klassen mit dynamischen Elementen nicht korrekt, da u.a. der ursprüngliche Speicher des linken Operanden unreferenziert wäre. Deshalb muss der Speicher des linken Operanden freigegeben und eine »tiefe« Kopie wie beim Kopierkonstruktor programmiert werden.

  Als Anwendung werden Sie Klassen zur Darstellung von Vektoren variabler Länge, von Polynomen beliebigen Grades und von binären Suchbäumen entwickeln. Außerdem definieren Sie Iteratoren und Smart Pointer, wie sie auch in der Standard Template Library von C++ eingesetzt werden.

Verständnisfragen

22.1   Ein dynamisches Element einer Klasse wird als _____ deklariert.

22.2   Wenn eine Klasse ein dynamisches Element besitzt, wird der dynamisch allokierte Speicher

a) vom Kompiler verwaltet.

b) von jedem Objekt selber verwaltet.

c) vom Anwendungsprogramm verwaltet.

22.3   Angenommen, es soll eine Klasse MeasureArr entwickelt werden, die einen Vektor variabler Länge mit Elementen einer vorgegebenen Klasse Measure darstellt. Dann ist bei der Definition der Klasse

```
class MeasureArr
{ private:
     int n;        // Länge des Vektors
     . . .
};
```

ein dynamisches Element msPtr für den Vektor wie folgt zu deklarieren:

a) Measure msPtr[n];

b) Measure *msPtr;

c) MeasureArr *msPtr;

22.4   Angenommen, eine Klasse stellt einen Vektor variabler Länge dar. Die Vektorelemente sind Objekte einer Klasse X. Dann muss die Klasse X einen Default-Konstruktor besitzen.

☐ Richtig   ☐ Falsch

22.5   Gegeben sei eine Klasse MeasureArr, die einen Vektor variabler Länge mit Elementen vom Typ der Klasse Measure darstellt. Nehmen Sie an, dass in der Klasse MeasureArr ein Konstruktor verfügbar ist, der die anfängliche Länge des Vektors als Argument erwartet. Dann wird ein Objekt ms vom Typ MeasureArr mit 1024 Vektorelementen wie folgt definiert:

a) MeasureArr ms[1024];

b) MeasureArr ms(1024);

c) Measure ms[1024];

22.6   Wenn eine Klasse einen Vektor variabler Länge darstellt, können Objekte vom Typ der Klasse unterschiedliche Größen aufweisen.

☐ Richtig   ☐ Falsch

22.7 Gegeben sei folgender Ausschnitt aus einer Klassendefinition:

```
class LongArr
{ private:
    long* ptr;
    . . .
  public:
    LongArr(int n);    // Erzeugt einen Vektor der Länge n
    . . .
};
```

In der Definition des Konstruktors wird dann mit folgender Anweisung der erforderliche Speicher reserviert: _____.

22.8 Eine Klasse mit dynamischen Elementen sollte einen selbst definierten Destruktor besitzen, der den dynamisch reservierten Speicher wieder freigibt.

☐ Richtig ☐ Falsch

22.9 Angenommen, eine Klasse LongArr besitzt ein dynamisches Element ptr, das einen Vektor variabler Länge adressiert. Dann muss der Destruktor zum Freigeben des Speichers folgende Anweisung enthalten:

a) delete ptr[]

b) delete[] ptr

c) delete[] *ptr

22.10 Angenommen, eine Klasse repräsentiert einen Vektor variabler Länge mit Elementen vom Typ double. Um auch für konstante Objekte den lesenden Zugriff auf Vektorelemente mit einem ganzzahligen Index zu ermöglichen, muss die Operatorfunktion für den Operator [] wie folgt deklariert werden:

_____

22.11 Der Indexoperator [], der in einer Klasse für den Schreib-/ Lese-Zugriff auf Vektorelemente überladen ist, liefert

a) den Wert eines Vektorelements.

b) eine Referenz auf ein Vektorelement.

c) einen Zeiger auf den Vektor .

22.12 Für eine Klasse mit dynamischen Elementen wurde bereits der Zuweisungsoperator überladen. Dann muss kein eigener Kopierkonstruktor mehr definiert werden, um Objekte dieser Klasse per Wertübergabe (»Call by Value«) an Funktionen übergeben zu können.

☐ Richtig ☐ Falsch

22.13 Gegeben sei eine Klasse `LongArr` mit einem dynamischen Element `ptr`, das auf einen Vektor variabler Länge verweist. Dann hat der Kopierkonstruktor, der in der Klasse deklariert ist, folgenden Prototyp:

a) `LongArr( const long* ptr );`

b) `LongArr( const LongArr& );`

c) `LongArr( const LongArr* );`

22.14 Angenommen, zwei verschiedene Zeiger `ptr1` und `ptr2` zeigen auf denselben dynamisch reservierten Speicher. Dann wird mit der Anweisung

```
delete[] ptr1;
```

der dynamische Speicher nicht freigegeben, da der Zeiger `ptr2` immer noch dorthin zeigt.

☐ Richtig   ☐ Falsch

22.15 Jede Klasse enthält vier implizit definierte Default-Methoden, die Sie durch eigene Definitionen ersetzen können, nämlich einen Default-Konstruktor, einen Destruktor, einen Kopierkonstruktor und einen _____.

22.16 Für eine Klasse `Measure` mit dynamischen Elementen wurde keine eigene Zuweisung definiert. Die Standardzuweisung

```
m1 = m2;     // m1 und m2 sind Objekte der Klasse Measure
```

bewirkt dann folgendes:

a) `m1` bleibt unverändert, da die Standardzuweisung nur eine Dummy-Methode ist.

b) Der von `m2` belegte Speicher wird byteweise in den von `m1` belegten Speicher kopiert

c) Die Datenelemente von `m2` werden den entsprechenden Datenelementen von `m1` zugewiesen.

d) Die Datenelemente und der dynamisch reservierte Speicher von `m2` werden in die entsprechenden Elemente von `m1` kopiert.

22.17 Angenommen, Sie entwickeln eine Klasse mit einem dynamischen Element. Dann bewirkt die Standardzuweisung, dass die zu verschiedenen Objekten gehörigen dynamischen Elemente denselben dynamisch reservierten Speicher adressieren.

☐ Richtig   ☐ Falsch

22.18 Die Operatorfunktion zur Überladung der Zuweisung bewirkt in Bezug auf ein dynamisches Element, dass

a) der durch das dynamische Element ursprünglich referenzierte Speicher freigegeben wird.

b) genügend neuer dynamischer Speicher reserviert wird.

c) in den neu reservierten Speicher die dynamisch angelegten Daten des Quellobjekts kopiert werden.

22.19 Die Operatorfunktion für die Zuweisung muss als Methode definiert werden.

☐ Richtig   ☐ Falsch

22.20 Die Zuweisung soll für eine Klasse Measure überladen werden. Dann ist die Operatorfunktion in der Klasse wie folgt zu deklarieren:

_____.

Aufgaben

22.1 Die folgende Klasse IntArr besitzt das dynamische Element ptrArr, aber noch keine Deklarationen für den Kopierkonstruktor und den Operator =.

```
class IntArr
{
    private:
       int *ptrArr;        // Zeiger auf den Vektor
       int len;            // Länge des Vektors
    public:
       // ...
};
```

a) Was geschieht, wenn Objekte der Klasse IntArr kopiert oder zugewiesen werden?

b) Wie kann verhindert werden, dass ein Anwender der Klasse IntArr Objekte kopiert oder zuweist, ohne dass der Kopierkonstruktor und die Zuweisung implementiert werden?

c) Deklarieren Sie den Kopierkonstruktor und die Operatorfunktion zur Überladung der einfachen Zuweisung.

22.2 Gegeben sei die Klasse IntArr aus der Übung 22.1. Bestimmen Sie die Fehler in der Definition des folgenden

a) Kopierkonstruktors:

```
IntArr::IntArr( const IntArr& src)
{
    src.len = len;
    src.ptrArr = new int[len];
    for( int i=0; i < len; i++)
        src.ptrArr[i] = ptrArr[i];
}
```

b) Zuweisungsoperators:

```
IntArr& IntArr::operator=( const IntArr& src)
{
    len = src.len;
    ptrArr = new int[len];
    for( int i = 0; i < len; i++)
        ptrArr[i] = src. ptrArr[i];
}
```

22.3 Definieren Sie eine Klasse `Polynomial` zur Darstellung von Polynomen

$$y = a_0 * a_1 * x^1 + \ldots + a_n * x^n$$

beliebigen Grades n. Als Datenelemente besitzt die Klasse ein dynamisches Element vom Typ `double*` für die Koeffizienten sowie eine Variable für den Grad des Polynoms.

Der erste Konstruktor erhält als Argumente einen Vektor mit den Koeffizienten und dem Grad des Polynoms (= Länge des Vektors – 1). Dem zweiten Konstruktor werden bis zu vier Koeffizienten direkt übergeben. Dieser Konstruktor ist also nur für Polynome mit einem Grad <= 3 geeignet. Außerdem werden ein eigener Kopierkonstruktor, ein eigener Zuweisungsoperator und die folgenden Methoden zur Verfügung gestellt:

- `getDegree()`   liefert den Grad des Polynoms.
- `evaluate()`   liefert den Wert des Polynoms an einer Stelle, die als Argument übergeben wird. Die Berechnung erfolgt mit dem Horner-Schema (s. Aufgabe 17.6).
- `display()`   zeigt das Polynom auf dem Bildschirm an.
- `operator+=()`   addiert ein zweites Polynom hinzu.

Weitere Kandidaten für die Operatorüberladung sind die Addition, Subtraktion, Multiplikation und Division von Polynomen.

Geben Sie die Klassendefinition in der Header-Datei `polynom.h` an. Definieren Sie Methoden, die keine Schleife benötigen, inline. Die übrigen Methoden werden erst in der nächsten Übung implementiert.

22.4 Implementieren Sie die Methoden der Klasse `Polynomial` aus der vorherigen Übung in der Quelldatei `polynom.cpp`.

Schreiben Sie ein Anwenderprogramm, das jede Methode der Klasse `Polynomial` mindesten einmal aufruft.

22.5 In Aufgabe 21.9 wurde die folgende Klasse `JobList` erstellt:

```cpp
class JobList
{
  private:
    struct ListEl          // Typ der Listenelemente
    { Job job;  ListEl *next;
      ListEl(const Job& j) : job(j), next(NULL) {}
    };
    // Zeiger auf das erste und das letzte Listenelement:
    ListEl *first, *last;
    int count;             // Anzahl Listenelemente

  public:
    JobList() : first(NULL), last(NULL), count(0) {}
    ~JobList();

    void pushBack( const Job& job); // Auftrag anhängen
    bool popFront( Job& job);        // Auftrag entnehmen

    int getCount() const { return count; };
    void print() const;              // Liste anzeigen
};
```

Die Klasse `JobList` besitzt die dynamischen Elemente `first` und `last`. Fügen Sie in den Dateien `jobList.h` und `jobList.cpp` eine eigene Definition des Kopierkonstruktors und des Zuweisungsoperators hinzu.

Testen Sie die erweiterte Klasse, indem Sie eine Listenkopie anlegen, eine Liste einer anderen Liste zuweisen und das Ergebnis jeweils anzeigen.

22.6 Der interne Aufbau der Liste `JobList` ist durch die private Klassendefinition für die Listenelemente vollständig verborgen (vgl. Aufgabe 22.5). Einem Anwenderprogramm soll es aber trotzdem ermöglicht werden, eine Liste sequentiell zu durchlaufen, z.B. um nach einem bestimmten Auftrag zu suchen. Zu diesem Zweck wird die Klasse `JobList` um das Konzept der *Iteratoren* erweitert, so wie es auch in der C++-Standardbibliothek verwendet wird.

Ein Iterator ist ein verallgemeinerter Zeiger, der z.b. auf das erste Element der Liste gesetzt werden kann und mit dem Operator ++ auf das nächste Element verschoben wird.

Definieren Sie innerhalb der Klasse `JobList` die neue Klasse `Iterator` als `public`. Als privates Datenelement besitzt die `Iterator`-Klasse einen Zeiger vom Typ `ListEl*`, der die aktuelle Position in der Liste markiert. Der Zeiger wird durch den Konstruktor mit NULL initialisiert oder durch einen `ListEl`-Zeiger, der als Argument übergeben wird. Überladen Sie dann die folgenden Operatoren:

`*`   Der Verweisoperator liefert eine Referenz auf das `Job`-Objekt des Listenelements, auf das der Iterator zeigt.

`++`   Verschiebt den `ListEl`-Zeiger des Iterators auf das nächste Element. Implementieren Sie sowohl den Präfix- als auch den Postfix-Operator (Der Postfix Operator besitzt einen Pseudo-Parameter vom Typ `int`).

`==`   und `!=` Wird zum Vergleich zweier Iteratoren verwendet.

Ergänzen Sie die Klasse `JobList` noch durch die folgenden Methoden:

`begin()`   liefert einen Iterator, der auf das erste Listenelement zeigt.

`end()`   liefert einen Iterator mit dem NULL-Zeiger (die »Position« nach dem letzten Element).

Jetzt kann z.B. für eine Liste `myJobList` folgende Schleife gebildet werden:

```
JobList::Iterator iter = myJobList.begin();
for( ; iter != myJobList.end(); ++iter)
   cout << *iter << endl;
```

Testen Sie die erweiterte Klasse, indem Sie den Inhalt einer Liste mithilfe eines Iterators anzeigen und in der Liste eine Auftragsnummer suchen.

22.7   Beim Arbeiten mit dynamisch erzeugten Objekten kann es zu *Speicherlecks* (engl. *memory leaks*) kommen. Hierbei handelt es sich um Speicherbereiche, die nicht mehr freigegeben werden können, weil kein Verweis mehr darauf vorhanden ist.

Beispiel:

```
void func(int n)           // Schlecht !
{  int *pDemo = new Demo;  // Neues Demo-Objekt
   // ... Anweisungen,
   //     aber kein Aufruf: delete pDemo;
}
```

Zur Vermeidung von »memory leaks« können in C++ »intelligente Zeiger« (engl. *smart pointer*) eingesetzt werden. Ein intelligenter Zeiger zerstört automatisch das referenzierte Objekt, wenn der Zeiger selbst zerstört wird.

Definieren Sie zu diesem Zweck eine Klasse `AutoPtr` für »intelligente Zeiger« auf dynamisch erzeugte Objekt folgender Klasse:

```
class Demo
{ string name;
  public:
    Demo(const string& n);   // Konstruktor u. Destruktor
    ~Demo();                 // geben eine Meldung aus.
    const string& getName() const { return name; }
};
```

Die Klasse `AutoPtr` besitzt als privates Datenelement einen `Demo`-Zeiger, der vom Konstruktor mit `NULL` oder mit der Adresse eines dynamisch erzeugten `Demo`-Objekts initialisiert wird. Der Destruktor zerstört das `Demo`-Objekt, auf das der Zeiger verweist.

Ein `AutoPtr`, der auf ein `Demo`-Objekt zeigt, ist der »Besitzer« des Objekts. Ein `Demo`-Objekt darf nicht gleichzeitig im Besitz verschiedener `AutoPtr` sein. Um zu vermeiden, dass eine Kopie eines `AutoPtr`-Objekts angelegt werden kann, wird der Kopierkonstruktor als `private` deklariert.

Damit ein `AutoPtr`-Objekt wie ein gewöhnlicher Zeiger verwendet werden kann, sind folgende Operatoren zu überladen:

```
Demo& operator*() const;
Demo* operator->() const;
```

Der Pfeiloperator liefert den Zeiger auf das `Demo`-Objekt und der Verweisoperator eine Referenz auf das `Demo`-Objekt. Falls der Zeiger nicht auf ein `Demo`-Objekt verweist, also `NULL` ist, soll das Programm mit einer Fehlermeldung beendet werden!

Mit den Zuweisungsoperatoren

```
AutoPtr& operator=(Demo* p);
AutoPtr& operator=(AutoPtr& a);
```

kann einem `AutoPtr`-Objekt, das auf kein `Demo`-Objekt verweist, entweder die Adresse eines `Demo`-Objekts oder ein anderes `AutoPtr`-Objekt zugewiesen werden. Wenn ein `AutoPtr` zugewiesen wird, wechselt der Besitzer, d.h. der rechte Zeiger ist anschließend `NULL`. Falls die linke Seite doch schon auf ein `Demo`-Objekt verweist, soll das Programm wieder mit einer Fehlermeldung beendet werden.

Die Klasse `AutoPtr` stellt außerdem noch die Methoden

```
Demo* get() const;
Demo* release();
```

zur Verfügung. Beide Methoden liefern den Demo-Zeiger zurück. Die Methode `realease()` löst die Verbindung zum Demo-Objekt, d.h. setzt den Zeiger auf NULL.

Testen Sie die Klasse, indem Sie verschiedene AutoPtr-Objekte anlegen und alle Methoden der Klasse AutoPtr aufrufen. Schreiben Sie eine Testfunktion, die als Parameter eine AutoPtr-Referenz besitzt und einen lokalen AutoPtr verwendet. Versuchen Sie, auch nicht zulässige Operationen durchzuführen.

Anmerkung: Smart-Pointer können in gleicher Weise für jeden Datentyp definiert werden. Daher bietet die C++-Standardbibliothek eine Template-Klasse `auto_ptr` mit einer ähnlichen Funktionalität.

22.8 Im Vergleich mit verketteten Listen ermöglichen *binäre Bäume* einen schnelleren Zugriff auf einzelne Daten. In einem Baum werden die Daten in sog. *Knoten* gespeichert, die wie folgt angeordnet sind:

- Jeder Knoten besitzt höchstens zwei direkte Nachfolger, den sog. linken und rechten *Kindknoten*

- Es gibt genau einen Knoten, der keinen Vorgänger besitzt, d.i. die sog. *Wurzel* des Baumes

- Jeder Knoten– außer der Wurzel – hat genau einen direkten Vorgänger, den sog. *Elternknoten.*

Jeder Knoten, der keinen Kindknoten besitzt, wird auch als *Blatt* bezeichnet. Ein Knoten der kein Blatt ist, heißt *innerer* Knoten. Ein Knoten zusammen mit allen seinen Nachfolgern heißt *Teilbaum.*

Grafik:

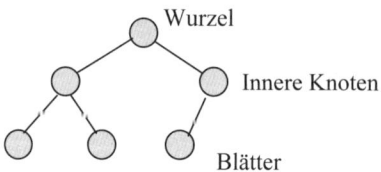

Wir gehen davon aus, dass die zu speichernden Daten selbst sortierbar sind oder sie besitzen eine Komponente, den sog. *Schlüssel,* der sortierbar ist. Dann können die Daten im Baum wie folgt angeordnet werden:

- Die erste Information wird in der Wurzel abgelegt.

- Jede weitere Information wird mit der Information in der Wurzel verglichen. Ist diese »kleiner oder gleich«, so wird sie mit der Information im linken Kindknoten, andernfalls mit der im rechten Kindknoten verglichen. Die Vergleiche und Verzweigungen werden solange wiederholt, wie es den entsprechenden Nachfolger noch nicht gibt. In diesem Fall wird ein neuer Knoten mit den zu speichernden Informationen als Kindknoten erzeugt. Der neue Knoten ist stets ein Blatt.

Das Ergebnis ist ein Baum, in dem der linke Teilbaum eines Knotens nur Daten enthält die »kleiner oder gleich« sind wie die im Knoten gespeicherte Information. Der rechte Teilbaum eines Knotens enthält nur Daten, die »größer oder gleich« sind wie die Info im Knoten. Ein solcher Baum wird auch als *binärer Suchbaum* bezeichnet.

Grafik: Binärer Suchbaum (die Zahlen sind gespeicherte Infos):

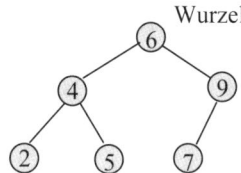
Wurzel

Es soll nun ein binärer Suchbaum zum Speichern von int Werten implementiert werden.

- Zur Darstellung der Knoten definieren Sie eine Klasse Node mit einem Datenelement vom Typ int und zwei Zeigern vom Typ Node*. Der Konstruktor besitzt für das int-Element einen int-Parameter mit dem Default-Wert 0 und initialisiert die beiden Zeiger mit NULL. Die folgende Klasse SearchTree wird als Freund der Klasse Node deklariert.

- Definieren Sie die Klasse SearchTree zur Darstellung des Baumes. Die Klasse besitzt als Datenelemente einen Zeiger auf die Wurzel und einen Zähler für die Knoten im Baum, der vom Default-Konstruktor auf 0 gesetzt wird. Um zu verhindern, dass der Suchbaum kopiert oder zugewiesen werden kann, deklarieren Sie den Kopierkonstruktor und die Operatorfunktion für die Zuweisung als private.

  Das öffentliche Interface der Klasse besteht neben dem Default-Konstruktor und der Zugriffsmethode getCount() zunächst nur aus den Methoden, insert() und search(). Die Methode insert() erhält einen int Wert als Argument und fügt diesen in den Baum ein. Außerdem inkrementiert sie noch den Zähler für die Knoten. Sie besitzt keinen Return-Wert. Die search()-Methode sucht im Baum iterativ, d.h. mithilfe einer Schleife einen übergebenen int-Wert und liefert true, falls dieser vorhanden ist, andernfalls false.

- Zur Implementierung der insert()-Methode dient die private, rekursive Methode insRec(), die - wie oben beschrieben - den Baum durchläuft und einen dynamisch allokierten Knoten mit dem neuen int-Wert in den

Baum einhängt. Die Methode insRec() erhält als Argument neben dem einzufügenden Wert einen Zeiger auf den ersten Knoten des Teilbaums, in den der neue Wert einzufügen ist. Ist der übergebene Zeiger NULL, wird ein neuer Knoten als Blatt eingefügt und der Zeiger verweist anschließend auf das neue Blatt. Damit insRec() den übergebenen Zeiger modifizieren kann, ist der Parameter eine Referenz auf den Zeiger, also vom Typ Node*&. Der erste Aufruf von insRec() erfolgt in der Methode insert() mit dem Zeiger auf die Wurzel des Baumes.

Stellen Sie die Klassendefinitionen in die Datei searchTree.h und die Implementierung der Methoden insRec() und search() in die Datei searchTree.cpp.

Testen Sie die Klasse SearchTree mit einer main()-Funktion, die ein Objekt vom Typ SearchTree anlegt und mehrere Zufallszahlen zwischen 1 und 100 einfügt. Geben Sie jeweils die einzufügende Zahl aus und erweitern Sie zur Ablaufverfolgung die Methode insRec() so, dass die ausgeführten Vergleiche angezeigt werden. Überprüfen Sie das Ergebnis anhand einer Skizze. Lassen Sie dann den Anwender eine Zahl eingeben, die im Baum gesucht wird.

22.9 Erweitern Sie die Klasse SearchTree um eine Methode printTop(), die die Spitze oder den gesamten Suchbaum anzeigt. Die Methode erhält deshalb als Argument entweder die Höhe der Spitze oder kein Argument. Die *Höhe* eines Baumes ist die Anzahl der Ebenen im Baum minus 1. Für einen fehlenden Knoten im Baum wird das Zeichen * angezeigt.

Beispielausgabe (Höhe 2):

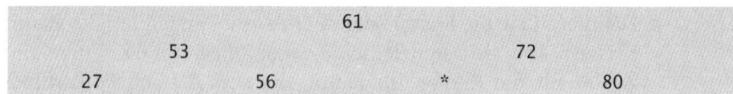

		61		
53			72	
27	56		*	80

Zur Ausgabe wird der Baum von oben nach unten und von links nach rechts durchlaufen. Daraus ergibt sich die nachfolgende Nummerierung, wobei auch »Lücken« im Baum mitgezählt werden.

Grafik: Binärer Suchbaum mit 6 Knoten

Wurzel

Ebene 0
Ebene 1
Ebene 2
Ebene 3

Höhe = 3

Fügen Sie eine weitere Methode `getNodePtr()` hinzu, die als Argument eine Knotennummer erhält und einen Zeiger auf den Knoten zurückgibt. Ist der Knoten im Baum nicht vorhanden, liefert die Methode den NULL-Zeiger.

Entfernen Sie noch die Testausgabe in der Methode `insRec()`. Erzeugen Sie dann in der `main()`-Funktion einen Suchbaum mit 10 Zufallszahlen zwischen 1 und 100. Geben Sie einmal die Spitze mit der Höhe 2 aus und anschließend den gesamten Baum.

Hinweise:

1. Der Vorgänger zu einem Knoten mit der Nummer n > 1 hat die Nummer n/2. Ist n gerade, ist der Knoten ein linker Nachfolger, andernfalls ein rechter. Definieren Sie deshalb die Methode `getNodePtr()` rekursiv.

2. Verwenden Sie für die Ausgabe der Zahlen einer Ebene die Feldbreite 64/k, wobei k die Anzahl der Knoten in der Ebene darstellt. Die erste Zahl ist mit der halben Feldbreite auszugeben.

22.10 Ein binärer Suchbaum kann auf verschiedene Arten rekursiv durchlaufen werden (L = Left, R=Right, N = Node):

LRN-Schema: Beginnend bei der Wurzel wird zuerst der linke Teilbaum eines Knotens, dann der rechte Teilbaum und schließlich der Knoten selbst bearbeitet.

Entsprechend sind noch das *LNR-Schema* und das *NLR-Schema* zu nennen. Natürlich können auch noch »links« und »rechts« vertauscht werden. Jedes dieser Schemata wird im Folgenden angewendet.

Vervollständigen Sie die Definition der Klasse `SearchTree`, indem Sie die folgenden Methoden hinzufügen:

▪ `clear()` und den noch fehlenden Destruktor zusammen mit der privaten Hilfsmethode `clearRec()`

Die Methode `clear()` löscht alle Knoten im Baum und setzt den Zeiger auf die Wurzel sowie den Zähler auf 0 zurück. Sie besitzt keinen Parameter und keinen Return-Wert. Zum Löschen der Knoten rufen sowohl `clear()` als auch der Destruktor die rekursive Methode `clearRec()` auf und übergeben die Wurzel des Baumes als Argument. Die Methode `clearRec()` durchläuft den Baum nach dem LRN-Schema.

▪ `printLNR()` und die private Hilfsmethode `printLNR_Rec()`

Die Methode `printLNR()` besitzt einen Parameter vom Typ `ostream` und schickt die Daten formatiert zum übergebenen Stream. Dazu ruft sie die rekursive Methode `printLNR_Rec()` auf und übergibt dabei den Stream und die Wurzel des Baums. Die Methode `printLNR_Rec()`durchläuft den Baum nach dem LNR-Schema und liefert damit die Daten in aufsteigend sortierter Reihenfolge. Verwenden Sie für die Ausgabe der Zahlen die Feldbreite 10.

■ `printNLR()` und die private Hilfsmethode `printNLR_Rec()`

Diese Methode arbeitet wie die vorher angeführte Methode `printLNR()`, mit dem Unterschied, dass der Baum nach dem NLR-Schema durchlaufen wird. Der Inhalt der Wurzel eines Teilbaums wird also zuerst in den Stream geschrieben. Geben Sie jede Zahl in einer eigenen Zeile aus.

Die Ausgabe gemäß dem NLR-Schema ist erforderlich, wenn der Inhalt des Baums so gespeichert werden soll, dass beim Einlesen der Daten wieder der ursprüngliche Baum entsteht.

Überladen Sie auch den Operator `<<` , der durch den Aufruf von `printLNR()` den Inhalt des Baums sortiert ausgibt.

Ergänzen Sie die `main()`-Funktion aus Übung 22.9, indem Sie die im binären Suchbaum gespeicherten Zufallszahlen in sortierter Reihenfolge ausgeben. Speichern Sie dann den Inhalt des Baums mithilfe der Methode `printNLR()` in eine Textdatei und löschen Sie den Inhalt des Baums. Lesen Sie anschließend die Daten aus der Datei und fügen Sie diese erneut in den Baum ein. Zeigen Sie mit einem Aufruf von `printTop()`, dass der ursprüngliche Baum wieder hergestellt wurde.

Bemerkung: Das Sortieren mithilfe von binären Suchbäumen ist ein effizienter Sortieralgorithmus, der sog. *Tree-Sort-Algorithmus*. Er weist ein ähnliches Laufzeitverhalten wie der Quick-Sort-Algorithmus auf. Ist n die Anzahl der zu sortierenden Elemente, so ist die Laufzeit beider Algorithmen normalerweise proportional zu $(\log_2(n))^2$. In seltenen Fällen hat jeder der beiden Algorithmen eine quadratische Laufzeit, d.h. er wird langsam. Beim Tree-Sort-Algorithmus tritt diese Situation ein, wenn der binäre Suchbaum zu einer linearen Liste degeneriert.

Lösungen zu den Verständnisfragen

22.1 Zeiger

22.2 b)

22.3 b)

22.4 Richtig

22.5 b)

22.6 Falsch

22.7 `ptr = new long[n];`

22.8   Richtig

22.9   b)

22.10   `double operator[](int i) const;`
        (oder: `const double& operator[](int i) const; )`

22.11   b)

22.12   Falsch

22.13   b)

22.14   Falsch

22.15   Zuweisungsoperator

22.16   c)

22.17   Richtig

22.18   a), b) und c)

22.19   Richtig

22.20   `Measure& operator=( const Measure& );`

Lösungen zu den Aufgaben

22.1   a) Es wird der Zeiger `ptrArr` kopiert, nicht die Daten, auf die er verweist.
        Dies führt zu Fehlern während der Laufzeit des Programms (spätestens
        bei der Zerstörung der Objekte), da beide Objekte denselben dynamisch
        reservierten Speicherbereich verwenden.

        b) Indem der Kopierkonstruktor und die Operatorfunktion für die Zuwei-
        sung `private` deklariert werden.

        c)

```
IntArr( const IntArr& );
IntArr& operator=( const IntArr& );
```

22.2   a) Im Funktionsblock sind Quelle und Ziel der Zuweisung vertauscht. Die
        Datenelemente des Objekts `src` müssen in die Datenelemente des aktu-
        ellen Objekts kopiert werden.

        b) Zuerst ist zu überprüfen, ob keine Selbstzuweisung vorliegt. Dann muss
        der »alte« Speicher freigegeben werden, bevor der Speicher für den Vek-
        tor neu reserviert wird. Schließlich fehlt noch die `return`-Anweisung.
        Die folgende Operatorfunktion ist korrekt:

```
IntArr& IntArr::operator=( const IntArr& src)
{
    if( this != &src)
    {
        delete ptrArr;
        len = src.len;
        ptrArr = new int[len];
        for( int i = 0; i < len; i++)
            ptrArr[i] = src. ptrArr[i];
    }
    return *this;
}
```

22.3
```
// ----------------------------------------------------------
// polynom.h
// Definition der Klasse Polynomial.
// ----------------------------------------------------------
#ifndef _POLYNOMIAL_
#define _POLYNOMIAL_

class Polynomial
{
    private:
        double *arrCoef;       // Vektor mit den Koeffizienten.
        int degree;            // Grad des Polynoms.

        // Hilfsfunktion erzeugt und initialisiert arrCoef:
        void init( double coef[], int g);

    public:
        // Konstruktoren:
        Polynomial( double coef[], int g) { init( coef, g); }
        Polynomial( double a0 = 0.0, double a1 = 0.0,
                    double a2 = 0.0, double a3 = 0.0);
        Polynomial( const Polynomial& p)   // Kopierkonstruktor
        { init( p.arrCoef, p.degree); };

        ~Polynomial() { delete [] arrCoef; }      // Destruktor

        int     getDegree() const { return degree; }
        double evaluate( double x) const;
        void display() const;
```

```
    Polynomial& operator=(const Polynomial& p);   // Zuweisung
    Polynomial& operator+=(const Polynomial& p);  // +=
};
#endif  // _POLYNOMIAL_
```

22.4

```
// -----------------------------------------------------------
// polynom.cpp
// Implementierung der Klasse Polynomial.
// -----------------------------------------------------------
#include <iostream>
#include "polynom.h"
using namespace std;

// Private Hilfsfunktion zur Initialisierung:
void Polynomial::init( double coef[], int g)
{
    degree = 0;
    if( g > 0)
        degree = g;
    arrCoef = new double[degree+1];
    for( int i=0; i <= degree; ++i)
        arrCoef[i] = coef[i];
}


// Konstruktor für bis zu vier Koeffizienten:
Polynomial::Polynomial( double a0, double a1,
                        double a2, double a3)
{
    double coef[] = { a0, a1, a2, a3 };
    for( int i = 3; i > 0 && coef[i] == 0.0; --i)
        ;
    init( coef, i);   // i == Grad des Polynoms
}


// Wert des Polynoms an der Stelle x:
double Polynomial::evaluate( double x) const
{
    int i = degree;     // Index des letzten Koeffizienten
    double y = arrCoef[i];

    while( --i >= 0)
```

```cpp
        y = y * x + arrCoef[i];
    return y;
}


// Das Polynom anzeigen:
void Polynomial::display() const
{
    cout <<  "y = " << arrCoef[0];
    for( int i= 1; i <= degree; ++i)
        cout << " + " << arrCoef[i] << "*x^" << i;
    cout << endl;
}


// Zuweisung:
Polynomial& Polynomial::operator=(const Polynomial& p)
{
    delete [] arrCoef;
    init( p.arrCoef, p.degree);
    return *this;
}


// Operator +=
Polynomial& Polynomial::operator+=(const Polynomial& p)
{
    int i=0;
    if( p.degree > degree)
    {                               // Vektor arrCoef verlängern.
        double* arr = new double[p.degree + 1];
        for( i = 0; i <= degree; ++i)    // Koeff. kopieren.
            arr[i] = arrCoef[i];
        for( ; i <= p.degree; ++i)       // Mit 0 auffüllen.
            arr[i] = 0.0;
        degree = p.degree;
        delete [] arrCoef;          // Alten Vektor freigeben.
        arrCoef = arr;
    }
    for( i = 0; i <= p.degree; ++i)      // Addieren.
        arrCoef[i] += p.arrCoef[i];

    return *this;
}
```

22.5

```
// ------------------------------------------------------
// jobList.h
// Version mit Kopierkonstruktor und Zuweisung.
// ------------------------------------------------------
#ifndef _JOBLIST_
#define _JOBLIST_
// ...
// Definition der Klasse Job unverändert!

// Definition der Klasse JobList:
class JobList
{
  private:
    // ... wie zuvor.
  public:
    // ...
    // Zusätzliche Methoden:
    JobList(const JobList& src);        // Kopierkonstruktor
    JobList& operator=(const JobList& src);   // Zuweisung
};
#endif   // _JOBLIST_


// ------------------------------------------------------------
// jobList.cpp
// Implementierung der Klassen Job und JobList.
// ------------------------------------------------------------
#include "JobList.h"
// ...
// Zusätzlich der Kopierkonstruktor und die Zuweisung:

JobList::JobList(const JobList& src)     // Kopierkonstruktor
{
    first = last = NULL;
    count = 0;
    ListEl *ptr = src.first;
    for( ; ptr!= NULL; ptr = ptr->next)
        pushBack( ptr->job);
}

JobList& JobList::operator=(const JobList& src)   // Zuweisung
{
    if( this != &src)                    // Keine Selbstzuweisung
```

```
{
    ListEl *ptr = first, *next;   // Alle Elemente löschen:
    for( ; ptr!= NULL; ptr = next)
    {
        next = ptr->next;
        delete ptr;
    }
    first = last = NULL;          // Und die Elemente
    count = 0;                    // von src einfügen.
    for( ptr = src.first;  ptr!= NULL; ptr = ptr->next)
        pushBack( ptr->job);
}
    return *this;
}
```

22.6

```
// ----------------------------------------------------------
// jobList.h
// ...

// Die Klasse JobList mit der Klasse Iterator:
class JobList
{
  private:
    // ... wie zuvor.
  public:
    // ... wie zuvor.
    // Definition der Klasse Iterator:
    class Iterator           // Alle Methoden sind inline.
    {
      private:
        listEl* ptrCurrent;   // Zeiger auf das aktuelle
                              // Listenelement,
      public:
        Iterator( ListEl* ptrEl = NULL) : ptrCurrent(ptrEl) {}

        Job& operator*() {  return ptrCurrent->job; }

        bool operator==( const Iterator& i2) const
        {  return ptrCurrent == i2.ptrCurrent; }

        bool operator!=( const Iterator& i2) const
        {  return ptrCurrent != i2.ptrCurrent; }
```

```
        Iterator& operator++()       // Präfix-Operator
        {
          if( ptrCurrent != NULL)    // Zeiger versetzen:
            ptrCurrent = ptrCurrent->next;
          return *this;
        }
        Iterator operator++(int)     // Postfix-Operator
        {
          Iterator temp( *this);     // Kopie vor der Operation
          if( ptrCurrent != NULL)
            ptrCurrent = ptrCurrent->next;
          return temp;
        }
     };  // Ende Klasse Iterator

     Iterator begin() const { return Iterator(first); }
     Iterator end() const   { return Iterator(); }
};


// ------------------------------------------------------------
// ex22_06.cpp
// Verwendet die Klasse JobList mit Iteratoren.
// ------------------------------------------------------------
#include <iostream>
#include "jobList.h"
using namespace std;

int main()
{
   JobList myJobs;
   const Job aJob("Mails beantworten.");
   unsigned long jobID = aJob.getID();

   // Jobs einfügen;
   myJobs.pushBack( aJob);
   myJobs.pushBack( Job("Chef zurueckrufen!"));
   myJobs.pushBack( Job("Meeting vorbereiten."));

   cout << "\n\t ***** Auftragsliste *****\n" << endl;

   // Alle Aufträge mit einer Iterator-Schleife anzeigen.
   cout << "\nDie Auftraege in der Liste:\n";
```

```
JobList::Iterator iter = myJobs.begin();
for( ;  iter != myJobs.end();  ++iter)
    cout << *iter << endl;

// Eine Job-ID suchen:
for( iter = myJobs.begin(); iter != myJobs.end(); ++iter)
    if( (*iter).getID() == jobID)
        break;
if( iter != myJobs.end())
    cout << "\nAuftrag gefunden:\n" << *iter << endl;
else
    cout << "\nAuftrag " << jobID
        << " nicht gefunden!\n" << endl;

Job job("");
myJobs.popFront( job );            // 1. Auftrag erledigen
cout << "\nDer Auftrag" << job
    << "\nist erledigt!" << endl;

// Job-ID noch mal suchen:
for( iter = myJobs.begin(); iter != myJobs.end(); ++iter)
    if( (*iter).getID() == jobID)
        break;
if( iter != myJobs.end())
    cout << "\nAuftrag gefunden:\n" << *iter << endl;
else
    cout << "\nAuftrag " << jobID
        << " nicht gefunden!\n" << endl;
return 0;
}
```

22.7

```
// ------------------------------------------------
// autoPtr.h
// Definition der Klassen Demo und AutoPtr.
// ------------------------------------------------
#ifndef _AUTOPTR_
#define _AUTOPTR_

#include <iostream>        // Deklaration von cerr
#include <string>          // Klasse string
#include <cstdlib>         // Prototyp exit()
using namespace std;
```

```
// ---------------------------------------------------------
// Definition der Klasse Demo
class Demo
{
    string name;
  public:
    Demo(const string& n)               // Konstruktor
    {
        name = n;
        cout << "Neues Objekt " << name << endl;
    }
    ~Demo()                             // Destruktor
    { cout << "Objekt " << name << " zerstoert!" << endl; }
    const string& getName() { return name; }
};


// ---------------------------------------------------------
// Definition der Klasse AutoPtr
class AutoPtr
{
  private:
    Demo* ptrObj;
    AutoPtr( const AutoPtr& a);     // Keine Kopien zulassen.

  public:
    AutoPtr( Demo* p = NULL) : ptrObj(p) {}
    ~AutoPtr() { delete ptrObj; }

    Demo* get() const { return ptrObj; }
    Demo* release()
    {
        Demo* ptr = ptrObj;
        ptrObj = NULL;
        return ptr;
    }

    Demo& operator*() const
    {
        if( !ptrObj)
        { cerr << "AutoPtr::operator* : Kein Objekt!" << endl;
          exit(100);
```

```
            }
            return *ptrObj;
        }

    Demo* operator->() const
    {
        if( !ptrObj)
        { cerr << "AutoPtr::operator-> : Kein Objekt!"<< endl;
          exit(101);
        }
        return ptrObj;
    }

    AutoPtr& operator=(Demo* p)
    {
        if( ptrObj)
        { cerr << "AutoPtr::operator= : Unzulaessig!" << endl;
          exit(102);
        }
        ptrObj = p;
        return *this;
    }

    AutoPtr& operator=(AutoPtr& a)
    {
        if( ptrObj)
        { cerr << "AutoPtr::operator= : Unzulaessig!" << endl;
          exit(103);
        }
        ptrObj = a.ptrObj;
        a.ptrObj = NULL;
        return *this;
    }
};
#endif   // _AUTOPTR_


// ----------------------------------------------------------
// ex22_07.cpp
// Verwendet die Klasse AutoPtr.
// ----------------------------------------------------------
#include <iostream>
#include "autoPtr.h"
```

```
using namespace std;


void testFunc( AutoPtr& ap);


int main()
{
   AutoPtr ap1, ap2, ap3( new Demo("Jupiter"));
// AutoPtr clone(ap3);        // Kompiler-Fehler!
                              // Kopie nicht möglich!
   ap1 = ap3;                 // ok, ap1 neuer Besitzer von "Jupiter"
   cout << "Hallo " << (*ap1).getName() << endl;


   ap2 = new Demo("Mars");    // ok
   cout << "Hallo " << ap2->getName() << endl;


//   ap1 = ap2;               // Laufzeit-Fehler!
                              // AutoPtr ap1 nicht mehr frei!
   ap3 = ap2;                 // Besitz vom Objekt "Mars"
                              // geht an ap3 über.
   testFunc(ap2);
   cout << "--- Wieder in der Funktion main() ---" << endl;
   if( ap2.get() != NULL)
      cout << "Hallo " << ap2->getName() << endl;


   Demo *pd = ap1.release();  // ap1 von seinem Objekt lösen.
   delete pd;
//   cout << "Hallo " << ap1->getName() << endl;
                // Laufzeitfehler, da ap1 auf kein Objekt verweist!
   return 0;
}


void testFunc( AutoPtr& ap)
{
   cout << "--- In der Funktion testFunc() ---" << endl;
   if( ap.get() == NULL)
      ap = new Demo("Saturn");
   AutoPtr localPtr( new Demo("Venus"));
   cout << "Hallo " << ap->getName()
        << " und " << localPtr->getName() << endl;
}
```

22.8

```
// ----------------------------------------------------------
// searchTree.h
// Definition der Klassen Node und SearchTree.
// ----------------------------------------------------------
#ifndef _SEARCHTREE_
#define _SEARCHTREE_

#include <iostream>
using namespace std;

class Node
{
  private:
    int data;
    Node *left, *right;
  public:
    Node( int d=0)
    : data(d), left(NULL), right(NULL)
    {}
    friend class SearchTree;
};

class SearchTree
{
  private:
    Node* root;         // Zeiger auf die Wurzel
    int count;          // Anzahl Knoten im Baum

    // private Methoden:
    SearchTree(const SearchTree&);              // Kopie und
    SearchTree& operator=(const SearchTree&); // Zuweisung
                                                // verhindern.
    void insertRec( int n, Node* &r_pn);

  public:
    SearchTree() : root(0), count(0) {}
    int getCount() const {  return count; }
    void insert(int n)
    {
        insertRec( n, root);
        ++count;
    }
```

```
      bool search( int val) const;
};
#endif  //  _SEARCHTREE_


// -----------------------------------------------------------
// searchTree.cpp
// Implementierung der Klasse SearchTree.
// -----------------------------------------------------------
#include "searchTree.h"


void SearchTree::insertRec( int n, Node* &r_pn)
{
    if( r_pn == 0)
        r_pn = new Node(n);
    else
    {
        cout << n << " : " << r_pn->data    // Zu Testzwecken
            << endl;
        if( n <= r_pn->data)
            insertRec(n, r_pn->left);
        else
            insertRec(n, r_pn->right);
    }
}


bool SearchTree::search( int val) const
{
    Node *np = root;
    bool found = false;
    while( np != NULL && !found)
    {
        if( val == np->data)
            found = true;
        else if( val < np->data)
            np = np->left;
        else
            np = np->right;
    }
    return found;
}


// -----------------------------------------------------------
```

```
// ex22_08.cpp
// Verwendet die Klasse SearchTree.
// ----------------------------------------------------------
#include <iostream>
#include <cstdlib>
#include <ctime>
#include "searchTree.h"
using namespace std;

int main()
{
    cout << "\t ****  Ein binaerer Suchbaum  ****\n" << endl;
    SearchTree aTree;

    srand((unsigned int)time(NULL)); // Zufallszahlengenerator
                                     // initialisieren.
    for( int r=0, i=0; i < 7; ++i)
    {
        r = rand() % 100;
        cout << "Einfuegen: " << r << endl;
        aTree.insert(r);
    }
    cout << "Anzahl Elemente: " << aTree.getCount() << endl;

    cout << "\nWelcher Wert soll gesucht werden: ";
    int val = 0;
    cin >> val;
    if( aTree.search(val))
        cout << val << " gefunden!" << endl;
    else
        cout << val << " nicht gefunden!" << endl;

    return 0;
}
```

22.9
```
// ----------------------------------------------------------
// searchTree.h
// Die neuen Methoden in der Klasse SearchTree:
class SearchTree
{
    // ...
  public:
```

```
    Node* getNodePtr( int nr) const;
    void printTop(int hight = -1) const;
};


// ----------------------------------------------------------
// searchTree.cpp
// Implementierung der neuen Methoden:
// . . .
Node* SearchTree::getNodePtr( int nr) const
{
    if( nr == 1)
        return root;

    Node* np = getNodePtr( nr/2);
    if( np)
        return (nr%2 == 0 ? np->left : np->right);
    else
        return NULL;
}


// Spitze des Baums anzeigen
void SearchTree::printTop(int hight) const
{
    int w = 64;                      // Breite des Baumes
    Node* np = NULL;
    int start = 1, cnt = 0;

    if( hight < 0)
        hight = count;               // Gesamter Baum

    for( int h = 0; h <= hight && cnt < count; ++h)
    {                 // Jeweils eine Ebene des Baumes ausgeben:
        cout.width(w/2);             // Für die erste Zahl
        for( int nr=start; nr < 2*start && cnt < count; ++nr)
        {
            if(np = getNodePtr(nr))
                cout << np->data,  ++ cnt;
            else
                cout << '*';
            cout.width(w);
        }
        cout << endl << endl;
```

```
    start *= 2;              // Startnummer und Feldbreite
    w /= 2;                  // der nächsten Ebene.
  }
}


// ------------------------------------------------------------
// ex22_09.cpp
// Aufruf der Methode printTop() in der main()-Funktion:
// ...

int main()
{
    // Baum aTree erzeugen: wie zuvor
    // Anzeigen:
    cout << "Die Spitze des Baumes:" << endl;
    aTree.printTop(2);

    cout << "Der gesamte Baum:" << endl;
    aTree.printTop();
    return 0;
}
```

22.10
```
// ------------------------------------------------------------
// searchTree.h
// Die neuen Methoden in der Klasse SearchTree und
// die Überladung des Operators <<:

class SearchTree
{
  private:
    // ...
    void clearRec(Node* pn);
    void printLNR_Rec(ostream& os, Node* pn) const;
    void printNLR_Rec(ostream& os, Node* pn) const;

  public:
    // ...
    ~SearchTree() { clearRec(root); }    // Destruktor
    void clear() { clearRec(root);  root = NULL; count = 0;}
    void printLNR(ostream& os) const
    { printLNR_Rec( os, root); }
    void printNLR(ostream& os) const
```

```
        { printNLR_Rec( os, root); }
};


inline ostream& operator<<( ostream& os, const SearchTree& t)
{
    t.printLNR(os);
    return os;
}



// ------------------------------------------------------------
// searchTree.cpp
// Implementierung der neuen Methoden:
// . . .

void SearchTree::clearRec(Node* pn)
{
    if(pn)
    {
        clearRec( pn->left);
        clearRec( pn->right);
        delete pn;
    }
}


void SearchTree::printLNR_Rec(ostream& os, Node* pn) const
{
    if(pn)
    {
        printLNR_Rec( os, pn->left);
        os << setw(10) << pn->data;
        printLNR_Rec( os, pn->right);
    }
}


void SearchTree::printNLR_Rec(ostream& os, Node* pn) const
{
    if(pn)
    {
        os << pn->data << endl;
        printNLR_Rec( os, pn->left);
        printNLR_Rec( os, pn->right);
    }
}
```

```
}

// ------------------------------------------------------------
// ex22_10.cpp
// ...
int main()
{
   SearchTree aTree;                    // Ein binärer Suchbaum
   char filename[] = "Tree.dat";        // Dateiname

   // Zufallszahlen einfügen und Baum anzeigen: wie zuvor
   // Sortiert anzeigen:
   cout << "Der Inhalt des Baumes aufsteigend sortiert:"
        << endl;
   cout << aTree << endl;

   // Baum in Datei schreiben und wieder einlesen:
   ofstream oFile(filename);    // Datei zum Schreiben öffnen.
   if( !oFile.is_open())
      openError(filename);

   aTree.printNLR(oFile);       // Daten in die Datei schreiben.
   if( !oFile)
      writeError(filename);
   oFile.close();

   aTree.clear();               // Alle Knoten des Baums löschen.

   ifstream iFile(filename);    // Datei zum Lesen öffnen.
   if( !iFile.is_open())
      openError(filename);

   int n = 0;
   while( iFile >> n)           // Daten aus der Datei lesen
      aTree.insert(n);          // und in den Baum einfügen.

   if( !iFile.eof())
      readError(filename);
   iFile.close();

   aTree.printTop();                    // Baum anzeigen
   return 0;
}
```

Kapitel 23

Vererbung

Aus bereits existierenden Klassen können durch Vererbung neue Klassen gebildet werden, die zusätzliche Eigenschaften und Fähigkeiten besitzen. Vererbung ist ein wichtiges Element der OOP (objektorientierte Programmierung) zur Unterstützung von Datenabstraktion: Allgemeine Eigenschaften und Fähigkeiten werden mit Oberbegriffen versehen und durch Spezialisierungen in hierarchischen Beziehungen geordnet. Ein weiterer Vorteil besteht in der leichten Wiederverwendbarkeit von Software: Bereits ausgetestete Klassen können ohne Kenntnis der Implementierung an neue Anforderungen angepasst und so weiterhin eingesetzt werden.

■ Abgeleitete Klassen definieren

In der Definition wird mit der Basisklasse auch die Art der Vererbung festgelegt:

```
class A : public B { /* zusätzliche Elemente */ };
```

Bei der public-Vererbung ist die öffentliche Schnittstelle der Basisklasse B auch in der abgeleiteten Klasse A verfügbar. Ein Objekt der abgeleiteten Klasse ist so ein spezielles Objekt der Basisklasse ("Ist-Beziehung"). Dagegen werden bei einer private- oder protected-Vererbung alle public-Elemente der Basisklasse in der abgeleiteten Klasse A »versteckt«, was nur selten sinnvoll ist. Die Methoden der abgeleiteten Klasse können außer auf die public-Elemente auch auf die protected-Elemente der Basisklasse direkt zugreifen.

■ Datenelemente und Methoden redefinieren

Es ist möglich, Elemente der Basisklasse in der abgeleiteten Klasse neu zu definieren und so den Fähigkeiten der abgeleiteten Klasse anzupassen. Die Redefinition eines Elements verdeckt dann das Element mit dem gleichen Namen in der Basisklasse. Auf die redefinierten Elemente der Basisklasse ist der Zugriff mithilfe des Bereichsoperators :: möglich, sofern dies die Zugriffsrechte erlauben.

■ Auf- und Abbau von Objekten abgeleiteter Klassen

Ein Objekt einer abgeleiteten Klasse wird wieder von »innen nach außen« aufgebaut: Vor dem Konstruktor der abgeleiteten Klasse wird deshalb zuerst ein Konstruktor der Basisklasse ausgeführt. Ohne Angabe eines Basisinitialisierers handelt es sich dabei um den Default-Konstruktor der Basisklasse. Umgekehrt wird beim Abbau des Objekts zunächst der Destruktor der abgeleiteten Klassen und dann der Destruktor der Basisklasse aufgerufen.

Verständnisfragen

23.1 Bei einer durch `public`-Vererbung entstandenen abgeleiteten Klasse handelt es sich um

a) einen Teil der Basisklasse.

b) eine Spezialisierung der Basisklasse.

c) eine Verallgemeinerung der Basisklasse.

23.2 Eine »Hat-Beziehung« entsteht zwischen zwei verschiedenen Klassen, wenn

a) eine Klasse von der anderen Klasse abgeleitet ist.

b) ein Datenelement einer Klasse vom Typ der anderen Klasse ist.

c) eine Klasse innerhalb der anderen Klasse definiert ist.

23.3 Um eine abgeleitete Klasse definieren zu können, muss bekannt sein, wie die Methoden der Basisklasse implementiert sind.

☐ Richtig ☐ Falsch

23.4 Angenommen, eine Klasse Y entsteht aus der Klasse X durch `public`-Vererbung. Dann kann

a) jede Methode von Y auf alle `public`-Elemente von X zugreifen.

b) jede Methode der Klasse Y auf alle Elemente von X zugreifen.

c) jede Methode der Klasse X auf alle Elemente von Y zugreifen.

23.5 Eine abgeleitete Klasse erbt eine `public`-Methode der Basisklasse nicht, wenn sie selbst eine `public`-Methode mit gleichem Namen besitzt.

☐ Richtig ☐ Falsch

23.6 In einer abgeleiteten Klasse

a) können nur die Methoden der Basisklasse redefiniert werden.

b) können nur die Datenelemente der Basisklasse redefiniert werden.

c) kann jedes Element der Basisklasse redefiniert werden.

23.7 Durch `public`-Vererbung ist die Klasse Z aus Y und die Klasse Y aus der Klasse X entstanden. Die Klasse X enthält eine `public`-Methode `calc()`, die in der Klasse Y aber nicht in der Klasse Z als `public`–Methode redefiniert ist. Beim Aufruf der Methode `calc()` für ein Objekt der Klasse Z wird dann

a) die Methode `calc()` der Klasse X aufgerufen.

b) die Methode `calc()` der Klasse `Y` aufgerufen.

c) der Kompiler eine Fehlermeldung ausgeben, da die Methode in der Klasse `Z` nicht redefiniert ist.

23.8 Ein in einer abgeleiteten Klasse redefiniertes Element verdeckt immer ein gleichnamiges Element, das in der Basisklasse definiert ist.

☐ Richtig ☐ Falsch

23.9 Wenn eine Methode der Basisklasse in einer abgeleiteten Klasse redefiniert wird, müssen die Signaturen der beiden Methoden übereinstimmen.

☐ Richtig ☐ Falsch

23.10 Angenommen, eine Klasse `Y` entsteht aus der Basisklasse `X` durch `public`-Vererbung. Die Klasse `X` enthält eine `public`-Methode `func()` ohne Parameter, die in der Klasse `Y` als `public`-Methode mit einem Parameter vom Typ `int` redefiniert ist. Für ein Objekt `yObj` der Klasse `Y` ist dann folgender Aufruf zulässig:

a) `yObj.func()`

b) `yObj.X::func()`

c) `yObj.func(7)`

23.11 Eine in einer abgeleiteten Klasse redefinierte Methode kann die entsprechende `public`-Methode der Basisklasse aufrufen, und zwar mithilfe des Operators _____.

23.12 Beim Erzeugen eines Objekts einer abgeleiteten Klasse

a) wird der Konstruktor der abgeleiteten Klasse zuerst ausgeführt.

b) wird der Konstruktor der Basisklasse zuerst ausgeführt.

c) ist nicht definiert, welcher Konstruktor zuerst ausgeführt wird.

23.13 Angenommen eine Basisklasse besitzt einen Konstruktor mit Parametern, der von einer abgeleiteten Klasse zur Initialisierung der geerbten Datenelemente verwendet werden soll. Dann wird bei der Definition des Konstruktors der abgeleiteten Klasse _____ eingesetzt.

23.14 Wenn ein Konstruktor einer abgeleiteten Klasse mit Parametern definiert wird, können Basisinitialisierer und Elementinitialisierer in einer Liste durch Kommas getrennt angegeben werden.

☐ Richtig ☐ Falsch

23.15 Beim Zerstören eines Objekts einer abgeleiteten Klasse

a) wird der Destruktor der Basisklasse zuerst ausgeführt.

b) wird der Destruktor der abgeleiteten Klasse zuerst ausgeführt.

c) ist nicht festgelegt, welcher Destruktor zuerst ausgeführt wird.

23.16 Bei der Definition eines Destruktors einer abgeleiteten Klasse muss der Destruktor der Basisklasse explizit aufgerufen werden.

☐ Richtig ☐ Falsch

23.17 Wenn kein Konstruktor für eine abgeleitete Klasse definiert ist, muss in der Basisklasse ein Default-Konstruktor vorhanden sein.

☐ Richtig ☐ Falsch

23.18 Angenommen, eine Methode ist für jede Klasse in einer Klassenhierarchie redefiniert und wird für ein Objekt einer dieser Klassen aufgerufen. Um zu bestimmen, welche Version der Methode ausgeführt wird, ist der _____ des Objekts entscheidend.

23.19 Um allen Methoden einer abgeleiteten Klasse den direkten Zugriff auf die geschützten Elemente der Basisklasse zu ermöglichen, können diese Elemente in der Basisklasse als _____ deklariert werden.

23.20 Der Zugriff auf ein `protected`-Element einer Klasse `X` ist möglich

a) über jedes Objekt der Klasse `X`.

b) innerhalb jeder Methode einer von `X` abgeleiteten Klasse.

c) über jedes Objekt einer von `X` abgeleiteten Klasse.

Aufgaben

23.1 Was gibt das folgende Programm auf dem Bildschirm aus?

```
#include <iostream>
using namespace std;

class B
{ public:
    B() { cout << "Konstruktor der Klasse B\n";}
    ~B(){ cout << "Destruktor der Klasse B\n";}
};

class D : public B
{ public:
    D() { cout << "Konstruktor der Klasse D\n"; }
    ~D(){ cout << "Destruktor der Klasse D\n"; }
```

```
};

class X
{ private:
    D d;
  public:
    X() { cout << "Konstruktor der Klasse X\n"; }
    ~X(){ cout << "Destruktor der Klasse X\n"; }
};

int main()
{
    X x;
    cout << "Bye, bye!" << endl;
    return 0;
}
```

23.2 Angenommen, die folgenden Klassen sind in der Header-Datei xyClas-
ses.h definiert:

```
class X                      class Y : public X
{                            {
    int x;                       int y;
  public:                      public:
    X(int ix) : x(ix) {}       Y(int ix, int iy)
    int getX(){ return x;}      : X(ix), y(iy) { }
};                               int getY(){ return y;}
                             } ;
```

Welche der folgenden main()-Funktionen sind fehlerhaft? Erläutern Sie die
Fehler. Gehen Sie davon aus, dass die Direktiven

```
#include "xyClasses.h"
#include <iostream.h>
using namespace std;
```

in jedem Fall vorhanden sind.

a)

```
int main()
{
    X xObj(1);
    cout << xObj.getY() << endl;
    return 0;
}
```

b)

```
int main()
{
    Y yObj(1,2);
    cout << yObj.getX() << endl;
    return 0;
}
```

c)

```
int main()
{
    Y yObj(1);
    cout << yObj.getY() << endl;
    return 0;
}
```

23.3   Gegeben seien folgende Klassendefinitionen:

```
#include <iostream>
using namespace std;

class Shape2D          // Basisklasse für zweidimensionale
{                      // geometrische Figuren.
 private:
    double x, y;       // Bezugspunkt für die Lage der Figur

 public:
    Shape2D(double x, double y) { setX(x); setY(y); }
    double getX() const  { return x; }
    double getY() const  { return y; }
    void setX(double xx) { x = xx; }
    void setY(double yy) { y = yy; };
    void move(double dx, double dy)     // Verschiebung
    { x += dx; y += dy; }
    void print() const                  // Anzeige
    { cout << '(' << x << ',' << y << ')' << endl; }
};

class Circle : public Shape2D           // Kreis um den
{                                        // Bezugspunkt
 private:
```

```
    double radius;    // Radius
  public:
    Circle( double x, double y, double r);
    double getRadius() const  { return radius; }
    void setRadius( double r) { radius = r; }
    void print() const;
  };
```

a) Warum ist keine der folgenden Definitionen des Circle-Konstruktors korrekt?

```
Circle::Circle( double xx, double yy, double r)
: x(xx), y(yy), radius(r)
{}

Circle::Circle( double x, double y, double r)
{
    setX(x);  setY(y);  radius = r;
}
```

b) Geben Sie eine korrekte Definition des Circle-Konstruktors an.

23.4 Schreiben Sie für die Klasse Circle (vgl. Aufgabe 23.3) die noch fehlende Definition der Methode print(). Die Methode gibt den Mittelpunkt und den Radius eines Kreises aus. Verwenden Sie einen Aufruf der Basisklassenmethode print().

23.5 Zur Darstellung von Rechtecken und Quadraten leiten Sie von der Klasse Shape2D (vgl. Aufgabe 23.3) die Klasse Rectangle und von Rectangle wiederum die Klasse Square ab. Ein Quadrat ist also ein spezielles Rechteck, dessen Höhe gleich der Breite ist.

Der Konstruktor der Klasse Rectangle erhält als Argumente die Koordinaten des Bezugspunktes, d.i. die linke obere Ecke des Rechtecks, sowie die Höhe und Breite. Definieren Sie außer den Zugriffsmethoden auch die Methode getArea(). Redefineren Sie die Methode print() zur Ausgabe der Daten des Rechtecks.

Der Konstruktor der Klasse Square erhält als Argument neben den Koordinaten des Bezugspunktes noch die Seitenlänge des Quadrats.

Verbergen Sie die geerbten Methoden zum Festlegen der Höhe und Breite, indem Sie diese in der Klasse Square als private deklarieren. Eine Definition ist dann nicht erforderlich, da die Methoden vom Anwender der Klasse nicht aufgerufen werden können. Definieren Sie stattdessen eine Methode zum Festlegen der Seitenlänge, die die Höhe und Breite gleichzeitig ändert. Redefineren Sie für die Klasse Square auch die Methode print().

Zum Testen legen Sie von jeder Klasse mindestens ein Objekt an und rufen für ein Square-Objekt auch die print()-Methoden der Basisklassen auf. Ändern Sie die linke obere Ecke und die Seitenlänge des Quadrats.

23.6 Leiten Sie von der Standardklasse string die Klasse MyString ab, die zusätzlich folgende Methoden zur Verfügung stellt:

- toUpper() erzeugt eine Kopie des aktuellen Strings und wandelt alle Kleinbuchstaben in Großbuchstaben um. Die Methode erhält kein Argument und gibt den neuen String als Wert zurück.

- toLower() wandelt analog zu toUpper() alle Großbuchstaben in Kleinbuchstaben um.

- center() erhält als erstes Argument eine »Feldbreite« w und liefert einen String der Länge w, der den aktuellen String zentriert enthält. Das Füllzeichen kann als zweites Argument übergeben werden. Als Default-Wert für das Füllzeichen wird der Blank verwendet. Ist der aktuelle String länger als w, wird dieser zurückgegeben.

- eraseLeadingWS() löscht im aktuellen String die führenden Zwischenraumzeichen und gibt die Anzahl gelöschter Zeichen zurück.

- eraseTrailingWS() löscht im aktuellen String die Zwischenraumzeichen am Ende des Strings und gibt die Anzahl gelöschter Zeichen zurück.

- Definieren Sie für die Klasse MyString mindestens drei Konstruktoren:
  - einen Default-Konstruktor.

  - einen Konstruktor, der einen String mit einer bestimmten Anzahl eines Zeichens initialisiert.

  - einen Konstruktor, der ein MyString-Objekt mit einem string-Objekt oder einem Teilstring davon initialisiert. Neben dem string-Objekt werden dem Konstruktor die Startposition (Default-Wert 0) und die Anzahl der Zeichen (Default-Wert npos) übergeben.

Schreiben Sie in einer eigenen Quelldatei eine main-Funktion, die verschiedene Objekte vom Typ MyString erzeugt und jede Methode der Klasse mindestens einmal aufruft.

*Hinweise:*1. Die Methoden toLower(), toUpper() und center() verändern nicht den String, für den sie aufgerufen werden.

2. Verwenden Sie die Makros tolower(), toupper() und isspace(), die in der Header-Datei ctype.h definiert sind. Zum Löschen eines Teilstrings können Sie die string-Methode erase() aufrufen.

23.7 Ein Versandservice versendet Briefe und Pakete und identifiziert diese über
eine ID. Zusätzlich werden der Adressat und der Absender gespeichert,
sowie ein Flag, das anzeigt, ob das Versandstück bereits zugestellt wurde.
Entwerfen Sie eine Klasse Mail, die die gemeinsamen Eigenschaften eines
Briefes und eines Pakets darstellt.

■ Jedes Versandstück »hat« zwei Adressen. Definieren Sie daher zunächst
eine Klasse Address, die folgende Adressangaben verwaltet:

    Nachname, Vorname
    Straße Hausnummer
    PLZ Stadt
    Land

Entsprechend besitzt die Klasse vier Datenelemente vom Typ string.
Stellen Sie zur Initialisierung außer einem Default-Konstruktor, der
einen leeren String erzeugt, auch einen Konstruktor mit vier Parametern
bereit. Der vierte Parameter für das Land kann einen Defaultwert, z.B.
»Deutschland«, besitzen. Eine Adresse mit einem leeren String – mit
Ausnahme des Landes - ist ungültig. Ob eine Adresse gültig oder ungültig
ist, soll mit der Methode isValid() abgefragt werden können.

Stellen Sie zum Einlesen einer Adresse von der Tastatur die Methode
scan() bereit, die keinen Parameter besitzt. Wird beim Einlesen eines
Werts – mit Ausnahme des Landes - nur die Return-Taste gedrückt, ist die
Eingabe ungültig und die Methode liefert false zurück, andernfalls
true. Bei einer ungültigen Eingabe soll das Objekt nicht geändert werden.

Definieren Sie zur formatierten Ausgabe in einen Stream die Methode
print(), die als Parameter eine Referenz auf die Klasse ostream besitzt
und den übergebenen Stream wieder zurückgibt. Überladen Sie zur Ausgabe auch den Operator <<.

■ Entwerfen Sie nun eine Klasse Mail mit den protected-Datenelemen-
ten id für die ID, from und to zum Speichern der Adressen sowie einem
Flag delivered, das den Wert true aufweist, falls die Post ausgeliefert
wurde.

Definieren Sie einen Konstruktor, der als Argument die ID des neuen
Mail-Objekts erhält, sowie einen zweiten Konstruktor, dem zusätzlich
noch die Adressen des Empfängers und des Absenders übergeben werden.

Stellen Sie Zugriffsmethoden bereit, wobei eine neue Adresse nur gesetzt
werden kann, wenn sie gültig ist. Ferner soll ein Versandstück nur ausgeliefert werden können, wenn die Empfängeradresse gültig ist.

Definieren Sie außerdem die Methoden scanFrom() und scanTo() zum
Einlesen des Senders und Empfängers von der Tastatur sowie eine

Methode `print()` zur formatierten Ausgabe. Die Schnittstellen dieser Methoden sind dieselben wie die der entsprechenden Methoden in der Klasse `Address`. Überladen Sie auch für die Klasse `Mail` den Operator `<<`. Stellen Sie die Definitionen der Klassen in eine Header-Datei `mail.h`. und die Implementierung der Methoden, die nicht `inline` sind, in die Datei `mail.cpp`. Schreiben Sie in einer separaten Quelldatei ein Anwendungsprogramm, das ein `Mail`-Objekt erzeugt und seine Methoden aufruft.

23.8   Leiten Sie von der bereits definierten Klasse `Mail` (vgl. Aufgabe 23.7) die Klassen `Letter` und `Parcel` zur Darstellung von Briefen und Paketen ab. Stellen Sie die Definitionen ebenfalls in die Header-Datei `mail.h`.

■ Ein Brief kann als Standard- oder Eilbrief verschickt werden. Definieren Sie deshalb in der Klasse `Letter` einen entsprechenden Aufzählungstyp `Category` als public und dann ein privates Datenelement dieses Typs.

Die Klasse `Letter` stellt wie die Basisklasse `Mail` zwei Konstruktoren bereit, die einen weiteren Parameter für die Kategorie des Briefes mit dem Default-Wert »Standard« besitzen. Neben den Zugriffmethoden für das neue Datenelement ist auch noch die Methode `print()` zu redefinieren.

■ Jedes Paket hat ein bestimmtes Gewicht, das für den Transportpreis maßgeblich ist. Außerdem kann ein Paket versichert werden. Definieren Sie daher in der abgeleiteten Klasse `Parcel` ein Datenelement vom Typ `float` für das Gewicht und ein Datenelement vom Typ `bool`.

Zur Initialisierung der neuen Datenelemente besitzen die Konstruktoren der Klasse `Parcel` zwei zusätzliche Parameter: Das Gewicht eines neuen Pakets ist stets hinter der ID als zweites Argument anzugeben. Der letzte Parameter vom Typ `bool` legt fest, ob das neue Paket versichert ist. Er hat den Default-Wert `false`.

Die Klasse `Parcel` stellt außerdem für die zwei neuen Datenelemente Zugriffsmethoden zur Verfügung und redefiniert die Methode `print()`. Überladen Sie auch für die Klassen `Letter` und `Parcel` den Operator `<<`.

Zum Testen der Klassen schreiben Sie ein Anwendungsprogramm, das mit jedem zur Verfügung stehenden Konstruktor ein Objekt erzeugt und seine Methoden aufruft. Insbesondere sollen auch Absender und Empfänger mit den Methoden der Basisklasse eingelesen werden.

23.9   Entwickeln Sie eine Klasse `MailService` zur Verwaltung von Briefen und Paketen für einen Versandservice. Die Klasse besitzt zwei Vektoren fester Länge mit Zeigern auf Objekte vom Typ `Letter` bzw. `Parcel` (vgl. Aufgabe 23.8). Neue Objekte vom Typ `Letter` oder `Parcel` werden dynamisch erzeugt und ihre Adressen im entsprechenden Vektor gespeichert. Es sollen folgende Methoden zur Verfügung gestellt werden:

- ein Default-Konstruktor, der u.a. alle Zeiger in beiden Vektoren auf NULL setzt.
- ein Destruktor, der alle dynamisch erzeugten Objekte wieder zerstört.
- die Methoden `newLetter()` und `newParcel()`, die dynamisch einen Brief bzw. ein Parket mit einer neuen ID erzeugen und im Dialog die Daten dazu einlesen. Ist die Aktion erfolgreich, wird die neue Adresse im passenden Vektor einfügt und die Methode liefert `true`. Andernfalls wird das Objekt wieder zerstört und `false` zurückgegeben.
- die Methoden `printLetters()` und `printParcels()`, die alle Briefe bzw. Pakete auf dem Bildschirm anzeigen.
- die Methoden `getLetter()` und `getParcel()`, die einen Brief bzw. ein Paket anhand der übergebenen ID suchen und einen Zeiger auf das entsprechende Objekt als Return-Wert liefern. Falls das Objekt im Vektor nicht vorhanden ist, wird NULL zurückgegeben.

Verhindern Sie Kopien und Zuweisungen, indem Sie den Kopierkonstruktor und die Operatorfunktion für die Zuweisung als `private` deklarieren.

Erstellen Sie ein Anwendungsprogramm, das ein Objekt der Klasse `Mailservice` anlegt und im main-Loop folgende Menüeinträge anbietet:

```
1 = Neuen Brief registrieren\n"
2 = Neues Paket registrieren\n"
3 = Alle Briefe anzeigen\n"
4 = Alle Paktete anzeigen\n"
5 = Post ausliefern\n"
0 = Programm beenden\n"
```

Gemäß der Auswahl des Benutzers werden die entsprechenden Aktionen veranlasst.

23.10   Erweitern Sie die in Aufgabe 23.8 entworfene Klassenhierarchie, indem Sie eine Klasse zur Darstellung eines Pakets mit Sendeverfolgung entwickeln und testen. Um den Transport eines Pakets verfolgen zu können, werden die Daten eines Pakets mit Zeitstempeln und Ortsangaben versehen.

Definieren Sie zu diesem Zweck eine von der Klasse `Parcel` abgeleitete Klasse `TraceParcel`, die einen Vektor mit maximal zehn Elementen vom Typ `Stamp` und eine Variable für die aktuelle Anzahl bereitstellt.

Der Typ `Stamp` ist eine private Hilfsklasse, die innerhalb der Klasse `TraceParcel` definiert wird und die nur `public`-Elemente besitzt. Sie weist zwei Datenelemente auf, eines vom Typ `time_t` für die Zeitangabe und eines vom Typ `string` für den Ort. Außerdem besitzt `Stamp` einen Default-Konstruktor, der die Zeit auf 0 setzt, sowie eine Methode `setStamp()`, die ihr Argument vom Typ `string` in den Ort kopiert und die aktuelle Zeit durch einen Aufruf der Standardfunktion `time(NULL);` setzt.

Hinweis: Der Typ `time_t` und die Standardfunktion `time()` sind in der Header-Datei `ctime` deklariert.

Die Klasse `TraceParcel` besitzt

- einen Konstruktor, der das neue Objekt mit einem Objekt vom Typ `Parcel` initialisiert und einen ersten Zeitstempel mit der Stadt des Absenders und der aktuellen Zeit setzt,

- die Methode `setNextStamp()`, die einen weiteren Zeitstempel mit dem als Argument übergebenen Ort setzt,

- die Methode `printStamps()`, die alle gesetzten Zeitstempel ausgibt.

Erweitern Sie dann das Programm aus der vorhergehenden Aufgabe wie folgt:

Die Klasse `MailService` stellt einen weiteren Vektor für Zeiger auf `TraceParcel`-Objekte und die Methode `getTraceParcel()` bereit, die wie `getLetter()` zu einer ID das entsprechende Objekt liefert. Außerdem enthält sie die Methode `setNextStamp()`, der die Id eines Paketes und der Ort als Argumente übergeben werden und die einen neuen Zeitstempel setzt.

Außerdem sind noch die Methoden `newParcel()` und `printParcels()` so zu erweitern, dass auch Pakete mit Sendeverfolgung aufgegeben bzw. angezeigt werden können.

Das Anwendungsprogramm berücksichtigt bei der Auslieferung auch Pakete mit Sendeverfolgung und stellt den zusätzlichen Menüpunkt

```
6 = Neuer Zeitstempel
```

zur Auswahl.

Lösungen zu den Verständnisfragen

23.1   b)

23.2   b)

23.3   Falsch

23.4   a)

23.5   Falsch

23.6   c)

23.7   b)

23.8   Richtig

23.9   Falsch

23.10 **b) und c)**

23.11 **::** (Bereichsoperator)

23.12 **b)**

23.13 Basisinitialisierer

23.14 Richtig

23.15 **b)**

23.16 Falsch

23.17 Richtig

23.18 Typ

23.19 `protected`

23.20 **b)**

Lösungen zu den Aufgaben

23.1
```
Konstruktor der Klasse B
Konstruktor der Klasse D
Konstruktor der Klasse X
Bye, bye!
Destruktor der Klasse X
Destruktor der Klasse D
Destruktor der Klasse B
```

23.2 **a)** Das Objekt `xObj` der Basisklasse kann nicht auf die Methode `getY()` der abgeleiteten Klasse zugreifen.

b) Korrekt

c) Das Objekt `yObj` wird nicht korrekt initialisiert. Der Konstruktor der abgeleiteten Klasse Y erwartet zwei Argumente.

23.3 **a)** Die privaten Datenelemente `x` und `y` der Basisklasse können nicht direkt angesprochen werden. Auch die zweite Version des Konstruktors ist falsch, da die Basisklasse `Shape2D` keinen Default-Konstruktor besitzt und deshalb der Basisklasseninitialisierer verwendet werden muss.

b)

```
Circle::Circle( double x, double y, double r)
: Shape2D(x,y), radius(r)
{}
```

23.4
```cpp
void Circle::print() const
{
    cout << "Kreismittelpunkt: ";  Shape2D::print();
    cout << "        -radius:      " << radius << endl;
}
```

23.5
```cpp
// ------------------------------------------------------------
// shape2D.h
// Definition der Klassen Shape2D, Rectangle und Square
// ------------------------------------------------------------
#ifndef _SHAPE_
#define _SHAPE_
#include <iostream>
using namespace std;

// Definition der Klasse Shape2D : wie zuvor

// ----- Klasse Rectangle -----
class Rectangle : public Shape2D  // Rechteck, Bezugspunkt =
{                                 // linke obere Ecke.
 private:
   double height, width;          // Höhe, Breite

 public:
   Rectangle( double x, double y, double h, double w)
   : Shape2D(x,y), height(h), width(w)
   {}
   double getHeight() const { return height; }
   double getWidth()  const { return width; }
   bool setHeight( double h)
   { if( h >= 0) { height = h;  return true; }
     else return false;
   }
   bool setWidth( double w)
   { if( w >= 0) { width = w;  return true; }
     else return false;
   }
   double getArea() const { return height * width; }
   void print() const
   {
      cout << "--- Rechteck ---\n"
           << "Linke obere Ecke: ";  Shape2D::print();
```

```
      cout << "Hoehe: " << height << "    Breite: " << width
          << endl;
   }
};


// ----- Klasse Square -----
class Square : public Rectangle   // Quadrat, d.i. Rechteck
{                                 // mit Höhe = Breite = Seitenlänge
 private:
   bool setHeight( double h);     // Vor dem Anwender
   bool setWidth( double w);      // verbergen.

 public:
   Square( double x, double y, double side)
   : Rectangle(x,y,side,side)
   {}
   bool setSideLength( double sl)
   {
      return Rectangle::setHeight(sl)
          && Rectangle::setWidth(sl);
   }
   double getSideLength() const { return getHeight(); }
   void print() const
   {
      cout << "--- Quadrat ---\n"
          << "Linke obere Ecke: ";  Shape2D::print();
      cout << "Seitenlaenge: " << getSideLength() << endl;
   }
};
#endif   // _SHAPE_


// --------------------------------------------------------
// ex23_05.cpp
// Klassen Rectangle und Square verwenden.
// --------------------------------------------------------
#include "shape2D.h"
int main()
{
    Rectangle rect( -1.0, 1.0, 2.0, 1.0);
    Square sqr( 0.0, 0.0, 2.0);

    rect.print();
```

```
        cout << "Die Flaeche des Rechtecks: " << rect.getArea()
            << endl;

        sqr.print();
        cout << "Die Flaeche des Quadrats: " << sqr.getArea()
            << endl;
        sqr.move( 0.5, -2.1);                    // Verschieben
        cout << "Der neue Bezugspunkt des Quadrats: ";
        sqr.Shape2D::print();

        sqr.setSideLength(1.5);
        cout << "Die neue Seitenlaenge: " << sqr.getSideLength()
            << endl;
        cout << "Das Quadrat als Rechteck:\n";
        sqr.Rectangle::print();
        return 0;
}
```

23.6
```
// -----------------------------------------------------------
// myString.h
// Definition der Klasse MyString
// -----------------------------------------------------------
#ifndef _MYSTRING_
#define _MYSTRING_

#include <string>
using namespace std;

class MyString : public string
{
  public:
    MyString() {}
    MyString( const string& str,
              size_type pos = 0, size_type n = npos)
    : string(str, pos, n) {}

    MyString( size_type n, char c) : string(n,c) {}

    MyString toUpper() const;
    MyString toLower() const;
    MyString center( int width, char fc=' ') const;
    int eraseLeadingWS();
```

```
    int eraseTrailingWS();
};


#endif   // _MYSTRING_


// ----------------------------------------------------------
// myString.cpp
// Implementierung der Klasse MyString
// ----------------------------------------------------------
#include "myString.h"
#include <ctype.h>          // Deklaration toupper(), tolower()


MyString MyString::toUpper() const
{
    MyString str(*this);
    for( int i=0; i < str.length(); ++i)
        str[i] = ::toupper(str[i]);
    return str;
}


MyString MyString::toLower() const
{
    MyString str(*this);
    for( int i=0; i < length(); ++i)
        str[i] = tolower(str[i]);
    return str;
}


MyString MyString::center( int w, char fc) const
{
    int len = length();
    if( len >= w)
        return *this;
    else
    {
        int space = (w - len)/2;    // Anzahl Füllzeichen
        MyString str( space, fc);
        str += *this;
        str += MyString( w - (space + len), fc);
        return str;
    }
}
```

```
int MyString::eraseLeadingWS()
{
    string& s = *this;                  // Als Abkürzung
    int i = 0;
    while( i < length() && isspace(s[i]) )
        ++i;
    if( i > 0)
        s.erase( 0, i);    // i Zeichen ab Position 0 löschen
    return i;
}


int MyString::eraseTrailingWS()
{
    string& s = *this;          // Als Abkürzung
    int i = length() -1;        // Index des letzten Zeichens.
    while( i >= 0 && isspace(s[i]) )
        --i;
    if( i < length() )
        s.erase(i+1);          // Ab Position 0 den Rest löschen.
    return i;
}


// ----------------------------------------------------------
// ex23_06.cpp
// Klasse MyString verwenden.
// ----------------------------------------------------------
#include "myString.h"
#include <iostream>
using namespace std;

int main()
{
    MyString str1 = "What a wonderful world!",
             line(60, '-');              // String mit 60 ' '

    cout << str1 << endl
         << str1.toUpper() << endl
         << str1.toLower() << endl;

    MyString str2( str1.toUpper(),7); // Teilstring ab Index 7
    cout << line << endl
```

```
          << str2.center(60) << endl
          << line << endl;

   MyString str3 = "\n\t String mit Zwischenraumzeichen \t";
   cout << '>' << str3 << '<' << endl;


   str3.eraseLeadingWS();
   str3.eraseTrailingWS();


   cout << "\nDer String ohne fuehrende "
            "und abschliessende Zwischenraumzeichen:\n"
          << '>' << str3 << '<' << endl;
   return 0;
}
```

23.7
```
// ----------------------------------------------------------
// mail.h
// Definition der Klassen Address und Mail
// ----------------------------------------------------------
#ifndef _MAIL_
#define _MAIL_
#include <iostream>
#include <string>
using namespace std;

class Address                    // Hilfsklasse für Mail
{
  private:
    string name,
           street,               // Straße incl. Hausnummer
           city,                 // PLZ und Stadt
           country;              // Land
  public:
    Address() {}
    Address( const string& n,  const string& s,
             const string& ci, const string& co="Deutschland")
    : name(n), street(s), city(ci), country(co) {}

    // Zugriffsmethoden:
    const string& getName()    const { return name; }
    // etc.
    // und die weiteren Methoden:
```

```cpp
    bool isValid() const
    { return (name != "" && street != "" && city != ""); }

    bool scan();
    ostream& print( ostream& os) const;
};

inline ostream& operator<<( ostream& os, const Address& adr)
{   return adr.print(os);  }

// ----- Klasse Mail  -----
class Mail
{
  protected:
    unsigned long id;
    Address from, to;        // Absender und Empfänger
    bool delivered;          // true, falls die Post
                             // ausgeliefert wurde.
  public:
    Mail(unsigned long i) : id(i), delivered(false) {}
    Mail(unsigned long i,
         const Address& adrTo, const Address& adrFrom)
    : id(i), to(adrTo), from( adrFrom), delivered(false)
    {}

    unsigned long getID()    const { return id; }
    const Address& getFrom() const { return from; }
    const Address& getTo()   const { return to; }

    void getID(unsigned long i)  { id = i; }
    bool setFrom(const Address& adr)
    {
        if( !adr.isValid())
           return false;
        from = adr;
        return true;
    }
    bool setTo(const Address& adr)
    {
        if( !adr.isValid())
           return false;
        to = adr;
```

```
         return true;
    }

    bool isDelivered() const { return delivered; }
    bool deliver()
    {
       if( to.isValid() )
       { delivered = true;
          return true;
       }
       else
          return false;
    }
    bool scanFrom() { return from.scan();  }
    bool scanTo()   { return to.scan();    }
    ostream& print( ostream& os) const;
};

inline ostream& operator<<( ostream& os, const Mail& m)
{   return m.print(os);   }

#endif   // _MAIL_

// ------------------------------------------------------------
// mail.cpp
// Implementierung der Klassen Address und Mail.
// ------------------------------------------------------------
#include "mail.h"

// ------------------------------------------------------------
// Klasse Address

// Liest im Dialog eine neue Adresse ein.
bool Address::scan()
{
    Address adr;                    // Puffer

    cout << "Nachname, Vorname:   ";
    getline( cin, adr.name);
    if( !cin  ||  adr.name == "")
       return false;
    cout << "Strasse mit Hausnr.: ";
```

```
      getline( cin, adr.street);
      if( !cin  ||  adr.street == "")
         return false;
      cout << "Postleitzahl Stadt:  ";
      getline( cin, adr.city);
      if( !cin  ||  adr.city == "")
         return false;
      cout << "Land:                ";
      getline( cin, adr.country);
      if( adr.country == "")
         adr.country = "Deutschland";
      *this = adr;                    // Adresse übernehmen.
      return true;
}


ostream& Address::print( ostream& os) const
{
   os << '\t' << name << "\n\t" << street << "\n\t"
      << city << "\n\t" << country << endl;
   return os;
}


// ----------------------------------------------------------
// Klasse Mail

ostream& Mail::print( ostream& os) const
{
   cout << "Mail-ID: " << id << endl;
   if( from.isValid())
      os << "Absender:\n" << from;
   else
      os << "Kein gueltiger Absender!" << endl;

   if( to.isValid())
      os << "Empfaenger:\n" << to;
   else
      os << "Kein gueltiger Empfaenger!" << endl;

   if( !delivered)
      os << "Post wurde noch nicht ausgeliefert!" << endl;
   else
      os << "Post wurde an " << to.getName()
```

```
                   << " ausgeliefert!" << endl;
      return os;
}


// ------------------------------------------------------------
// ex23_07.cpp
// Klasse Mail verwenden.
// ------------------------------------------------------------
#include "mail.h"

int main()
{
   Mail aMail(1020304);

   cout << "Bitte Absender angeben:" << endl;
   if( !aMail.scanFrom())
      cout << "Ungueltige Eingabe!" << endl;

   cout << "und der Empfaenger:" << endl;
   if( !aMail.scanTo())
      cout << "Ungueltige Eingabe!" << endl;

   cout << aMail << endl;

   cout << "... Post mit der ID " << aMail.getID();
   if( aMail.deliver())
      cout << " wurde an " << aMail.getTo().getName()
           << " ausgeliefert!" << endl;
   else
      cout << " konnte nicht ausgeliefert werden!" << endl;
   return 0;
}
```

23.8
```
// ------------------------------------------------------------
// mail.h
// Definition der Klassen Address, Mail, Letter und Parcel.
// ------------------------------------------------------------
// ...
// Definition der Klassen Address und Mail: wie gehabt.


// ----- Klasse Letter -----
class Letter : public Mail
```

```
{
  public:
    enum Category { STANDARD, EXPRESS };
  private:
    Category ctg;
  public:
    Letter( unsigned long id, Category c = STANDARD)
      : Mail(id), ctg(c) {}

    Letter( unsigned long id,
            const Address& adrTo,
            const Address& adrFrom=Address(),
            Category c = STANDARD)
      : Mail(id, adrTo, adrFrom), ctg(c) {}

    Category getCategory() const { return ctg; }
    void setCategory(Category c) { ctg = c; }

    ostream& print( ostream& os) const;
};

inline ostream& operator<<( ostream& os, const Letter& l)
{   return l.print(os);   }

// ----- Klasse Parcel -----
class Parcel : public Mail
{
  private:
    float weight;
    bool  insured;
  public:
    Parcel( unsigned long id, float w, bool ins = false)
      : Mail(id), weight(w), insured(ins) {}

    Parcel( unsigned long id, float w,
            const Address& adrTo,
            const Address& adrFrom=Address(),
            bool ins = false)
      : Mail(id, adrTo, adrFrom), weight(w), insured(ins) {}

    float getWeight() const { return weight; }
    void setWeight(float w) { weight = w; }
```

```
    bool isInsured() const { return insured; }
    bool setInsured( bool ins)  { insured = ins; }


    ostream& print( ostream& os) const;
};

inline ostream& operator<<( ostream& os, const Parcel& p)
{  return p.print(os);  }


// ----------------------------------------------------------
// mail.cpp
// Implementierung der Klassen
// Address, Mail, Letter und Parcel.
// ----------------------------------------------------------
#include "mail.h"

// Definition der Methoden
//   Address::scan(), Address::print() und Mail::print()
// wie zuvor.


// ----------------------------------------------------------
ostream& Letter::print( ostream& os) const
{
    cout << "--- Brief-Daten ---\n"
         << "Kategorie: "
         << (ctg == STANDARD ? "Standard":"Express") << endl;
    Mail::print(os);
    return os;
}
// ----------------------------------------------------------
ostream& Parcel::print( ostream& os) const
{
    cout << "--- Paket-Daten ---\n"
         << "Gewicht: " << weight << "  /  "
         << (insured ? "Versichert.":"Nicht versichert.")
         << endl;
    Mail::print(os);
    return os;
}

// ----------------------------------------------------------
```

```
// ex23_08.cpp
// Abgeleitete Klassen Letter und Parcel verwenden.
// -------------------------------------------------------
#include "mail.h"

int main()
{
   Address to("Boss, Anton","Antonstr. 11", "23456 Hamburg");
   // --- Briefe ---
   Letter letter1( 102030, Letter::EXPRESS),    // Zwei Briefe
          letter2( 203040, to);

   cout << "Die Briefe: \n" << letter1 << letter2 << endl;

   cout << "Bitte Absender fuer Brief " << letter1.getID()
        << " eingeben:" << endl;
   if( !letter1.scanFrom())
      cout << "Ungueltige Eingabe!" << endl;

   cout << "und der Empfaenger:" << endl;
   if( !letter1.scanTo())
      cout << "Ungueltige Eingabe!" << endl;

   cout << "Die neuen Daten des Briefs: \n" << letter1
        << endl;
   cout << "Ein Versuch, den Brief auszuliefern:" << endl;
   if( letter1.deliver())
      cout << "Brief mit der ID " << letter1.getID()
           << " wurde ausgeliefert!\n" << endl;
   else
      cout << "Kein gueltiger Empfaenger!" << endl;
   cin.get();

   // --- Pakete ---
   Parcel parcel1( 500001, 2.5F, true),         // Zwei Pakete
          parcel2( 500002, 10.7F, to,
          Address("Bauer, Hans","Feldweg 2","88888 Einoed"));

   cout << "Die Pakete: \n" << parcel1 << parcel2 << endl;
   cout << "Bitte Empfaenger fuer Paket " << parcel1.getID()
        << " eingeben:" << endl;
   if( !parcel1.scanTo())
```

```
      cout << "Ungueltige Eingabe!" << endl;

  if( parcel2.deliver())
      cout << "\nPaket mit der ID " << parcel2.getID()
           << " und dem Gewicht " << parcel2.getWeight()
           << " wurde ausgeliefert!" << endl;
  return 0;
}
```

23.9

```
// ------------------------------------------------------------
// mail.h
// Die Klassen Address, Mail, Letter, Parcel und MailService.
// ------------------------------------------------------------
// ...
// Definition der Klassen
// Address, Mail, Letter und Parcel: wie gehabt.

// ----- Klasse MailService -----
class MailService                        // Versandservice
{
  private:
      enum { ARR_LENGTH = 100} ;
      Letter *arrPtrLetter[ARR_LENGTH];
      Parcel *arrPtrParcel[ARR_LENGTH];
      int iCurL, iCurP;                  // Einfügepositionen

      // Kopien und Zuweisungen nicht zulassen:
      MailService( const MailService&);
      void operator=( const MailService&);

public:
      MailService();
      ~MailService();    // Zerstört dynamisch erzeugte Objekte

      bool newLetter();
      bool newParcel();
      void printLetters();
      void printParcels();
      Letter* getLetter( unsigned long id) const;
      Parcel* getParcel( unsigned long id) const;
};
```

```cpp
// -----------------------------------------------------------
// mail.cpp
// Implementierung der Klassen
// Address, Mail, Letter, Parcel und MailService.
// -----------------------------------------------------------
#include "mail.h"


// ... wie zuvor.
// Methoden der Klasse MailService:


MailService::MailService() : iCurL(0), iCurP(0)
{
    for( int i=0; i < ARR_LENGTH; ++i)
        arrPtrLetter[i] = NULL,
        arrPtrParcel[i] = NULL;
}


MailService::~MailService()              // Destruktor
{
    for( int i=0; i < ARR_LENGTH; ++i)
        delete arrPtrLetter[i],
        delete arrPtrParcel[i];
}


inline char getOneOf( char c1, char c2)    // Hilfsfunktion.
{   // Zeichen c1 oder c2 einlesen. Gross/Klein wird nicht
    char c = 0;                            // unterschieden.
    while( cin && c != c1 && c != c2)
    {   cin >> c;  c = toupper(c); }
    cin.ignore(256,'\n');        // Rest der Zeile ignorieren.
    return c;
}


bool MailService::newLetter()
{
    static unsigned long id = 10000;

    Letter *p = new Letter( ++id);
    cout << "Neuer Brief!\nAbsender:" << endl;
    p->scanFrom();
    cout << "Empfaenger:" << endl;
    if(! p->scanTo())
```

```
    {
        delete p;
        return false;
    }
    cout << "Standard- oder Express-Brief (S/E)? ";
    if( getOneOf( 'S','E') == 'E')
        p->setCategory( Letter::EXPRESS);

    arrPtrLetter[iCurL++] = p;
    return true;
}

bool MailService::newParcel()
{
    static unsigned long id = 20000;

    cout << "Neues Paket!\nGewicht: ";
    float w = 0.0;
    if( !(cin >> w))
        return false;
    cin.ignore(256,'\n');

    Parcel *p = new Parcel( ++id, w);
    cout << "Absender:" << endl;
    p->scanFrom();
    cout << "Empfaenger:" << endl;
    if( ! p->scanTo())
    {
        delete p;
        return false;
    }
    cout << "Paket versichern (J/N)? ";
    if( getOneOf( 'J','N') == 'J')
        p->setInsured( true);

    arrPtrParcel[iCurP++] = p;
    return true;
}

void MailService::printLetters()
{
    if( iCurL == 0)
```

```
  {  cout << "Keine Briefe vorhanden!" << endl;
     return;
  }
  cout << "\n\t ***** Liste der Briefe: *****\n";
  for( int i=0; i < iCurL; ++i)
  {
     cout << *arrPtrLetter[i];
     cin.get();
  }
}


void MailService::printParcels()
{
  // Wie printLetters()
}


Letter* MailService::getLetter( unsigned long id) const
{
  for( int i=0; i < ARR_LENGTH; ++i)
     if( arrPtrLetter[i] != NULL &&
         arrPtrLetter[i]->getID() == id)
        return arrPtrLetter[i];        // Gefunden!
     return NULL;                       // Nicht gefunden.
}


Parcel* MailService::getParcel( unsigned long id) const
{
  // Wie getLetter()
}


// --....    -..-----------------------------------------
// ex23_09.cpp
// Klasse MailService verwenden.
// -----------------------------------------------------
#include "mail.h"


char menu();


int main()
{
  MailService quickMail;           // Ein Versandservice
  unsigned long id = 0;
```

```
char choice;

while( (choice = menu()) != '0')
{
  switch( choice)
  {
    case '1':                   // Neuer Brief
      if( !quickMail.newLetter())
        cout << "Ungueltige Eingabe!" << endl;
      break;

    case '2':                   // Neues Paket
      if( !quickMail.newParcel())
        cout << "Ungueltige Eingabe!" << endl;
      break;

    case '3':                   // Alle Briefe anzeigen
      quickMail.printLetters();
      break;

    case '4':                   // Alle Pakete anzeigen
      quickMail.printParcels();
      break;

    case '5':                   // Post ausliefern
      {
        Mail *p;
        string m;
        cout << "\nID der Post? ";
        cin >> id;
        if( (p = quickMail.getLetter(id)) != NULL)
          m = "Brief";
        else if( (p = quickMail.getParcel(id)) != NULL)
          m = "Paket";
        else
          cout << "Post mit der ID " << id
               << " nicht vorhanden!" << endl;
        if( p != NULL)
          if( p->deliver())
            cout << m << " wurde ausgeliefert!" << endl;
          else
            cout << "Ungueltiger Empfaenger!" << endl;
```

```
        }
        break;
    }
  }
  return 0;
}


char menu()           // Menü anzeigen und Kommando einlesen.
{
  char choice = '0';

  cout << "\n\t ***** Versandservice Express *****\n"
       << endl;

  cout << "\t 1 = Neuen Brief registrieren\n"
       << "\t 2 = Neues Paket registrieren\n"
       << "\t 3 = Alle Briefe anzeigen\n"
       << "\t 4 = Alle Pakete anzeigen\n"
       << "\t 5 = Post ausliefern\n"
       << "\t 0 = Programm beenden\n" << endl;
  cout << "Ihre Wahl: ";
  do
    cin >> choice;
  while( choice < '0' || choice > '5');
  cin.ignore(256,'\n');        // Rest der Zeile ignorieren

  return choice;
}
```

23.10
```
// -----------------------------------------------------------
// mail.h
// Enthält zusätzlich die Klasse TraceParcel.
// -----------------------------------------------------------
#include <ctime>              // Für den Zeitstempel
// ...
// Definition der Klassen
// Address, Mail Letter und Parcel: wie gehabt.

// ----- Klasse TraceParcel -----
class TraceParcel : public Parcel      // Paket mit
{                                       // Sendeverfolgung
private:
```

```
   struct Stamp           // Private Hilfsklasse
   {
      time_t timestamp;  string place;  // Zeit und Ort
      Stamp() : timestamp(0) {};
      void setStamp( const string& plc = "")
      { timestamp = time(NULL);         // Aktuelle Zeit
        place = plc;
      }
   };
   Stamp arrStamps[10];       // Platz für 10 Zeitstempel
   int iCur;                  // Einfügeposition

public:
   TraceParcel( const Parcel& aParcel)    // Konstruktor
   : Parcel(aParcel)
   { arrStamps[0].setStamp( from.getCity());  iCur = 1; }

   int setNextStamp( const string& place)
   { arrStamps[iCur].setStamp( place);  return ++iCur;  }
   void printStamps() const;
};

// ----- Klasse MailService -----
class MailService                       // Versandservice
{
   private:
      enum { ARR_LENGTH = 100} ;
      Letter *arrPtrLetter[ARR_LENGTH];
      Parcel *arrPtrParcel[ARR_LENGTH];
      TraceParcel *arrPtrTraceParcel[ARR_LENGTH];
      int iCurL, iCurP, iCurTP;          // Einfügepositionen

public:
   //...
   // und die zwei zusätzlichen Methoden:
   TraceParcel* getTraceParcel( unsigned long id) const;
   bool setNextStamp(unsigned long id, const string& place);
};

// ------------------------------------------------------------
// mail.cpp
// Enthält zusätzlich die Methoden der Klasse TraceParcel.
```

```
// ...
// ------------------------------------------------------------
// Klasse TraceParcel
void TraceParcel::printStamps() const
{
    char *szTime;
    int len;
    for( int i = 0; i < iCur;  ++i)
    {
        szTime = ctime( &(arrStamps[i].timestamp));
        len = strlen(szTime);
        szTime[len-1] = '\0';            // An Ende '\n' entfernen
        cout << szTime << " | " << arrStamps[i].place << endl;
    }
}
// ------------------------------------------------------------
// Klasse MailService
// Ergänzungen im Konstruktor und im Destruktor für den
// dritten Vektor arrPtrTraceParcel[].
// Außerdem:
bool MailService::newParcel()
{
    // ... Paketdaten einlesen : wie gehabt
    // und zusätzlich:
    cout << "Mit Sendeverfolgung (J/N)? ";
    if( getOneOf( 'J','N') == 'N')       // Ohne Sendeverfolgung
        arrPtrParcel[iCurP++] = p;
    else                                 // Mit Sendeverfolgung
    {
        TraceParcel *pTP = new TraceParcel(*p);
        delete p;
        arrPtrTraceParcel[iCurTP++] = pTP;
    }
    return true;
}

void MailService::printParcels()
{
    if( iCurP == 0 && iCurTP == 0)
    { cout << "Keine Pakete vorhanden!" << endl;
        return;
    }
```

```cpp
    cout << "  ***** Liste der Pakete: *****\n";
    int i;
    for( i=0; i < iCurP; ++i)
    {
        cout << *arrPtrParcel[i];
        cin.get();
    }
    if( iCurTP != 0)
        cout << "Pakete mit Sendeverfolgung:\n";
    for( i=0; i < iCurTP; ++i)
    {
        cout << *arrPtrTraceParcel[i];
        cout << "Sendeverfolgung:\n";
        arrPtrTraceParcel[i]->printStamps();
        cin.get();
    }
}


// MailService::getTraceParcel()
// wie getLetter() und getParcel()


bool MailService::setNextStamp( unsigned long id,
                                const string& place)
{
    TraceParcel* p = getTraceParcel(id);
    if( p != NULL)
    {
        p->setNextStamp( place);
        return true;
    }
    else
        return false;
}


// ---------------------------------------------------------
// ex23_10.cpp
// Klasse MailService mit Sendeverfolgung verwenden.
// ---------------------------------------------------------
// ...
int main()
{
    // ...
```

```
// Die Änderungen im switch:
switch( choice)
{
    // case '1' bis case '4' unveraendert.
    case '5':                          // Post ausliefern
    // hier auch getTraceParcel(id) aufrufen.

    case '6':                          // Neuer Zeitstempel für ein
        {                              // Paket mit Sendeverfolgung
        cout << "\nID des Pakets? "; // ID und Ort vom
        cin >> id;                     // Benutzer einlesen.
        cin.ignore(246,'\n');
        cout << "\nAktueller Ort? ";
        string place;
        getline( cin, place);
        if( place == "")
            cout << "Ungueltige Eingabe!" << endl;
        else if( quickMail.setNextStamp( id, place))
            cout << "Neuer Eintrag in der Sendeverfolgung!"
                  << endl;
        else
            cout << "Paket mit dieser ID nicht vorhanden!"
                  << endl;
        }
        break;
    } // Ende switch
    // ...
} // Ende main()

char menu()
{
    // ... Mit Menüpunkt "6 = Neuer Zeitstempel\n"
}
```

Kapitel 24

Typumwandlungen in Klassenhierarchien

In einer Klassenhierarchie stellt die gemeinsame Basisklasse den »Oberbegriff« für verschiedenartige Spezialisierungen dar. Das ermöglicht, Objekte unterschiedlichen Typs gemeinsam zu verwalten, wie beispielweise die unterschiedlichen Fahrzeuge eines Fuhrparks unter dem Begriff »Fahrzeug«. In diesem Zusammenhang ist es wichtig, die notwendigen Konvertierungen zu verstehen und richtig einzusetzen.

- **Up-Casts in Klassenhierarchien**

  Aufgrund der »Ist-Beziehung« ist es stets möglich, ein Objekt einer abgeleiteten Klasse in ein Objekt der Basisklasse zu konvertieren. Erwartet beispielsweise eine Funktion als Argument ein Objekt der Basisklasse, kann immer auch ein Objekt einer abgeleiteten Klasse übergeben werden. Dabei gehen die speziellen Eigenschaften, die in der abgeleiteten Klasse definiert sind, verloren. Auch ist es stets möglich, einen »Basisklassenzeiger« oder eine »Basisklassenreferenz« auf ein Objekt einer abgeleiteten Klasse verweisen zu lassen. Beim Zugriff über den Zeiger bzw. die Referenz steht dann allerdings nur das öffentliche Interface der Basisklasse zur Verfügung. Solche Typumwandlungen, die in der Klassenhierarchie »nach oben« verlaufen (sog. Up-Casts), sind immer sicher und werden vom Kompiler implizit durchgeführt.

- **Down-Casts in Klassenhierarchien**

  Die Konvertierung eines Objekts »von oben nach unten« (sog. Down-Casts) ist standardmäßig nicht möglich. Falls ein Down-Cast für Objekte erforderlich ist, kann z.B. ein Kopierkonstruktor mit entsprechendem Parameter definiert werden, der die zusätzlichen Datenelemente der abgeleiteten Klasse auf Standardwerte setzt.

  Dagegen ist der Down-Cast von Zeigern und Referenzen möglich. Er ist immer dann notwendig, wenn per Basisklassenzeiger bzw. Basisklassenreferenz auf ein Objekt zugegriffen wird, dessen spezielle Fähigkeiten aktiviert werden sollen. Ein Down-Cast muss explizit erfolgen, entweder mit dem Cast-Operator `(typ)` oder mit dem Operator `static_cast<typ>`. Wichtig dabei ist, dass der Zeiger bzw. die Referenz tatsächlich auf ein Objekt der abgeleiteten Klasse verweist.

  Sichere Down-Casts, bei denen der tatsächliche Typ des referenzierten Objekts zur Laufzeit überprüft wird, sind für polymorphe Klassen möglich und werden mit dem Operator `dynamic_cast<>` durchgeführt. Dazu mehr im nächsten Kapitel.

Verständnisfragen

24.1 Es ist stets möglich, einem Objekt einer abgeleiteten Klasse ein Objekt der Basisklasse zuzuweisen.

☐ Richtig   ☐ Falsch

24.2 Angenommen, die Klasse `Derived` ist von der Klasse `Base` abgeleitet und `obj` ist ein Objekt der Klasse `Derived`. Welche der folgenden Zuweisungen ist dann zulässig?

a) `Base* ptr = obj;`

b) `Base& ref = obj;`

c) `Base& ref = &obj;`

24.3 Angenommen, die Klasse `Z` ist von der Klasse `Y` abgeleitet und die Klasse `Y` ist von der Klasse `X` abgeleitet. Ferner wurde die globale Funktion `compare()` mit dem Prototyp

```
int compare(const Y&, const Y&);
```

deklariert. Dann kann diese Funktion wie folgt aufgerufen werden:

```
compare(a, b)
```

falls das Objekt

a) `a` vom Typ `X` und das Objekt `b` vom Typ `Y` ist.

b) `a` vom Typ `Y` und das Objekt `b` vom Typ `Z` ist.

c) `a` vom Typ `X` und das Objekt `b` vom Typ `Z` ist.

24.4 Gehen Sie davon aus, dass die Klasse `Y` von der Klasse `X` abgeleitet ist. Dann ist für ein Objekt `y` der Klasse `Y` folgende Definition zulässig:

```
X& refX = y;
```

☐ Richtig   ☐ Falsch

24.5 Wird ein Objekt einer abgeleiteten Klasse einem Objekt der entsprechenden Basisklasse zugewiesen, so werden die in der abgeleiteten Klasse zusätzlich definierten Datenelemente des Objekts

a) auf 0 gesetzt.

b) verwendet, um die Datenelemente der Basisklasse zu überschreiben.

c) einfach ignoriert.

24.6   Angenommen, eine Klasse Y entsteht aus einer Klasse X durch `public`-Vererbung. Damit es möglich ist, ein Objekt vom Typ X einem Objekt vom Typ Y zuzuweisen, kann für die Klasse Y der Zuweisungsoperator überladen werden, und zwar mit folgendem Prototyp: _____.

24.7   Angenommen, die Klasse Y wurde von der Klasse X abgeleitet und xObj ist ein Objekt der Klasse X. Dann kann ein Objekt der Klasse Y wie folgt initialisiert werden:

```
Y yObj(xObj);
```

☐ Richtig   ☐ Falsch

24.8   Gegeben sei eine Klasse X und eine davon abgeleitete Klasse Y. Damit es möglich ist, ein Objekt vom Typ X implizit in ein Objekt vom Typ Y zu konvertieren, kann für die Klasse Y ein Konstruktor zur Verfügung gestellt werden, und zwar mit folgendem Prototyp: _____.

24.9   Ein Basisklassenzeiger kann ohne Verwendung eines Down-Casts nur die `public`-Schnittstelle der Basisklasse ansprechen.

☐ Richtig   ☐ Falsch

24.10   Angenommen, die Klasse Y wurde von der Klasse X abgeleitet und y ist ein Objekt der Klasse Y. In der Klasse Y ist außerdem eine `public`-Methode `calc()` definiert, die keinen Parameter und keinen Return-Wert aufweist. Im Anschluss an die Definition

```
X* xPtr = &y;
```

kann dann die Methode `calc()` wie folgt aufgerufen werden:

```
xPtr->calc();
```

☐ Richtig   ☐ Falsch

24.11   Die Klasse Y sei von der Klasse X abgeleitet und es seien y1 und y2 Objekte der Klasse Y. Nach der Definition

```
X& xRef = y1;
```

ist folgende Anweisung zulässig:

```
y2 = xRef;
```

☐ Richtig   ☐ Falsch

24.12   Up-Casts sind immer möglich, können aber unsicher sein.

☐ Richtig   ☐ Falsch

24.13 Angenommen, die Klasse Y entsteht aus der Klasse X durch public-Vererbung und die Klasse Y enthält die public-Methode

```
double calc();
```

Außerdem zeigt der Basisklassenzeiger xPtr auf ein Objekt der Klasse Y. Um eine Methode über den Zeiger xPtr aufzurufen, die in der Klasse Y aber nicht in der Klasse X definiert wurde, ist ein

a) Up-Cast erforderlich.

b) Down-Cast erforderlich.

c) kein Cast erforderlich.

24.14 Gehen Sie davon aus, dass in der Klasse X die public-Methode

```
void print();
```

deklariert ist und in der von X abgeleiteten Klasse Y mit demselben Prototyp redefiniert wurde. Nehmen Sie außerdem an, dass der Basisklassenzeiger xPtr auf ein Objekt der Klasse Y zeigt. Dann können Sie die Methode print() der abgeleiteten Klasse Y wie folgt aufrufen:

a) xPtr->print();

b) (Y*)xPtr->print();

c) ((Y*)xPtr)->print();

24.15 Down-Casts sind immer möglich und sicher.

☐ Richtig   ☐ Falsch

24.16 Angenommen, die Klasse Y wurde von der Klasse X abgeleitet und enthält die public-Methode

```
double calc();
```

Außerdem zeigt der Basisklassenzeiger xPtr auf ein Objekt der Klasse Y. Um die Methode calc() der abgeleiteten Klasse Y über den Zeiger xPtr aufzurufen, ist folgender Ausdruck zulässig:

a) static_cast<>(xPtr)->calc()

b) static_cast<Y*>(xPtr)->calc()

c) static_cast<Y*>(xPtr->calc())

24.17 Angenommen, die Klasse Y entsteht aus der Klasse X durch public-Vererbung und die Klasse Y enthält folgende public-Methode:

```
void reorganize();
```

Für ein Objekt x der Klasse X kann dann die Methode reorganize() der abgeleiteten Klasse Y wie folgt aufgerufen werden:

```
static_cast<Y*>(&x)->reorganize();
```

☐ Richtig ☐ Falsch

24.18 Angenommen, die Klasse Derived ist von der Klasse Base abgeleitet und besitzt folgende public-Methode:

```
void show(void);
```

Außerdem ist dObj ein Objekt der Klasse Derived. Dann können Sie nach der Definition

```
Base& baseRef = dObj;
```

die Methode show() wie folgt aufrufen:

a) static_cast<Derived&>(baseRef).show();

b) static_cast<Derived&>(baseRef)->show();

c) static_cast(Derived&)<baseRef>.show();

24.19 Die Klasse Y sei von der Klasse X abgeleitet und y1, y2 seien zwei Objekte der Klasse Y. Nach der Definition

```
X& xRef = y1;
```

ist folgende Anweisung zulässig:

```
y2 = static_cast<Y&>(xRef);
```

☐ Richtig ☐ Falsch

24.20 Die Klasse Y ist von X abgeleitet und die Referenz xRef vom Typ »Referenz auf X« verweist auf ein Objekt der Klasse Y. Mit welcher Anweisung können Sie dann die globale Funktion mit dem Prototyp

```
void func(Y& yObj);
```

aufrufen und dabei das Objekt xRef als Argument übergeben?

Aufgaben

24.1 Gegeben sei eine Klasse Base mit einem Datenelement vom Typ int und einem public-Konstruktor, der einen Parameter vom Typ int besitzt. Die Klasse Derived entsteht aus der Klasse Base durch public-Vererbung. Sie besitzt ein zusätzliches Datenelement vom Typ string und folgenden public-Konstruktor:

```
Derived( int id = 0, const string& s = "XXX");
```

Welche der nachfolgenden Anweisungen sind korrekt bzw. wo liegt der Fehler?

a)

```
Base bObj(0); Derived dObj(10203);
bObj = dObj;
```

b)

```
Base bObj(11234); Derived dObj;
dObj = bObj;
```

c)

```
Derived dObj( 43210, "Shirt");
void func( const Base& bObj);
func( dObj);
```

d)

```
Derived* ptr;
ptr = new Base(9876);
```

24.2 Angenommen sowohl in der Klasse Base als auch in der von Base abgeleiteten Klasse Derived ist die Methode

```
void modify();
```

definiert. Außerdem ist dObj ein Objekt der Klasse Derived. Welche Version der Methode wird dann im Folgenden aufgerufen?

a)

```
dObj.modify();
```

b)

```
Base& bRef = dObj;
bRef.modify();
```

c)

```
Derived *dPtr = &dObj;
dPtr->modify();
```

d)

```
Base* bPtr = dPtr;    // dPtr ist in c) definiert.
bPtr->modify();
```

24.3 Ändern Sie in der vorhergehenden Aufgabe die Aufrufe der Methode `modify()` so, dass

im Fall a) die Methode der Basisklasse

im Fall b) die Methode der abgeleiteten Klasse

im Fall c) die Methode der Basisklasse

im Fall d) die Methode der abgeleiteten Klasse

aufgerufen wird.

24.4 Innerhalb einer Klassenhierarchie sollen sichere Down-Casts ermöglicht werden (ohne Verwendung polymorpher Klassen – dazu mehr im 25. Kapitel). Daher speichert jedes Objekt seine eindeutige Typ-Kennung, die über die Methode `getTypeID()` abgefragt werden kann.

Entwerfen Sie eine Klassenhierarchie mit der Basisklasse `Data` und den davon abgeleiteten Klassen `XData` und `SData`. Geben Sie die Definitionen der Klassen in der Header-Datei `data.h` an.

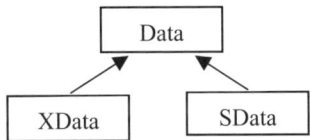

- Die Klasse `Data` definiert im `public`-Deklarationsteil einen Aufzählungstyp `TypeID` mit drei Konstanten `BaseClass`, `XClass` und `SClass` sowie ein `protected`-Datenelement dieses Typs.

  Der Konstruktor der Klasse initialisiert die Typvariable mit `BaseClass` und stellt außerdem die Methode `getTypeID()` bereit.

- Die von Data abgeleitete Klasse XData speichert zusätzlich einen double-Wert. Der notwendige Speicherplatz wird vom Konstruktor dynamisch reserviert und vom Destruktor wieder freigegeben. Außerdem schreibt der Konstruktor den Wert XClass in die Typvariable, und der Destruktor gibt zu Testzwecken eine Meldung aus. Für den Zugriff auf den double-Wert stellt die Klasse set- und get-Methoden bereit.

- Die Klasse SData mit der Typ-ID SClass ist wie die Klasse XData aufgebaut, speichert aber statt einem double-Wert einen String in einem char-Vektor. Der dynamisch reservierte Vektor muss wegen des Stringende-Zeichens '\0' ein Byte länger sein als die Stringlänge.

  Hinweise: 1. Verwenden Sie die Funktionen strlen() und strcpy(), die in der Header-Datei cstring deklariert sind (vgl. Aufgabe 16.6, Teil c)).

  2. Die set-Methode reserviert neuen Speicher gemäß der Länge des neuen Strings und gibt den Speicher für den alten String frei.

Zum Testen schreiben Sie eine globale Funktion

```
void printData( const Data&);
```

die in der main()-Funktion für Objekte vom Typ XData und SData aufgerufen wird und alle Daten eines Objekts anzeigt.

24.5 Entwickeln Sie eine Klasse MyData zur Verwaltung von Objekten des Typs XData und SData (vgl. Aufgabe 24.4). Neue Objekte werden dynamisch erzeugt und ihre Adressen in einem Vektor fester Länge mit Elementen vom Typ Data* gespeichert. Stellen Sie folgende Methoden bereit:

- Ein Default-Konstruktor setzt u.a. alle Zeiger im Vektor auf NULL.

- Der Destruktor zerstört alle dynamisch erzeugten Objekte. Achten Sie darauf, dass wirklich der Destruktor der jeweiligen Klasse (und nicht nur der Destruktor der Basisklasse) ausgefülult wird. Ist alles einwandfrei, können Sie die Testausgabe im Destruktor auskommentieren.

- Die überladenen insertX()-Methoden besitzen einen Parameter vom Typ double bzw. keinen Parameter. Wird ein double-Wert übergeben, erzeugt die Methode dynamisch ein neues XData-Objekt und fügt seine Adresse im Vektor ein. Ohne Argument liest die Methode zunächst vom Anwender eine Gleitpunktzahl ein und fügt dann die Adresse eines neues Objekt im Vektor hinzu. Ist noch Platz im Vektor bzw./und wird ein double-Wert erfolgreich eingelesen, liefern die Methoden true, andernfalls false zurück.

- Die überladenen insertS()-Methoden erzeugen dynamisch ein neues Objekt vom Typ SData und fügen dessen Adresse in den Vektor ein. Wie bei insertX() wird zunächst vom Anwender ein String eingelesen, wenn kein String als Argument übergeben wurde. Ist die Aktion erfolgreich, d.h. ist noch Platz im Vektor und der String nicht leer, liefert die Methode true, andernfalls false.

  Hinweis: Eine Textzeile kann mit der istream-Methode getline() in einen C-String eingelesen werden. Der Methode wird der char-Vektor und seine Länge übergeben.

- Die Methode printData()zeigt alle Daten auf dem Bildschirm an.

Schreiben Sie ein Anwendungsprogramm, das ein Objekt der Klasse MyData erzeugt und seine Methoden aufruft.

24.6 Vervollständigen Sie die Klasse MyData aus Aufgabe 24.5, indem Sie den noch fehlenden Kopierkonstruktor, den Zuweisungsoperator sowie Methoden zum Löschen von Elementen hinzufügen:

- Definieren Sie zunächst den Kopierkonstruktor und den Zuweisungsoperator für die Klassen XData und SData.

- Ergänzen Sie die Basisklasse Data durch eine Methode clone(), die einen Zeiger auf eine mit new erzeugte Kopie des Objekts zurückgibt. Dabei wird der tatsächliche Typ des Objekts berücksichtigt.

- Definieren Sie den Kopierkonstruktor und den Zuweisungsoperator für die Klasse MyData.

- Die Methode eraseAll() der Klasse MyData löscht alle Elemente.

- Die überladenen erase()-Methoden mit einem Parameter vom Typ double bzw. einem Parameter vom Typ const char* löschen mit Bestätigung das erste Objekt, das die Gleitpunktzahl enthält bzw. bei dem der Stringanfang mit dem übergebenen String übereinstimmt. Wird kein passendes Element gefunden, liefern die Methoden false, andernfalls true.

  Hinweis: Die Funktion strncmp() vergleicht den Anfang zweier C-Strings. Die zwei Strings und die Anzahl der zu vergleichenden Zeichen werden als Argument übergeben. Bei Gleichheit liefert die Funktion den Wert 0.

Schreiben Sie ein Anwendungsprogramm, das die neuen Methoden der Klasse MyData verwendet. Schreiben Sie auch eine Funktion, der ein Objekt vom Typ MyData als Wert übergeben wird. Kontrollieren Sie die Testausgaben, die die Destruktoren der Klassen XData und SData erzeugen.

Lösungen zu den Verständnisfragen

24.1 Falsch

24.2 b)

24.3 b)

24.4 Richtig

24.5 c)

24.6 Y& operator=(const X&);

24.7 Falsch

24.8 Y(const X&);

24.9 Richtig

24.10 Falsch

24.11 Falsch

24.12 Falsch

24.13 b)

24.14 c)

24.15 Falsch

24.16 b)

24.17 Falsch

24.18 a)

24.19 Richtig

24.20 func((Y&)xRef);
oder: func(static_cast<Y&>(xRef));

Lösungen zu den Aufgaben

24.1 a) Korrekt

b) Ein Objekt vom Typ einer Basisklasse kann nicht einem Objekt vom Typ einer abgeleiteten Klasse zugewiesen werden.

c) Korrekt

d) Ein Zeiger vom Typ Derived* kann nicht auf ein Objekt der Basisklasse zeigen.

24.2 Es wird die Methode `modify()` der Klasse

a) `Derived`   b) `Base`   c) `Derived`   d) `Base`

aufgerufen.

24.3 a)

```
dObj.Base::modify();
```

b)

```
Base& bRef = dObj;
((Derived&)bRef).modify();
// oder: static_cast<Derived&>(bRef).modify();
```

c)

```
Derived *dPtr = &dObj
dPtr->Base::modify();
// oder:  ((Base*)dPtr)->modify();
// oder:  static_cast<Base*>(dPtr)->modify();
```

d)

```
Base* bPtr = dPtr;
((Derived*)bPtr)->modify();
// oder: static_cast<Derived*>(bPtr)->modify();
// oder dPtr verwenden:  dPtr->modify();
```

24.4

```
// ------------------------------------------------------------
// data.h
// Definition der Klassen Data, XData und SData.
// ------------------------------------------------------------
#ifndef _DATA_
#define _DATA_
#include <iostream>
#include <cstring>
using namespace std;

class Data              // Basisklasse für XData und SData
{
 public:
   enum TypeID { BaseClass, XClass, SClass };
   Data() : id(BaseClass) {}
```

```
    TypeID getTypeID() const { return id; }
  protected:
    TypeID id;
};


class XData : public Data
{
  private:
    double* pData;      // Zeiger auf X-Daten (double-Wert)
  public:
    XData( double x = 0.0)
    {
        id = XClass;
        pData = new double(x);
    }
    ~XData()
    {
        cout << "Destruktor der Klasse XData" << endl;
        delete pData;
    }
    void setData(double x) { *pData = x; }
    double getData() const { return *pData; }
};


class SData : public Data
{
  private:
    char* pData;      // Zeiger auf S-Daten (char-Vektor)
  public:
    SData( const char str[] = "")
    {
        id = SClass;
        int n = strlen(str);
        pData = new char[n+1];
        strcpy( pData, str);
    }
    ~SData()
    {
        cout << "Destruktor der Klasse SData" << endl;
        delete [] pData;
    }
    void setData(const char str[])
```

```
{
    int n = strlen(str);
    char *s = new char[n+1];
    strcpy( s, str);
    delete [] pData;
    pData = s;
    }
    const char* getData() const { return pData; }
};
#endif  // _DATA_


// -------------------------------------------------------
// ex24_04.cpp
// Klassen XData und SData verwenden.
// -------------------------------------------------------
#include "data.h"
void printData( const Data&);

int main()
{
    XData xObj(7.77);
    SData sObj("Ein Test!");


    printData( xObj);
    printData( sObj);


    sObj.setData("Alles ok?\nBye, bye!");
    printData( sObj);
    return 0;
}

void printData( const Data& d)
{
    switch( d.getTypeID())
    {
      case Data::BaseClass:
          cout << "Keine Daten" << endl;
          break;
      case Data::XClass:
          cout << "XData: " << ((const XData&)d).getData()
               << endl;
          break;
```

```
      case Data::SClass:
         cout << "SData: " << ((const SData&)d).getData()
              << endl;
         break;
      default:
         cout << "Unbekannter Typ!" << endl;
         break;
   }
}
```

24.5
```
// -----------------------------------------------------------
// myData.h
// Definition der Klasse MyData. Verwaltet Objekte
// vom Typ Data und davon abgeleitete Klassen.
// -----------------------------------------------------------
#ifndef _MYDATA_
#define _MYDATA_

#include "data.h"

class MyData        // Verwaltet XData- und SData-Objekte
{
  private:
    enum { ARR_LENGTH = 100} ;
    Data *arrPtrData[ARR_LENGTH];
    int count,              // Anzahl Objekte
        iCur;               // und Einfügeposition.
    int nextFreePos();      // Hilfsmethode: Liefert
                            // nächsten freien Platz.
  public:
    MyData();               // Default-Konstruktor
    ~MyData();              // Destruktor
    bool isEmpty() const { return count == 0; }
    bool insertX( double x);
    bool insertX();
    bool insertS( const char* s);
    bool insertS();
    void printData() const;
};
#endif  // _MYDATA_

// -----------------------------------------------------------
```

```
// myData.cpp
// Implementierung der Methoden der Klasse MyData.
// ------------------------------------------------------------
#include "myData.h"


MyData::MyData() : count(0), iCur(0)
{
   for( int i=0; i < ARR_LENGTH; ++i)
      arrPtrData[i] = NULL;
}


MyData::~MyData()                  // Destruktor
{
   Data *p;
   for( int i=0; i < ARR_LENGTH; ++i)
      if( (p = arrPtrData[i]) != NULL)
         switch( p->getTypeID())
         {
            case Data::XClass:
               delete (XData*)p;
               break;
            case Data::SClass:
               delete (SData*)p;
               break;
            default:
               delete p;
               break;
         }
}


int MyData::nextFreePos()     // Hilfsmethode: Liefert
{                             // nächsten freien Index oder -1
   int i=iCur;
   do
      if( arrPtrData[i] == NULL)
         return i;
      else
         i = (i+1) % ARR_LENGTH;
   while( i != iCur);
   return -1;
}
```

```
bool MyData::insertX( double x)
{
    int i = nextFreePos();
    if( i < 0)
        return false;
    iCur = i;
    ++count;
    arrPtrData[i] = new XData(x);
    return true;
}

bool MyData::insertX()
{
    if( count == ARR_LENGTH)
    {   cout << "Kein freier Platz!" << endl;
        return false;
    }
    bool ok = true;
    double x = 0.0;
    cout << "Gleitpunktzahl eingeben: ";
    if( !(cin >> x))
    {   cout << "Ungueltige Eingabe!" << endl;
        cin.clear();
        ok = false;
    }
    else
        ok = insertX(x);
    cin.ignore(256, '\n');   // Rest der Zeile ignorieren.
    return ok;
}

bool MyData::insertS(const char* s)
{
    int i = nextFreePos();
    if( i < 0)
        return false;
    iCur = i;
    if( strlen(s) > 0)
    {
        arrPtrData[i] = new SData(s);
        ++count;
        return true;
```

```
    }
    else
        return false;
}


bool MyData::insertS()
{
    if( count == ARR_LENGTH)
    {   cout << "Kein freier Platz!" << endl;
        return false;
    }
    bool ok = true;
    char buf[256];
    cout << "\nEine Zeile Text eingeben:" << endl;
    if( !cin.getline(buf, 256) || strlen(buf) == 0)
    {   cout << "Ungueltige Eingabe!" << endl;
        cin.clear();
        return false;
    }
    else
        return insertS(buf);
}


void MyData::printData() const
{
    if( isEmpty())
    {   cout << "Keine Daten vorhanden!" << endl;
        return;
    }
    Data * p;
    for( int i=0; i < ARR_LENGTH; ++i)
        if( (p = arrPtrData[i]) != NULL)
            switch( p->getTypeID())
            {
                case Data::XClass:
                    cout << ((XData*)p)->getData() << endl;
                    break;
                case Data::SClass:
                    cout << ((SData*)p)->getData() << endl;
                    break;
                default:
                    cout << "Unbekannter Typ!" << endl;
```

```
            break;
        }
}

// ----------------------------------------------------------
// ex24_05.cpp
// Klasse MyData verwenden.
// ----------------------------------------------------------
#include "myData.h"

int main()
{
    MyData db;

    db.insertX(1.77);
    db.insertS("Ein Test!");
    double x = 2.34;
    if( !db.insertX(x))
        cout << "Kein freier Platz!" << endl;
    else
        cout << x << " eingefuegt!" << endl;

    if( db.insertS())
        cout << "Neuer Text ist eingefuegt!" << endl;

    cout << "... und noch eine Zahl." << endl;
    if( db.insertX())
        cout << "Neue Zahl ist eingefuegt!" << endl;

    db.printData();
    return 0,
}
```

24.6

```
// ----------------------------------------------------------
// data.h
// Definition der Klassen Data, XData und SData.
// ----------------------------------------------------------

// Die Klassen Data, XData und SData sind bis auf folgende
// Ergänzungen unverändert:

class Data              // Basisklasse für XData und SData
```

```
{
  // ...
  public:
    Data* clone() const;           // Kopie in Abhängigkeit
    // ...                          // vom Typ anlegen.
};


class XData : public Data
{
  // ...
  public:
    XData( const XData& src)           // Kopierkonstruktor
    { id = XClass;
        pData = new double(*src.pData);
    }
    XData& operator=( const XData& src) // Zuweisung
    { id = XClass;
        *pData = *src.pData;
    }
  // ...
};


class SData : public Data
{
  // ...
  public:
    SData( const SData& src)           // Kopierkonstruktor
    { id = SClass;
        pData = newStr(src.pData);
    }
    SData& operator=( const SData& src) // Zuweisung
    { id = SClass;
        if( this != &src)
            setData( src.getData());
    }
  // ...
};


// Kopie in Abhängigkeit vom Typ anlegen:
inline Data* Data::clone() const
{
    Data *p = NULL;
```

```
        switch( getTypeID())
        {
           case XClass:
               p = new XData( *(const XData*)this);
               break;
           case SClass:
               p = new SData( *(const SData*)this);
               break;
           default:
               p = new Data(*this);
        }
        return p;
}


// ------------------------------------------------------------
// myData.h
// Definition der Klasse MyData mit Kopierkonstruktor,
// Zuweisung und Methoden zum Löschen von Elementen.
// ------------------------------------------------------------
// ...

class MyData        // Container für XData- und SData-Objekte
{
   // ... Die neuen Methoden:
   public:
      MyData( const MyData& src);              // Kopierkonstruktor
      MyData& operator=( const MyData& src);   // Zuweisung

      void eraseAll();
      bool erase( double x);
      bool erase( const char* s);
   // ..
};


// ------------------------------------------------------------
// myData.cpp
// Implementierung der Methoden der Klasse MyData.
// ------------------------------------------------------------

#include "myData.h"
// ... Die neuen Methoden:
```

```
MyData::~MyData() { eraseAll(); }        // Destruktor


MyData::MyData( const MyData& src)       // Kopierkonstruktor
{
    count = 0;  // Kein eraseAll() in nachfolgender Zuweisung.
    *this = src;
}


MyData& MyData::operator=( const MyData& src)   // Zuweisung
{
    eraseAll();
    count = src.count;
    iCur  = src.iCur;
    for( int i=0; i < ARR_LENGTH; ++i)
        if( src.arrPtrData[i] != NULL)
            arrPtrData[i] = src.arrPtrData[i]->clone();
        else
            arrPtrData[i] = NULL;
    return *this;
}


void MyData::eraseAll()    // Löscht alle Elemente
{
    if( count == 0)         // Schon leer?
        return;
    Data *p;
    for( int i=0; i < ARR_LENGTH; ++i)
    {
        if( (p = arrPtrData[i]) != NULL)
            switch( p->getTypeID())
            {
                case Data::XClass:
                    delete (XData*)p;
                    break;
                case Data::SClass:
                    delete (SData*)p;
                    break;
                default:
                    delete p;
                    break;
            }
        arrPtrData[i] = NULL;
```

```
      }
      count = 0; iCur = 0;
}


bool MyData::erase( double x)
{
   if( count == 0)           // Leer?
      return false;
   Data *p;
   for( int i=0; i < ARR_LENGTH; ++i)
      if( (p = arrPtrData[i]) != NULL  &&
          p->getTypeID() == Data::XClass  &&
          ((XData*)p)->getData() == x )
      {
         delete (XData*)p;
         arrPtrData[i] = NULL;
         --count;
         return true;
      }
   return false;
}


bool MyData::erase( const char* str)
{
   if( count == 0 || strlen(str) == 0)   // Keine Daten oder
      return false;                        // String leer.
   Data *p;
   for( int i=0; i < ARR_LENGTH; ++i)
      if((p = arrPtrData[i]) != NULL  &&
         p->getTypeID() == Data::SClass)
      {
         int len = strlen(str);
         if( strncmp( str, ((SData*)p)->getData(), len) == 0)
         {
            delete (SData*)p;
            arrPtrData[i] = NULL;
            --count;
            return true;
         }
      }
   return false;
}
```

```
// ... Definition der weiteren Methoden: Wie gehabt.

// -------------------------------------------------------
// ex24_06.cpp
// Klasse MyData testen.
// -------------------------------------------------------
#include "myData.h"

void testFunc( MyData d);              // Call by value!

int main()
{
    MyData db;

    db.insertX(1.77);
    db.insertS("Ein Test!");
    double x = -0.07;
    db.insertX(x);

    db.printData();

    cout << "Kopierkonstruktor testen!" << endl;
    testFunc(db);
    cout << "Wieder in der Funktion main()" << endl;
    cin.get();

    cout << "Zuweisung testen!" << endl;
    MyData *pDB = new MyData;
    pDB->insertS("Hallo");   // Ein Element, das bei der
                             // Zuweisung geloescht wird.
    *pDB = db;               // Zuweisung.
    pDB->printData();
    cout << "Im neuen Objekt ein Element loeschen." << endl;
    if( pDB->erase(x))       // Ein Element löschen
      cout << "Element mit Wert " << x << " geloescht!\n";
    pDB->printData();
    delete pDB;
    cout << "Das neue Objekt wurde zerstoert!" << endl;
    cin.get();

    cout << "Und noch ein String-Element loeschen:" << endl;
```

```
    if( db.erase("Ein"))
        cout << "\"Ein ...\" geloescht." << endl;
    else
        cout << "String \"Ein ...\" nicht gefunden!" << endl;

    db.printData();
    cout << "Ende der Funktion main()" << endl;
    return 0;
}

void testFunc( MyData d)                    // Call by value!
{
    cout << "In der Funktion testFunc()" << endl;
    cout << "--- Daten der Kopie:  ---" << endl;
    d.printData();                          // Daten anzeigen.
    cout << "Kopie wird wieder zerstoert!" << endl;
}
```

Kapitel 25

Polymorphe Klassen

Objekte abgeleiteter Klassen können einheitlich über Zeiger oder Referenzen auf die Basisklasse verwaltet werden. In solchen Fällen ist es wünschenswert, wenn beim Aufruf einer Methode mithilfe eines Basisklassenzeigers nicht die Methode der Basisklasse, sondern die dem Objekt entsprechende Methode der abgeleiteten Klasse ausgeführt wird. Die Lösung dafür heißt Polymorphie.

In C++ werden polymorphe Klassen mithilfe virtueller Methoden implementiert. Ist beispielsweise `basePtr` ein Basisklassenzeiger und `print()` eine virtuelle Methode, die in den abgeleiteten Klassen redefiniert ist, so ruft die Anweisung

```
basePrt->print();
```

die `print`-Methode des momentan adressierten Objekts auf. Somit steht erst zur Laufzeit des Programms fest, welche Methode konkret aufgerufen wird. Man spricht deshalb von »dynamischer Bindung".

- Virtuelle Methoden definieren

  Eine virtuelle Methode wird in der Basisklasse mit dem Schlüsselwort `virtual` deklariert. In der abgeleiteten Klasse kann eine eigene Version der virtuellen Methode definiert werden, die dieselbe Signatur und denselben Ergebnistyp aufweisen muss. Konstruktoren können nicht als virtuell definiert werden.

- Virtuelle Destruktoren einsetzen

  Wenn ein Programm mit dynamisch erzeugten Objekten einer Klassenhierarchie arbeitet, sollte der Destruktor immer als `virtual` deklariert werden. Beim Zerstören des Objekts mit dem Operator `delete` und einem Basisklassenzeiger wird dann automatisch der passende Destruktor aufgerufen. Ohne einen virtuellen Destruktor würde sonst nur der Destruktor der Basisklasse ausgeführt.

- Mit dem Operator `dynamic_cast<>` sichere Down-Casts durchführen

  Der Operator `dynamic_cast<>` prüft zur Laufzeit, ob die Konvertierung in den Zieltyp zulässig ist. Beim Zieltyp muss es sich um einen Zeiger oder eine Referenz auf eine polymorphe Klasse bzw. einen Zeiger auf `void` handeln. Ist die Konvertierung eines Zeigers nicht möglich, liefert der Operator den NULL-Zeiger. Bei Referenzen wird im Fehlerfall eine Exception vom Typ `bad_cast` ausgelöst.

  In diesen Übungen werden Sie eine polymorphe Klassenhierarchie zur Darstellung geometrischer Figuren implementieren. Außerdem werden Sie den Operator `typeid()` verwenden, um zur Laufzeit Typinformationen abzufragen.

Verständnisfragen

25.1 Polymorphe Klassen werden in C++ mithilfe _____ Methoden implementiert.

25.2 Eine virtuelle Methode muss in jeder abgeleiteten Klasse redefiniert werden.

☐ Richtig   ☐ Falsch

25.3 Angenommen, die Klasse Y entsteht aus der Klasse X durch `public`-Vererbung und die Klasse X enthält folgende `public`-Methode:

```
virtual int calc(int x);
```

Auch wenn diese Methode in der Klasse Y mit demselben Prototyp redefiniert ist, wird bei einem Aufruf der Methode `calc()` über einen Basisklassenzeiger stets die Methode der Basisklasse ausgeführt.

☐ Richtig   ☐ Falsch

25.4 Die Klasse Y entsteht aus der Klasse X durch `public`-Vererbung. Außerdem ist die virtuelle Methode

```
virtual double calc(double x);
```

in X deklariert und in Y mit folgendem Prototyp redefiniert:

```
double calc();
```

Für ein Objekt yObj der Klasse Y ist dann folgende Anweisung zulässig:

```
double res = yObj.calc(1.2);
```

☐ Richtig   ☐ Falsch

25.5 Eine virtuelle Methode `evaluate()` mit einem Parameter vom Typ `int` und einem Return-Wert vom Typ `double` wird in der Basisklasse wie folgt deklariert:

a) `double evaluate(int) virtual;`

b) `virtual double evaluate(int);`

c) `virtual evaluate(int);`

25.6 Wenn eine virtuelle Methode der Basisklasse in einer abgeleiteten Klasse redefiniert wird, muss sie

a) nur die gleiche Signatur aufweisen.

b) nur den gleichen Return-Typ aufweisen.

c) die gleiche Signatur und den gleichen Return-Typ aufweisen.

25.7 Das Schlüsselwort `virtual` kann bei der Redefinition einer virtuellen Methode in der abgeleiteten Klasse entfallen.

☐ Richtig   ☐ Falsch

25.8 Angenommen, die Klasse X ist die direkte Basisklasse der Klasse Y und in der Klasse X ist die `public`-Methode

```
virtual double calc(float x);
```

deklariert. Dann ist die Methode

```
double calc(int x);
```

der Klasse Y automatisch `virtual`.

☐ Richtig   ☐ Falsch

25.9 Gehen Sie davon aus, dass die Klasse Y von X abgeleitet ist. Außerdem ist

```
virtual float func(int x);
```

eine Methode der Klasse X und

```
int func(float x);
```

eine Methode der Klasse Y. Wenn dann der Basisklassenzeiger `xPtr` ein Objekt der Klasse Y adressiert, liefert der Ausdruck

```
xPtr->func(12)
```

a) einen Wert vom Typ `int`.

b) einen Wert vom Typ `float`.

c) eine Fehlermeldung des Kompilers.

25.10 Angenommen, die Klasse Y ist von der Klasse X abgeleitet und der Destruktor der Klasse X ist als `virtual` deklariert. Adressiert dann der Basisklassenzeiger `xPtr` ein dynamisch erzeugtes Objekt der Klasse Y, so wird durch die Anweisung

```
delete xPtr;
```

a) nur der Destruktor von X aufgerufen.

b) nur der Destruktor von Y aufgerufen.

c) zuerst der Destruktor von X und dann der Destruktor von Y aufgerufen.

d) zuerst der Destruktor von Y und dann der Destruktor von X aufgerufen.

25.11 Eine Klasse, die als Basisklasse für andere Klassen fungiert, sollte stets einen Destruktor besitzen, der als _____ deklariert ist.

25.12 Ist beim Aufruf einer Methode ihre Adresse bereits zur Übersetzungszeit bekannt, wird sie direkt in den Maschinencode eingefügt. Man spricht dann von _____ Bindung.

25.13 Falls eine Methode über den Namen eines Objekts aufgerufen wird, handelt es sich immer um statische Bindung.

25.14 Erzeugt der Kompiler Maschinencode, bei dem erst zur Laufzeit des Programms die Zuordnung zu einer bestimmten Funktion stattfindet, spricht man von _____ Bindung.

25.15 Dynamische Bindung wird intern realisiert mithilfe von

a) Stringtabellen.

b) Prozesstabellen.

c) virtuellen Methodentabellen.

25.16 Im Vergleich zur statischen Bindung hat dynamische Bindung den Nachteil, dass

a) eine virtuelle Methodentabelle (VMT) Speicher belegt.

b) ein versteckter Zeiger auf die VMT, der in jedem Objekt einer polymorphen Klasse enthalten ist, Speicher belegt.

c) die indirekte Adressierung virtueller Methoden das Laufzeitverhalten des Programms verschlechtert.

25.17 Polymorphie erlaubt die Ableitung eigener Klassen mit redefinierten virtuellen Methoden, so dass diese neuen Methoden aus existierendem Quellcode heraus aufgerufen werden, ohne das der vorhandene Quellcode geändert werden muss.

☐ Richtig   ☐ Falsch

25.18 Down-Casts in polymorphen Klassenhierarchien sind unsicher bei Verwendung des folgenden Operators:

a) `(typ)`

b) `static_cast<typ>`

c) `dynamic_cast<typ>`

25.19 Ist der Down-Cast einer Referenz mit dem Operator `dynamic_cast<>` nicht erfolgreich, wird eine Exception vom Typ `bad_cast` ausgelöst.

☐ Richtig   ☐ Falsch

25.20 Wenn der Down-Cast eines Zeigers fehlschlägt, wird vom Operator `dynamic_cast<>`

a) das Programm beendet.

b) eine Fehlermeldung ausgegeben.

c) der NULL-Zeiger zurückgegeben.

Aufgaben

25.1 Gegeben sei eine Klasse A mit einer `public`-Methode

```
virtual string toString() const;
```

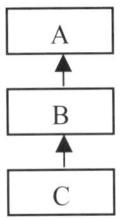

Die Klasse B entsteht aus der Klasse A durch public-Vererbung und besitzt *keine* eigene Version der obigen Methode `toString()`. Die Klasse C entsteht aus der Klasse B durch public-Vererbung und besitzt eine eigene Version der Methode `toString ()`. Außerdem sind bObj und cObj Objekte der Klassen B bzw. C.

Welche Version der Methode `toString()` wird im Folgenden aufgerufen?

a)

```
A* ptr = &bObj;
cout << ptr->toString() << endl;
```

b)

```
B* ptr = &cObj;
cout << ptr->toString() << endl;
```

c)

```
A* ptr = &cObj;
cout << ptr->toString() << endl;
```

25.2 Angenommen, die Klassen A, B und C aus Aufgabe 25.1 enthalten alle einen Default-Konstruktor. Außerdem besitzt die Klasse B einen virtuellen Destruktor, die Klasse A allerdings nicht. Bestimmen Sie die Klasse, deren Destruktor bei Ausführung des Operators delete aufgerufen wird:

a)

```
A*ptr = new C;
delete ptr;
```

b)

```
B *ptr = new C;
delete ptr;
```

c)

```
A *ptr = new B;
delete ptr;
```

25.3 Angenommen, die Klasse B aus Aufgabe 25.1 besitzt eine virtuelle Methode calc(), die ein double-Wert liefert. Die Methode calc() ist in der Klasse A noch nicht definiert, aber in der Klasse C redefiniert. Gegeben ist außerdem der folgende Zeiger:

```
A* ptr;
```

Formulieren Sie die erforderlichen Anweisungen, um die passende Methode calc() aufzurufen, wenn ptr auf ein Objekt der Klasse B oder C verweist. Andernfalls ist eine entsprechende Meldung auszugeben.

25.4 Die Definitionen der Klassen Data, XData und SData aus Aufgabe 24.4 (vgl. Header-Datei data.h) sollen so modifiziert werden, dass die Typkennung nicht mehr in jedem Objekt gespeichert wird. Stattdessen sollen polymorphe Klassen verwendet werden.

■ Entfernen Sie das Datenelement für die Typkennung und definieren Sie die Methode getTypeId() als virtual, die nun die Typkennung direkt zurückgibt. Diese Methode muss in jeder abgeleiteten Klasse redefiniert werden.

■ Passen Sie die Konstruktoren der Klassen an, da jetzt die Initialisierung des Typfeldes entfällt. Vergessen Sie nicht, in der gemeinsamen Basisklasse einen virtuellen Dummy-Destruktor hinzuzufügen.

Die main-Funktion des Anwenderprogramms bleibt unverändert. Verwenden Sie aber in der globalen Funktion printData() den Operator dynamic_cast<>.

Hinweis: Bei einigen Kompilern muss noch die Option »Run-Time-Type-Information (RTTI)« aktiviert werden. (Bei Visual C++ 6.0 unter Projekt, Einstellungen, C/C++, Programmiersprache C++. Bei anderen Kompilern wie dem GNU-Kompiler ist diese Option standardmäßig aktiviert.)

25.5 Der Operator typeid() stellt Typinformationen für Objekte polymorpher Klassen bereit. Daher soll der Aufzählungstyp TypeID und die virtuelle Methode getTypeId() aus den Klassen Data, XData und SData (vgl. Aufgabe 25.4) entfernt werden.

Außerdem soll das polymorphe Interface der Basisklasse genutzt werden. Stellen Sie zunächst die virtuelle Methode

```
void print(ostream& os) const;
```

bereit, die die Daten eines Objekts in den angegeben Stream ausgibt. Überladen Sie zur Ausgabe auch den Operator <<. Muss der Operator für alle Klassen der Hierarchie überladen werden?

Erstellen Sie dann eine neue Testanwendung, die folgendes leistet:

- Definieren Sie eine globale Funktion typeDemo(Data*   pd), die zunächst mithilfe der Methode name() der Klasse type_info den Typnamen des Objekts *pd ausgibt (vgl. Hinweis). Dann wird der Typ des Objekts mit den Typen XData und SData verglichen: Liegt ein XData-Objekt vor, wird mit setData() ein neuer Gleitpunktwert gesetzt, bei einem SData-Objekt ein neuer String.

- In der main-Funktion zeigt ein Basisklassenzeiger zuerst auf ein dynamisch erzeugtes XData-Objekt. Dessen Daten werden angezeigt und die Funktion typeDemo() aufgerufen. Dann werden die neuen Daten des Objekts angezeigt und das Objekt zerstört. Wird der richtige Destruktor aufgerufen?

Anschließend werden die gleichen Anweisungen für ein SData-Objekt ausgeführt.

Hinweis: Für jede polymorphe Klasse werden Typinformationen in einem Objekt der Standardklasse type_info gespeichert. Die Klasse ist in der Header-Datei <typeinfo> definiert. Der Operator typeid() liefert eine Referenz auf das entsprechende type_info-Objekt. Das Argument für den Operator ist entweder ein Typname oder ein Ausdruck.

Zu den public-Methoden der Klasse type_info gehören die Operatoren == und !=, mit denen zwei Typen auf Gleichheit bzw. Ungleichheit getestet werden können. Ferner liefert die Methode name() den Typnamen als C-String. Beispielsweise ist der Vergleich

```
if( typeid( *ptr) == typeid( XData) ) ...
```

wahr, wenn der Zeiger ptr auf ein XData-Objekt verweist.

25.6   Die Klasse MyData aus Aufgabe 24.6, die Objekte vom Typ XData und SData verwaltet, soll jetzt mit den neuen polymorphen Klassen Data, XData und SData arbeiten (vgl. Aufgabe 25.5).

■ Vervollständigen Sie zunächst die Klassen aus der Data-Hierarchie:

Fügen Sie in XData und SData eine eigene Definition des Kopierkonstruktors und des Zuweisungsoperators hinzu (vgl. Lösung zur Aufgabe 24.6). Stellen Sie dann die virtuelle Methode clone() bereit, die einen Zeiger auf eine mit new erzeugte Kopie des Objekts zurückgibt.

■ Die Definition der Klasse MyData bleibt unverändert. Allerdings muss in der Datei myData.cpp die Implementierung derjenigen Methoden angepasst werden, die die Methode getTypeID() aufgerufen haben:

In eraseAll() entfällt jetzt die Unterscheidung der Typen, da die Klasse Data über einen virtuellen Destruktor verfügt. Ebenso vereinfacht sich die Definition von printData(), da in der Klasse Data die virtuelle Methode print() bzw. der Operator << zur Verfügung steht. Dagegen muss in den erase-Methoden ein Down-Cast programmiert werden.

Testen Sie die neue Klasse MyData mit dem unveränderten Anwenderprogramm aus Aufgabe 24.6.

25.7   Es soll die folgende Klassenhierarchie für zweidimensionale Figuren implementiert werden.

Grafik:

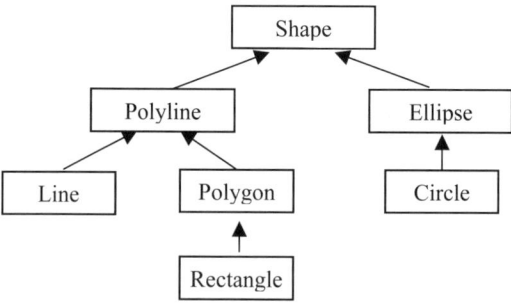

Zunächst werden nur die grundlegenden Klassen Shape und Polyline entwickelt und getestet. Da die Klassen der Shape-Hierarchie mit Punkten arbeiten, wird zur Darstellung eines Punktes auch eine Klasse Point definiert. Stellen Sie die Definitionen der Klassen in die Dateien shape.h und shape.cpp.

■ Die Klasse Point besitzt die public-Elemente x und y vom Typ double und einen entsprechenden Konstruktor mit zwei Parametern, die beide den Default-Wert 0.0 aufweisen.

Die Methode distance() liefert den Abstand zu einem zweiten Punkt, der als Argument übergeben wird. Der Abstand von zwei Punkten (x_1,y_1) und (x_2,y_2) ist die Wurzel aus $(x_2-x_1)^2 + (y_2-y_1)^2$.

Die Methode toString() liefert den Punkt als String in der Form (x,y).

Der Operator *= multipliziert den Punkt mit einer Gleitpunktzahl. Außerdem werden folgende globalen Operationen bereitgestellt:

+ und –   Liefert die Summe bzw. Differenz zweier Punkte.

== und !=   Vergleicht zwei Punkte.

<<   Gibt einen Punkt auf einen Stream aus.

■ Jedes Shape-Objekt besitzt einen Bezugspunkt ("Anker"), der die Lage der Figur festlegt. Durch Verschiebung des Ankers wird also die gesamte Figur verschoben. Der Anker wird in der Shape-Klasse als protected-Element gespeichert. Der Konstruktor initialisiert den Anker mit dem als Argument übergebenen Punkt oder mit dem Default-Wert Point(0,0). Zugriffsmethoden erlauben das Lesen und Setzen des Ankers. Die Verschiebung erfolgt mit der Methode move(), die zwei Parameter für die Verschiebung in x- und y-Richtung besitzt.

Neben dem virtuellen Destruktor stellt die Klasse Shape das folgende polymorphe Interface bereit: Die Methode toString() liefert die Daten einer Figur als String. Für die Klasse Shape sind das die Koordinaten des Ankers. Außerdem werden die Dummy-Methoden scale() und draw() definiert: scale() verkleinert oder vergrößert die Figur um einen Faktor, der als Argument übergeben wird. Die Methode draw() wird zum Zeichnen einer Figur bereitgestellt.

■ Die Klasse Polyline stellt einen Linienzug dar. Beispielsweise besteht folgender Linienzug

Grafik:

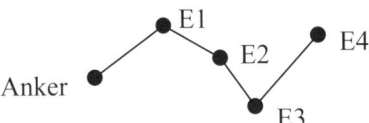

aus vier Linien mit den Endpunkten E1 bis E4. Die Endpunkte werden relativ zum Anker in einem dynamisch erzeugten Vektor gespeichert. Entsprechend besitzt die Klasse Polyline zwei Datenelemente: Ein dynamisches Element, nämlich einen Zeiger auf den Vektor mit POINT-Elementen, und eine Variable für die Anzahl der Linien.

Definieren Sie verschiedene Konstruktoren: Einen Default-Konstruktor, einen Konstruktor mit einem Point-Parameter zur Festlegung des Ankers, einen Konstruktor mit zwei Point-Parametern für eine Linie und einen Konstruktor, dem ein Vektor mit den Punkten eines Linienzugs und die Anzahl der Punkte übergeben werden.

Ein Konstruktor setzt den Zeiger und die Anzahl Linien auf 0, wenn das Objekt noch keine Linie enthält. Andernfalls erzeugt der Konstruktor dynamisch den Vektor für die Endpunkte gemäß der aktuellen Anzahl Linien. Für jeden Endpunkt wird die Differenz zum Anker gespeichert. Der Vektor wird vom Destruktor wieder zerstört.

Da die Klasse Polyline ein dynamisches Element besitzt, müssen auch ein eigener Kopierkonstruktor und die Zuweisung definiert werden.

Redefinieren Sie für die Klasse Polyline die Methode toString(), die die Koordinaten der Eckpunkte als String liefert, und die Methode scale(). Stellen Sie ferner eine Methode bereit, die die Anzahl Linien im Polygon zurückgibt, und eine Methode, die die Gesamtlänge liefert.

Überladen Sie schließlich zweimal den Operator += : Ist das Argument ein Punkt, soll eine weitere Linie zu diesem Punkt angehängt werden. Ist das Argument ein Polyline-Objekt, soll dessen gesamter Linienzug an den letzten Punkt angehängt werden.

Hinweise: 1. Wenn eine Linie angehängt wird, muss der Vektor mit den Endpunkten vergrößert werden.

2. Zu den relativen Koordinaten des anzuhängenden Linienzugs müssen die relativen Koordinaten des letzten Punktes addiert werden.

Testen Sie die Klasse Polyline, indem Sie mit jedem zur Verfügung stehenden Konstruktor ein Objekt erzeugen und sich anzeigen lassen. Rufen Sie dann jede Methoden der Klasse mindestens einmal auf.

25.8 Ergänzen Sie die Shape-Klassenhierarchie um die noch fehlenden Klassen Line, Polygon, Rectangle, Ellipse und Circle (s. vorhergehende Aufgabe):

■ Die Klasse Line besitzt mindestens zwei Konstruktoren: Die Endpunkte einer Linie sollen als zwei Point-Objekte oder direkt in x-, y-Koordinaten angegeben werden können. Die Redefinition von geerbten Methoden ist nicht notwendig. Allerdings soll es nicht möglich sein, an eine Linie einen weiteren Punkt oder einen Linienzug anzuhängen!

■ Ein Polygon wird als geschlossener Linienzug betrachtet: Die Linie vom letzten Punkt zum ersten Punkt (= Anker) gehört logisch zur Figur. Entsprechend müssen die Methoden redefiniert werden, die die Anzahl Linien bzw. die Gesamtlänge zurückgeben. Stellen Sie zusätzlich Methoden bereit, die die Anzahl Ecken (= Anzahl Linien) und den Umfang (= Gesamtlänge) liefern.

■ Die Klasse `Rectangle` beschreibt Vierecke mit der linken unteren Ecke als Anker, deren Seiten parallel zu den x- und y-Koordinaten verlaufen. Definieren Sie zuerst einen Konstruktor, dem der Anker sowie die Breite und Höhe des Rechtecks übergeben wird. Ein zweiter Konstruktor erzeugt ein Rechteck aus zwei Punkten, nämlich der linken unteren Ecke und der rechten oberen Ecke. Stellen Sie Methoden bereit, die die Höhe und Breite des Rechtecks liefern. Auch für Rechtecke soll es nicht möglich sein, einen weiteren Punkt oder einen Linienzug anzuhängen.

■ Definieren Sie schließlich die Klassen `Ellipse` und `Circle`. Eine Ellipse wird durch den Mittelpunkt und die beiden Halbachsen a und b beschrieben.

Grafik:

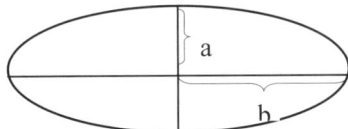

Der Mittelpunkt ist der Anker der Figur. Neben einem Konstruktor und den Zugriffsmethoden für die Halbachsen soll auch eine Methode definiert werden, die den Umfang der Ellipse liefert. Außerdem müssen die geerbten Methoden `scale()` und `toString()` redefiniert werden.

Ein Kreis ist eine Ellipse, deren Halbachsen gleich lang sind und den Radius des Kreises bilden. Außer einem Konstruktor soll die Klasse `Circle` zusätzlich die Methoden `getRadius()` und `setRadius()` bereitstellen. Auch ist die Methode `toString()` zu redefinieren.

Hinweis: Verwenden Sie zur Berechnung des Umfangs einer Ellipse die Näherungsformel $U_E = pi * (3/2(a+b) - sqrt(a*b))$ wobei $pi = 3.14159$.

Erweitern Sie das Programm aus der vorhergehenden Aufgabe so, dass auch die neuen Klassen getestet werden.

25.9 Die Figuren eines »Bildes« bestehend aus Shape-Objekten (vgl. Aufgabe 25.7-8) werden in einer verketteten List verwaltet und in der Reihenfolge »gezeichnet«, wie sie in der Liste vorkommen. Dazu soll die Liste verwendet werden, die C++ mit der Standard Template Library (STL) in der Header-Datei list zur Verfügung stellt. Hierfür sind keine Kenntnisse über Templates notwendig: Die Definition der Liste und grundlegende Methoden werden im Folgenden beschrieben.

Zur Realisierung einer inhomogenen Liste werden nicht die Shape-Objekte selbst sondern Zeiger auf Shape-Objekte in der Liste gespeichert. Der Liste soll daher der Name ShapePtrList zugewiesen werden.

```
#include "shape.h"   // Selbstdefinierte Shape-Klassen
#include <list>       // Klassen-Template list<T>
                      // T ist der Typ der Listenelemente.
using namespace std;


typedef list<Shape*> ShapePtrList; // Definition der
                                   // Klasse ShapePtrList
```

Nach dieser Definition der Klasse ShapePtrList können Objekte angelegt und ihre Methoden aufgerufen werden:

```
ShapePtrList myShapes;              // Eine leere Liste
myShapes.push_back(new Rectangle( Point(0,0), 1, 2));
```

Mit der letzten Anweisung wird für die Liste myShapes die Methode push_back() aufgerufen. Diese Methode hängt ein neues Element, das als Argument übergeben wird, am Ende der Liste an. Im vorliegenden Fall wird ein Shape-Zeiger auf ein Rechteck angehängt. Weitere Methoden finden Sie in den Hinweisen zu dieser Aufgabe.

Schreiben Sie ein Anwenderprogramm, das Zeiger auf verschiedene Shape-Objekte in eine Liste vom Typ ShapePtrList einfügt. Die Objekte sollen mit new dynamisch erzeugt werden. Geben Sie die Shape-Objekte der Liste aus. Löschen Sie dann einige Elemente und zeigen Sie die Liste erneut an.

Schreiben Sie zum Anzeigen der Shape-Objekte eine globale Funktion printShapeList(), die als Argument eine Referenz auf die Liste erhält und mithilfe der Methoden toString() die Shape-Objekte der Liste anzeigt. Zusätzlich können Sie mit dem Operator typeid (s. Hinweis zur Aufgabe 25.5) auch den Typ der Objekte anzeigen.

*Hinweise:*1. Iteratoren

Eine Liste kann mithilfe eines *Iterators* sequentiell durchlaufen werden. Ein Iterator ist ein verallgemeinerter Zeiger, der z.B. auf das erste Element der Liste gesetzt werden kann. Mit den Operatoren ++ und -- wird der Iterator auf das nächste bzw. vorhergehende Element verschoben. Der Operator * liefert das Listenelement, auf das der Iterator gerade zeigt.

Für Iteratoren sind in der list-Klasse die Typen iterator und const_iterator definiert. Ein Iterator vom Typ const_iterator ermöglicht den lesenden Zugriff auf eine als const deklarierte Liste.

Ein Beispiel mit der obigen Liste myShapes:

```
ShapePtrList::const_iterator pos;   // Definition
pos = myShapes.begin();             // Initialisierung
for( ; pos != myShapes.end(); ++pos)
// *pos ist ein Listenelement, also ein Shape-Zeiger!
```

2. Methoden einer Liste.

In der folgenden Beschreibung einiger Methoden steht im Fall der Klasse ShapePtrList der Typ T für Shape*.

```
iterator begin();
const_iterator begin() const;
```

Liefert die Position des ersten Elements der Liste.

```
iterator end();
const_iterator end() const;
```

Liefert die Position nach dem letzten Element der Liste (*past-the-end* value).

```
bool empty() const;
```

Liefert true, falls die Liste leer ist, andernfalls false.

```
unsigned int size() const;
```

Gibt die Anzahl der Elemente in der Liste zurück.

```
T& front();
T& back();
```

Liefert eine Referenz auf das erste bzw. letzte Element der Liste.

```
void push_front(const T& x);
void push_back(const T& x);
```

Fügt x am Anfang bzw. am Ende in die Liste ein (x wird kopiert).

```
iterator insert(iterator pos, const T& x);
```

Fügt x vor der Position pos in die Liste ein (x wird kopiert). Der Return-Wert ist die Position des neu eingefügten Elementes.

```
void pop_front();
void pop_back();
```

Löscht das erste bzw. letzte Element der Liste.

```
iterator erase(iterator position);
void clear();
```

Löscht das Element an der Position pos bzw. löscht die gesamte Liste.

25.10 Die Klasse ShapePtrList (s. vorhergehende Aufgabe) wird noch in zwei Schritten verbessert:

1. Bisher speichert jedes Listenelement einen einfachen Shape-Zeiger. Deshalb wird beim Löschen eines Listenelements nur der Zeiger nicht aber das Shape-Objekte selbst gelöscht, was zu Speicherlecks führt. Ebenso werden beim Kopieren und Zuweisen ganzer Listen nur die Zeiger kopiert (»flache Kopie«), was gravierende Laufzeitfehler verursachen kann. Daher sollen die Zeiger durch »intelligente Zeiger« (engl. *smart pointer*) ersetzt werden, die z.B. das adressierte Objekt zerstören, wenn sie selbst zerstört werden. Gehen Sie dazu wie folgt vor:

    ■ Ergänzen Sie zuerst die Shape-Klassen durch eine virtuelle Methode clone(), die eine dynamisch erzeugte Kopie des aktuellen Objekts zurückgibt. Diese Methode muss in jeder abgeleiteten Klasse redefiniert werden.

    ■ Definieren Sie dann die Klasse ShapePtr zur Darstellung eines intelligenten Zeigers auf Shape-Objekte. Als Datenelement besitzt die Klasse einen Shape-Zeiger, der vom Konstruktor mit dem Parameter vom Typ Shape* bzw. dem Default-Wert NULL initialisiert wird. Außerdem muss ein eigener Kopierkonstruktor definiert werden. Dieser erzeugt zunächst mithilfe der Methode clone() eine Kopie des Shape-Objekts und lässt den Shape-Zeiger auf diese Kopie zeigen. Der Destruktor zerstört das Shape-Objekt, auf das der Zeiger verweist.

    Der Zuweisungsoperator wird zweifach überladen, so dass sowohl ein anderes ShapePtr-Objekt als auch ein einfacher Shape-Zeiger zugewiesen werden kann. In beiden Fällen wird das aktuelle Shape-Objekt zerstört und der Zeiger auf eine Kopie des Shape-Objekts gesetzt, auf das der übergebene Zeiger verweist.

Die Operatoren * und -> sind so zu überladen, dass ein `ShapePtr`-Objekt wie ein gewöhnlicher Zeiger verwendet werden kann. Der Verweisoperator liefert eine Referenz auf das adressierte `Shape`-Objekt und der Pfeiloperator liefert den `Shape`-Zeiger selbst. Schließlich soll auch eine Konvertierung eines `ShapePtr`-Objekts in einen `Shape`-Zeiger möglich sein. Fügen Sie deshalb noch die entsprechende Konvertierungsfunktion hinzu.

Die Definition der Liste mit Zeiger auf `Shape`-Objekte lautet nun wie folgt:

```
typedef list<ShapePtr> ShapePtrList;
```

Stellen Sie die Definitionen der Klassen `ShapePtr` und `ShapePtrList` in eine neue Header-Datei `ShapeList.h`. Verwenden Sie zum Testen die Funktionen `main()` und `printShapeList()` aus der vorhergehenden Aufgabe. Diese sollten unverändert mit der neuen Definition der Liste lauffähig sein.

2. Um die Klasse `ShapePtrList` mit eigenen Methoden erweitern zu können, wird jetzt die Klasse `ShapePtrList` von der Standardklasse abgeleitet:

```
class ShapePtrList : public list<ShapePtr>
{
    // ... zusätzliche Methoden
};
```

Ergänzen Sie die Klasse `ShapePtrList` durch die Methoden `scale()` und `toString()`. Die Methode `scale()` verkleinert oder vergrößert jede Figur der Liste um einen Faktor, der als Argument übergeben wird.

Die Methode `toString()` liefert einen String mit dem Inhalt der Liste: Für jede Figur der Liste wird in einer neuen Zeile zuerst der Typname der Figur in den String geschrieben und dann das Ergebnis des Aufrufes der `toString()`-Methode für die jeweilige Figur.

Testen Sie die verbesserte Klasse `ShapePtrList`. Ändern Sie die `main()`-Funktionen aus der vorhergehenden Aufgabe wie folgt: Entfernen Sie die globale Funktion `printShapeList()` und verwenden Sie zur Ausgabe der Liste die Methode `toString()`.

Erzeugen Sie eine Kopie der Liste und modifizieren Sie die Figuren der neuen Liste durch einen Aufruf der Methode `scale()`. Nur die Figuren der neuen Liste dürfen sich dadurch verändert haben. Testen Sie auch die Zuweisung ganzer Listen. Den Aufruf der Destruktoren können Sie sichtbar machen, indem Sie im virtuellen Destruktor der Klasse `Shape` eine Meldung ausgeben.

Lösungen zu den Verständnisfragen

25.1   virtueller

25.2   Falsch

25.3   Falsch

25.4   Falsch

25.5   b)

25.6   c)

25.7   Richtig

25.8   Falsch

25.9   b)

25.10   d)

25.11   virtual

25.12   statischer (oder: früher)

25.13   Richtig

25.14   dynamischer (oder: später)

25.15   c)

25.16   a), b) und c)

25.17   Richtig

25.18   a) und b)

25.19   Richtig

25.20   c)

Lösungen zu den Aufgaben

25.1   Es wird die Methode toString()

    a) der Klasse A   **b)** der Klasse C   **c)** der Klasse C aufgerufen.

25.2   Es wird der Destruktor

    a) der Klasse A

    b) der Klasse C (und damit auch die Destruktoren der Klassen B und A)

    c) der Klasse A aufgerufen.

25.3
```
double res = 0;
B* ptrB = dynamic_cast<B*>(ptr);
if( ptrB)
    res = ptrB->calc();
else
    cout << "Kein Objekt der Klasse B oder C" << endl;
```

25.4
```
// ----------------------------------------------------------
// data.h
// Definition der Klassen Data, XData und SData.
// ----------------------------------------------------------
// ...
class Data                  // Basisklasse für XData und SData
{
 public:
    enum TypeID { BaseClass, XClass, SClass };
    virtual ~Data() {}
    virtual TypeID getTypeID() const { return BaseClass; }
    // Das protected-Datenelement id entfällt.
};

class XData : public Data
{
    // ... unverändert bis auf Konstruktor und getTypeID():
 public:
    XData( double x = 0.0)              // Konstruktor
    { // Ohne die Zuweisung id = XClass;
        pData = new double(x);
    }
    TypeID getTypeID() const { return XClass; }  // virtuell
};

class SData : public Data
{
// Änderungen wie bei der Klasse XData
};


// ----------------------------------------------------------
// ex25_04.cpp
// ----------------------------------------------------------
#include "data.h"
```

```
// Funktion main() unverändert.

void printData( const Data& d)        // Daten von d anzeigen.
{
    switch( d.getTypeID())
    {
      case Data::BaseClass:
          cout << "Keine Daten" << endl;
          break;
      case Data::XClass:
          cout << "XData: "
               << dynamic_cast<const XData&>(d).getData()
               << endl;
          break;
      case Data::SClass:
          cout << "SData: "
               << dynamic_cast<const SData&>(d).getData()
               << endl;
          break;
      default:
          cout << "Unbekannter Typ!" << endl;
          break;
    }
}
```

25.5
```
// ------------------------------------------------------------
// data.h
// Definition der Klassen Data, XData und SData.
// ------------------------------------------------------------

#include <typeinfo>    // Für Aufrufe des Operators typeid()
// ...

class Data                 // Basisklasse für XData und SData
{
 public:
   virtual ~Data() {}
   virtual void print(ostream& os) const
   { os << "Keine Daten!"; }
};

class XData : public Data
{
```

```
 private:
   double* pData;      // Zeiger auf X-Daten (double-Wert)
 public:
   // ... ohne die Methode getTypeID(), aber mit der Methode
   void print(ostream& os) const { os << *pData; }
};

class SData : public Data
{
 private:
   char* pData;        // Zeiger auf S-Daten (char-Vektor)
 public:
   // ... ohne die Methode getTypeID(), aber mit der Methode
   void print(ostream& os) const { os << pData; }
};

// Es ist nur eine Definition für die Basisklasse nötig:
inline ostream& operator<<(ostream& os, const Data& d)
{
    d.print(os);
    return os;
}


// -------------------------------------------------------
// ex25_05.cpp
// Klassen Data, XData und SData verwenden.
// -------------------------------------------------------
#include "data.h"
void typeDemo( Data* pd);

int main()
{
    Data *ptr = new XData(7.77);
    cout << *ptr << endl;
    typeDemo(ptr);
    cout << *ptr << endl;
    delete ptr;

    cout << "... und ein SData-Objekt:" << endl;
    ptr = new SData("Ein Test!");
    cout << *ptr << endl;
    typeDemo(ptr);
    cout << *ptr << endl;
```

```
      delete ptr;
      return 0;
}


void typeDemo( Data* pd)
{
    cout << typeid(*pd).name() << endl;

    if( typeid(*pd) == typeid(XData) )
       dynamic_cast<XData*>(pd)->setData(9.007);


    else if( typeid(*pd) == typeid(SData) )
       dynamic_cast<SData*>(pd)->setData("Bye, bye!");
}
```

25.6

```
// ------------------------------------------------------------
// data.h
// Definition der Klassen Data, XData und SData.
// ------------------------------------------------------------
// ...
class Data                // Basisklasse für XData und SData
{
 public:
    // ...
    // Dynamisch Kopie des Objekts erzeugen:
    virtual Data* clone() const { return new Data(*this); }
};


class XData : public Data
{
    // ..
 public:
    // ... wie gehabt und mit den neuen Methoden
    XData( const XData& src)                 // Kopierkonstruktor
    {   pData = new double(*src.pData);
    }
    XData& operator=( const XData& src)   // Zuweisung
    {  *pData = *src.pData;
    }
    // Dynamisch Kopie des Objekts erzeugen:
    Data* clone() const { return new XData(*this); }
};
```

```
// Hilfsfunktion für Klasse SData
inline char *newStr( const char* str)    // Kopie von str
{
    int n = strlen(str);
    char *s = new char[n+1];
    strcpy( s, str);
    return s;
}


class SData : public Data
{
    // ...
public:
    // ... wie gehabt und mit den neuen Methoden
    SData( const SData& src)                 // Kopierkonstruktor
    { pData = newStr(src.pData);
    }
    SData& operator=( const SData& src)  // Zuweisung
    { if( this != &src)
        setData( src.getData());
    }
    // Dynamisch Kopie des Objekts erzeugen:
    Data* clone() const { return new SData(*this); }
};

// -----------------------------------------------------------
// myData.h
//
// Definition der Klasse MyData: unverändert.


// -----------------------------------------------------------
// myData.cpp
// Implementierung der Methoden der Klasse MyData.
// -----------------------------------------------------------
#include "myData.h"

// Die veränderten Methoden der Klasse MyData:

void MyData::eraseAll()    // Löscht alle Elemente
{
    if( count == 0)        // Schon leer?
        return;
```

```cpp
    for( int i=0; i < ARR_LENGTH; ++i)
       if( arrPtrData[i] != NULL)
       {
           delete arrPtrData[i];
           arrPtrData[i] = NULL;
       }
    count = 0; iCur = 0;
}


bool MyData::erase( double x)
{
    if( count == 0)            // Leer?
       return false;
    XData *px;
    for( int i=0; i < ARR_LENGTH; ++i)
    {
       px = dynamic_cast<XData*>(arrPtrData[i]);
       if( px != NULL  &&  px->getData() == x )
       {
           delete px;
           arrPtrData[i] = NULL;
           --count;
           return true;
       }
    }
    return false;
}


bool MyData::erase( const char* str)
{
    if( count == 0 || strlen(str) == 0)    // Keine Daten oder
       return false;                        // Leerer String.
    SData *ps;
    for( int i=0; i < ARR_LENGTH; ++i)
       if( (ps = dynamic_cast<SData*>(arrPtrData[i])) != NULL)
       {
           int len = strlen(str);
           if( strncmp( str, ps->getData(), len) == 0)
           {
               delete ps;
               arrPtrData[i] = NULL;
               --count;
               return true;
```

```
            }
        }
    return false;
}

void MyData::printData() const
{
    if( isEmpty())
    {   cout << "Keine Daten vorhanden!" << endl;
        return;
    }
    for( int i=0; i < ARR_LENGTH; ++i)
        if( arrPtrData[i] != NULL)
            cout << *arrPtrData[i] << endl;
}


// ---------------------------------------------------------
// ex25_06.cpp
// Klasse MyData testen.
// ---------------------------------------------------------
// Siehe Programm ex24_06.cpp
```

25.7
```
// ---------------------------------------------------------
// shape.h
// Definition der Klassen Point, Shape und Polyline.
// ---------------------------------------------------------
#ifndef _SHAPE_
#define _SHAPE_

#include <iostream>
#include <sstream>
#include <cmath>
using namespace std;

// ----- Klasse Point -----
//
struct Point
{
    double x, y;
    Point( double xx = 0.0, double yy = 0.0)
    : x(xx), y(yy) {}

    double distance( const Point& p2) const
```

```
    {
        double dx = x - p2.x,
               dy = y - p2.y;
        return sqrt( dx*dx + dy*dy);
    }
    string toString() const
    {
        stringstream sstream;
        sstream << '(' << x << ", " << y << ')';
        return sstream.str();
    }
    Point& operator*=( double c)
    { x *= c; y *= c;  return *this; }
};

inline Point operator+( const Point& p1, const Point& p2)
{  return Point(p1.x + p2.x, p1.y + p2.y); }

inline Point operator-( const Point& p1, const Point& p2)
{  return Point(p1.x - p2.x, p1.y - p2.y); }

inline bool operator==( const Point& p1, const Point& p2)
{  return p1.x == p2.x && p1.y == p2.y; }

inline bool operator!=( const Point& p1, const Point& p2)
{  return !(p1 == p2); }

inline ostream& operator<<( ostream& os, const Point& p)
{  os << p.toString();   return os; }

// ----- Klasse Shape -----
//
class Shape
{
  protected:
    Point anchor;        // Anker für die Lage der Figur
  public:
    Shape( const Point& a = Point()) : anchor(a) {}
    virtual ~Shape() {}

    Point getAnchor() const  { return anchor; }
    void setAnchor(Point a) { anchor = a; }
```

```cpp
    void move(double dx, double dy)        // Verschiebung
    { anchor.x += dx; anchor.y += dy; }


    virtual void scale( double scalingFactor) {}
    virtual void draw() const {}


    virtual string toString() const
    {
        string str("Shape-Anker: ");
        return str += anchor.toString();
    }
};

// ----- Klasse Polyline -----
//
class Polyline : public Shape
{
  protected:
    Point *arrPoints;  // Die "Endpunkte" der Linien,
                       // relativ zum Bezugspunkt.
    int nLines;        // Anzahl der Linien-Segmente
                       // == Anzahl Endpunkte.
  public:
    Polyline( const Point& a = Point())     // Nur ein Punkt
    : Shape(a), nLines(0), arrPoints(NULL) {}

    Polyline( const Point& p1, const Point& p2) // Eine Linie
    : Shape(p1), nLines(1)
    {
        arrPoints = new Point(p2 - p1);
    }
    Polyline( Point arr[], int n);
    Polyline( const Polyline& src);        // Kopierkonstruktor
    ~Polyline() { delete [] arrPoints; } // Destruktor

    Polyline& operator=( const Polyline& src); // Zuweisung.

    int getNumberOfLines() const { return nLines; }
    double getLength() const;
    void scale( double scalingFactor);          // Skalierung.

    Polyline&              // Hängt einen neuen Punkt an.
      operator+=( const Point& p);
```

```
    Polyline&              // Hängt einen zweiten Linienzug an.
      operator+=( const Polyline& pl);


    string toString() const;
};
#endif   // _SHAPE_


// ------------------------------------------------------------
// shape.cpp
// Implementierung der Methoden der Klassen
// Shape und Polyline.
// ------------------------------------------------------------
#include "shape.h"


// ----- Klasse Shape -----
// Alle Methoden inline


// ----- Klasse Polyline -----
//
Polyline::Polyline( Point arr[], int n)
{
   arrPoints = NULL;
   nLines = 0;
   if( n > 0)
   {
      anchor = arr[0];          // Anker
      if( n > 1)
      {
        nLines = n-1;
        // Punkte relativ zum Anker speichern:
        arrPoints = new Point[nlines];
        for( int i = 0; i < n-1; ++i)
           arrPoints[i] = arr[i+1] - anchor;
      }
   }
}


Polyline::Polyline( const Polyline& src) // Kopierkonstruktor
{
   nLines = src.nLines;
   anchor = src.anchor;
   arrPoints = NULL;
```

```
   if( src.nLines > 0)
   {
      arrPoints = new Point[nLines];
      for( int i = 0; i < nLines; ++i)
         arrPoints[i] = src.arrPoints[i];
   }
}


Polyline& Polyline::operator=( const Polyline& src)
{                                          // Zuweisung.
   if( this != &src)
   {
      delete [] arrPoints;
      nLines = src.nLines;
      anchor = src.anchor;
      arrPoints = NULL;
      if( src.nLines > 0)
      {
         arrPoints = new Point[nLines];
         for( int i = 0; i < nLines; ++i)
            arrPoints[i] = src.arrPoints[i];
      }
   }
   return *this;
}


double Polyline::getLength() const
{
   double len = 0.0;
   if( nLines > 0)
   {
      Point begin(0,0);
      for( int i = 0; i < nLines; ++i)
      {
         len += begin.distance( arrPoints[i]);
         begin = arrPoints[i];
      }
   }
   return len;
}


// Einen weiteren Punkt anhängen:
Polyline& Polyline::operator+=( const Point& p)
```

```
{
    Point *ptr = new Point[nLines+1];        // Neuer Vektor.
    for( int i = 0 ; i < nLines; ++i)        // Punkte in neuen
        ptr[i] = arrPoints[i];               // Vektor kopieren.
    ptr[nLines] = p - anchor;                // Neuen Punkt hinzufügen.
    ++nLines;
    delete [] arrPoints;                     // Alten Vekor freigeben.
    arrPoints = ptr;
    return *this;
}


// Einen zweiten Linienzug anhängen:
Polyline& Polyline::operator+=( const Polyline& src)
{
    if( src.nLines > 0)
    {
        Point last = Point(0,0);      // Relative Koordinaten
        if( nLines > 0)               // des letzten Punktes.
            last = arrPoints[nLines-1];
                                      // Neuer Vektor:
        Point *ptr = new Point[nLines + src.nLines];
        int i;
        for( i = 0; i < nLines; ++i)          // Punkte in neuen
            ptr[i] = arrPoints[i];            // Vektor kopieren.
        for( i = 0; i < src.nLines; ++i)      // Punkte von src an-
            ptr[nLines+i] = last + src.arrPoints[i]; // hängen.

        nLines += src.nLines;
        delete [] arrPoints;                  // Alten Vektor freigeben.
        arrPoints = ptr;
    }
    return *this;
}


void Polyline::scale( double scalingFactor)
{
    for( int i=0; i < nLines; ++i)
        arrPoints[i] *= scalingFactor;
}


string Polyline::toString() const       // Punkte des Linienzugs
{
    string str = anchor.toString();
```

```
   for( int i=0; i < nLines; ++i)
      str += "  ",  str += (anchor+arrPoints[i]).toString();
   return str;
}


// --------------------------------------------------------
// ex25_07.cpp
// Klassen Shape und Polyline testen.
// --------------------------------------------------------
#include "shape.h"

int main()
{
   cout << "\nGeometrische Figuren: Linienzuege\n" << endl;

   Point vertices[] = { Point(-1,0), Point(0,2), Point(1,0)};

   Polyline poly1,
            poly2( Point(1,2), Point(2,0)),
            poly3( vertices, 3),
            poly4( poly3);                    // Kopierkonstruktor

   cout << "Die Punkte der vier Linienzuege: \n"  // Ausgabe
        << poly1.toString() << endl
        << poly2.toString() << endl
        << poly3.toString() << endl
        << poly4.toString() << endl;
   cin.get();

   cout << "Zuweisungen testen:" << endl;     // Zuweisungen
   poly1 = poly4;
   cout << poly1.toString() << endl;
   poly1 = Polyline();
   cout << poly1.toString() << endl << endl;

   cout << "Punkte anhaengen:" << endl;    // Punkte anhängen.
   poly1 += Point(0.5, 2.5);
   cout << poly1.toString() << endl;
   poly4 += Point(2, 2);
   cout << poly4.toString() << endl;
   cout <<    "Anzahl Linien: " << poly4.getNumberOfLines()
        << "\nLaenge     : " << poly4.getLength() << endl;
```

```
    cout << "Nach der Skalierung mit dem Faktor 2.0" << endl;
    poly4.scale(2.0);
    cout << poly4.toString() << endl << endl;


    cout << "Linienzuege anhaengen:" << endl;    // Linienzüge
    poly2 += poly1;                              // anhängen.
    cout << poly2.toString() << endl;
    poly4 += poly3;
    cout << poly4.toString() << endl << endl;


    cout << "Linienzug verschieben:" << endl;    // Verschieben
    poly4.move(1,0);
    cout << poly4.toString() << endl;
    cout << "Neuer Anker: " << poly4.getAnchor() << endl;
    return 0;
}
```

25.8
```
// -------------------------------------------------------------
// shape.h
// Definition der Klassen Point, Shape, Polyline,
// Line, Polygon, Rectangle, Ellipse, Circle.
// -------------------------------------------------------------
// ...
// Definition der Klassen Point, Shape, Polyline: Wie gehabt.

// ----- Klasse Line -----
//
class Line : public Polyline
{
  public:
    Line( Point a, Point b) : Polyline(a,b) {}
    Line( double x1, double y1, double x2, double y2)
    : Polyline( Point(x1,y1), Point(x2,y2)) {}
  private:
    Polyline& operator+=( const Point&);        // Operator +=
    Polyline& operator+=( const Polyline&);     // "verbieten".
};

// ----- Klasse Polygon -----
//
class Polygon : public Polyline
{
  public:
```

```
    Polygon( Point a = Point(0,0)) : Polyline(a) {}
    Polygon( Point arr[], int n)
    : Polyline( arr, n)
    {}


    int getNumberOfVertices() const
    {
       if( nLines == 0 || arrPoints[nLines-1] != anchor)
          return nLines + 1;
       else
          return nLines;
    }
    int getNumberOfLines() const
    { return getNumberOfVertices(); }

    double getCircumference() const
    {
       double len = Polyline::getLength();
       if( nLines > 0)
          len += anchor.distance(anchor + arrPoints[nLines-1]);
       return len;
    }
    double getLength() const { return getCircumference(); }
};


// ----- Klasse Rectangle -----
//
class Rectangle : public Polygon   // Rechteck
{                                  // Anker: linke untere Ecke
  public:
    Rectangle( Point lBottom, double w, double h)
    : Polygon(lBottom)
    {
       nLines = 3;                  // Anzahl Linien: nLines+1
       arrPoints = new Point[3];
       arrPoints[0] = Point(0,h);
       arrPoints[1] = Point(w,h);
       arrPoints[2] = Point(w,0);
    }
    Rectangle( Point lBottom, Point rTop)
    {
       *this = Rectangle( lBottom, rTop.x - lBottom.x,
                                   rTop.y - lBottom.y);
```

```cpp
      }
      double getHeight() const { return arrPoints[0].y; }
      double getWidth() const  { return arrPoints[2].x; }
      double getArea() const { return getHeight() * getWidth(); }


   private:
      Polyline& operator+=( const Point&);      // Operator +=
      Polyline& operator+=( const Polyline&);   // "verbieten".
};


// ----- Klasse Ellipse -----
//
class Ellipse : public Shape       // Ellipse um den Anker
{
   protected:
      double a, b;        // Große und kleine Halbachse
                          // = größter und kleinster Abstand
   public:                // vom Mittelpunkt (Anker).
      Ellipse( Point m, double aa, double bb)
      : Shape(m), a(aa), b(bb)
      {}
      double getSemimajorAxis() const { return a; }
      double getSemiminorAxis() const { return b; }
      bool setSemimajorAxis( double aa)
      { if( aa >= 0) { a = aa;  return true; }
         else return false;
      }
      bool setSemiminorAxis( double bb)
      { if( bb >= 0) { b = bb;  return true; }
         else return false;
      }
      void scale( double scalingFactor)        // Skalierung.
      {
         a *= scalingFactor;  b *= scalingFactor;
      }
      double getCircumference() const          // Umfang
      {
         return 3.14159 * (1.5*(a+b) - sqrt(a*b));
      }
      string toString() const
      {
         stringstream sstream;
         sstream <<"Ellipsen-Mittelpunkt: "<< anchor.toString()
```

```
                << "  Grosse Halbachse: " << a
                << "  Kleine Halbachse: " << b;
        return ss.str();
    }
};


// ----- Klasse Circle -----
//
class Circle : public Ellipse     // Kreis um den
{                                  // Bezugspunkt
  public:
    Circle( Point m, double r)
    : Ellipse(m, r, r)
    {}
    double getRadius() const  { return a; }
    bool setRadius( double r)
    { if( r >= 0) { a = r; b = r;  return true; }
      else return false;
    }
    string toString() const
    {
        stringstream sstream;
        sstream << "Kreis-Mittelpunkt: " << anchor.toString()
                << " Radius: " << a;
        return sstream.str();
    }
};


// ------------------------------------------------------------
// shape.cpp
// ------------------------------------------------------------
// Unverändert, da alle Methoden der neuen Klassen inline.


// ------------------------------------------------------------
// ex25_08.cpp
// Klassen Shape, Polyline, Polygon, Ellipse, ... testen.
// ------------------------------------------------------------
#include "shape.h"

int main()
{
    cout << "\nGeometrische Figuren\n" << endl;
    //
```

```
// Test der Klasse Polyline: wie in ex25_07.cpp
//
// Test der neuen Klassen:

    cout << "Linien testen: " << endl;          // Linien
    Line line1(0,0,1,1),
          *pLine = new Line(line1);              // Kopierkonstruktor
    cout << line1.toString() << endl;
    pLine->move(-1.0, -1.0);                     // Verschiebung
    cout << pLine->toString() << endl;

    cout << "Laenge der Line: " << pLine->getLength() << endl;
    cout << "Nach der Skalierung mit dem Faktor 2.0" << endl;
    pLine->scale(2.0);
    cout << pLine->toString() << endl;

    line1 = *pLine;                              // Zuweisung
    delete pLine;
    cout << "Nach der Zuweisung:" << endl;
    cout << line1.toString() << endl << endl;

    cout << "Polygone testen: " << endl;         // Polygone
    Polygon *pPolygon = new Polygon,
             triangle( vertices, 3),
             quadrangle( triangle);              // Kopierkonstruktor
    quadrangle += Point(0,-2);

    cout << pPolygon->toString() << endl;        // Ausgabe
    cout << "Dreieck:  " << triangle.toString() << endl;
    cout << "Viereck:  " << quadrangle.toString() << endl;
    cout << "Anzahl Ecken· "
         << quadrangle.getNumberOfVertices() << endl
         << "Umfang      : "
         << quadrangle.getCircumference() << endl;
    cout << "Zuweisung:" << endl;
    *pPolygon = triangle;                        // Zuweisung
    cout << pPolygon->toString() << endl;
    cout << "Umfang des Dreiecks: "
         << pPolygon->getCircumference() << endl << endl;
    delete pPolygon;

    cout << "Rechtecke:" << endl;                // Rechtecke
    // Festlegung durch linke untere Ecke, Breite und Höhe:
```

```
    Rectangle rect1( Point(-2,-1), 2, 1),
             rect2( Point(0,0), Point(1,1));
    cout << rect1.toString() << endl;
    cout << rect2.toString() << endl;
    cout << "Umfang der Rechtecke: "
         << rect1.getCircumference() << " und "
         << rect2.getCircumference() << endl;
    cin.get();

    cout << "Ellipsen und Kreise:" << endl;
    Ellipse ellipse( Point(0,0), 2, 1);        // Ellipse
    cout << ellipse.toString() << endl;
    cout << "Umfang: " << ellipse.getCircumference() << endl;

    Circle  circle( Point(0,0), 1);            // Kreis
    cout << circle.toString() << endl;
    cout << "Umfang: " << circle.getCircumference() << endl;
    circle.scale(2.0);
    cout << circle.toString() << endl;
    cout << "Umfang: " << circle.getCircumference() << endl;
    return 0;
}
```

25.9
```
// ---------------------------------------------------------
// ex25_09.cpp
// Inhomogene Liste für Shape-Objekte.
// ---------------------------------------------------------
#include <iostream>
#include <typeinfo>
#include <list>        // Klassen-Template list<T>
                       // Die Liste speichert Daten vom Typ T.
#include "shape.h"
using namespace std;

typedef list<Shape*> ShapePtrList;

void printShapeList( const ShapePtrList& spl);

int main()
{
    cout << "\n *** Eine Liste geometrischer Figuren ***\n"
         << endl;
```

```
ShapePtrList myShapes;
printShapeList( myShapes);


cout << "Elemente in die Liste einfuegen: " << endl;
// Am Ende anhängen:
myShapes.push_back(new Line( Point(0,0), Point(2,2)) );
myShapes.push_back(new Rectangle( Point(-1,-1), 2, 2) );


// Eine Ellipse am Anfang einfügen:
myShapes.push_front( new Ellipse( Point(0,0), 3, 1));


Point vertices[] =
    { Point(0,-3), Point(-3,0), Point(0,3), Point(3,0)};
Shape *ptr = new Polygon( vertices, 4);      // Ein Rombus
// Das Polygon als zweites Element einfügen:
myShapes.insert( ++myShapes.begin(), ptr);


// Ein Kreis als vorletztes Element:
ShapePtrList::iterator pos =      // Position des Kreises
  myShapes.insert( --myShapes.end(),
                    new Circle( Point(0,0), 5));
(*pos)->scale(0.7);           // Dieses Element verkleinern


cout << "Anzahl Elemente in der Liste: "
     << myShapes.size() << endl;
printShapeList( myShapes);          // Liste anzeigen


cout << "Figur vor dem Kreis loeschen ... " << endl;
myShapes.erase(--pos);


cout << "Und die zweite Figur (das Polygon) verschieben: "
     << endl;
pos = myShapes.begin();
ptr = *(++pos);        // Zweites Element = Polygon-Zeiger
ptr->move(0, 3);       // Nach oben verschieben.


cout << "Die veraenderte Liste: " << endl;
printShapeList( myShapes);          // Liste anzeigen
  return 0;
}


void printShapeList( const ShapePtrList& spl)
```

```
{
  if( spl.empty())
  {
    cout << "Die Liste ist leer!" << endl;
    return;
  }
  ShapePtrList::const_iterator pos = spl.begin();
  for( ; pos != spl.end();  ++pos)
  {
    cout.width(20);
    cout << left << typeid(**pos).name();
    cout << (*pos)->toString() << endl;
  }
  cout << endl;
}
```

25.10

```
// -----------------------------------------------------------
// shape.h
// Definition der Shape-Klassen incl. der Methode clone().
// ...
class Shape
{
  // ... wie gehabt. Zusätzlich:
  virtual Shape* clone() const { return new Shape(*this); }
};

class Polyline : public Shape
{
  // ... wie gehabt. Zusätzlich:
  Shape* clone() const { return new Polyline(*this); }
};

// Ebenso wird die Methode clone() in allen abgeleiteten
// Klasse redefiniert.

// -----------------------------------------------------------
// shapeList.h
// Definition der Klassen ShapeList
// -----------------------------------------------------------
#ifndef _SHAPELIST_
#define _SHAPELIST_
```

```
#include "shape.h"
#include <cstdlib>        // Prototyp exit()
#include <list>           // Klassen-Template list<T>
                          // T ist der Typ der Listenelemente.
using namespace std;

class ShapePtr
{
  private:
    Shape *ptr;
  public:
    ShapePtr( Shape* p = NULL) : ptr(p) {} // Konstruktoren
    ShapePtr( const ShapePtr& sp) { ptr = sp->clone(); }
    ~ShapePtr() { delete ptr; }            // Destruktor

    ShapePtr& operator=(Shape* p)          // Zuweisungen
    {
        delete ptr;
        ptr = p->clone();
        return *this;
    }

    ShapePtr& operator=(ShapePtr& a)
    {
        delete ptr;
        ptr = a->clone();
        return *this;
    }

    Shape& operator*() const               // Verweisoperator
    {
        if( !ptr)
        { cerr << "ShapePtr::operator* : Kein Objekt!"<< endl;
          exit(100);
        }
        return *ptr;
    }

    Shape* operator->() const              // Pfeiloperator
    {
        if( !ptr)
        { cerr << "ShapePtr::operator-> : Kein Objekt!"<<endl;
```

```
        exit(101);
      }
      return ptr;
   }
   // Konvertierungsfunktion:
   operator Shape*() const  { return ptr; }
};


class ShapePtrList : public list<ShapePtr>
{
  public:
    void scale( double scalingFactor)
    {
       ShapePtrList::iterator pos;
       for( pos = begin();  pos != end();  ++pos)
          (*pos)->scale( scalingFactor);
    }


    string toString() const
    {
       stringstream sstream;
       if( empty())
         sstream << "Die Liste ist leer!";
       else
       {
         ShapePtrList::const_iterator pos;
         for( pos = begin();  pos != end();  ++pos)
         {
            sstream.width(20);
            sstream << left << typeid(**pos).name();
            sstream << (*pos)->toString() << endl;
         }
       }
       return sstream.str();
    }
};
#endif  // _SHAPELIST_


// ----------------------------------------------------------
// ex25_10.cpp
// Inhomogene Liste für Shape-Objekte (2. Version).
// ----------------------------------------------------------
```

```
#include <iostream>
#include "shapeList.h"
using namespace std;

int main()
{
    cout << "\n *** Eine Liste geometrischer Figuren ***\n"
         << endl;
    ShapePtrList myShapes;

    // Figuren einfügen etc. wie in der main-Funktion der
    // Quelldatei ex25_09.cpp
    // Nur die Anweisung
    // printShapeList( myShapes);             // Liste anzeigen
    // wird durch folgende Anweisung ersetzt:
    // cout << myShapes.toString() << endl;  // Liste anzeigen

    // Zusätzlich werden Listen kopiert und zugewiesen:
    cout << "Kopie der Liste anlegen "
            "und Groesse der Figuren verdoppeln:" << endl;
    ShapePtrList yourShapes(myShapes);  // Kopierkonstruktor!
    yourShapes.scale(2.0);              // Größe der Figuren
                                        //verdoppeln.
    cout << yourShapes.toString() << endl;  // Liste anzeigen

    cout << "Die urspruengliche Liste ist unveraendert:\n"
         << myShapes.toString() << endl;  // Ursprüngliche
                                          // Liste anzeigen.

    cout << "Zuweisung von Listen testen!\n"
         << "Erste Figur in der neuen Liste loeschen" << endl;
    yourShapes.pop_front();
    cout << "und die Liste der urspruengliche Liste zuweisen:"
         << endl;
    myShapes = yourShapes;              // Zuweisung
    cout << myShapes.toString();        // Ergebnis anzeigen.
    cin.get();

    return 0;
}
```

Stichwortverzeichnis